Conserver la Couverture

LA
FRANCE COLONIALE

ALGÉRIE
TUNISIE, CONGO, MADAGASCAR, TONKIN
ET AUTRES COLONIES FRANÇAISES

CONSIDÉRÉES

AU POINT DE VUE HISTORIQUE
GÉOGRAPHIQUE, ETHNOGRAPHIQUE ET COMMERCIAL

PAR A.-M. G.

MEMBRE DE LA SOCIÉTÉ DE GÉOGRAPHIE DE PARIS
DE LA SOCIÉTÉ ROYALE BELGE DE GÉOGRAPHIE DE BRUXELLES, ETC.

ÉDITION ORNÉE DE NOMBREUSES GRAVURES ET DE CARTES

TOURS
ALFRED MAME ET FILS
ÉDITEURS

LA
FRANCE COLONIALE

1re SÉRIE GRAND IN-8°

Une place à Biskra (Algérie).

LA

FRANCE COLONIALE

ALGÉRIE
TUNISIE, CONGO, MADAGASCAR, TONKIN
ET AUTRES COLONIES FRANÇAISES

CONSIDÉRÉES

AU POINT DE VUE HISTORIQUE
GÉOGRAPHIQUE, ETHNOGRAPHIQUE ET COMMERCIAL

PAR A.-M. G.

MEMBRE DE LA SOCIÉTÉ DE GÉOGRAPHIE DE PARIS
DE LA SOCIÉTÉ ROYALE BELGE DE GÉOGRAPHIE DE BRUXELLES, ETC.

ÉDITION ORNÉE DE NOMBREUSES GRAVURES ET DE CARTES

TOURS
ALFRED MAME ET FILS, ÉDITEURS

M DCCC LXXXVI

INTRODUCTION

DES COLONIES EN GÉNÉRAL

I. — La concurrence coloniale

Les conquêtes coloniales et la colonisation, c'est-à-dire l'extension de la patrie au dehors, telle est la grande question politique du jour.

Beaucoup y voient pour la France un moyen de reprendre sa position prépondérante parmi les nations européennes, en agrandissant son influence ·commerciale et civilisatrice dans le reste du monde.

D'autres objectent que les colonies coûtent souvent plus qu'elles ne rapportent; qu'elles n'ont plus aujourd'hui, grâce au libre-échange et à la libre concurrence commerciale, la même valeur qu'autrefois, alors que les nationaux seuls avaient le droit ou le privilège de commercer avec les possessions d'outre-mer.

On répond qu'une puissance politique du premier ordre comme la France a besoin d'une marine de guerre considérable, que les troupes de cette marine se recrutent dans les marines de pêche ou de commerce, et que celles-ci, pour être prospères, doivent être excitées et encouragées par des rapports plus fréquents avec des débouchés nombreux, s'abritant sous le drapeau tricolore.

D'ailleurs, la France, que l'on accuse d'inaptitude à la colonisation, a eu, au siècle dernier, les éléments sérieux d'un empire colonial aux Indes et en Amérique, et, sans les malheureuses guerres soutenues en Europe, peut-être serait-elle aujourd'hui, ce qu'est l'Angleterre, maîtresse de 250 millions de sujets, bénéficiant d'un commerce qui compte par milliards, disposant d'une marine dont l'importance est égale à celle de toutes les autres puissances du monde réunies.

Quoi qu'il en soit de cette controverse, on avouera que la perspective d'un nouvel empire d'outre-mer a de quoi tenter de nouveaux efforts de notre part, alors que, comme bien d'autres nations, nous nous sentons trop à l'étroit dans la vieille Europe.

Aussi voyons-nous chacune des puissances coloniales non seulement consolider ses possessions, mais les étendre partout où il y a possibilité. L'Espagne s'implante sur la côte du Sahara, attend l'occasion de s'agrandir au Maroc, et défend chaleureusement ses îles Carolines contre les tentatives allemandes; le Portugal s'arrondit au Congo et s'attribue le protectorat du Dahomey; la Hollande complète ses riches Indes orientales par l'annexion entière de l'île Sumatra; la Russie avance à pas de géant au cœur de l'Asie; l'Angleterre, bien qu'elle se soit laissé supplanter par d'autres dans l'Afrique centrale, prend le delta du Niger, occupe l'Égypte pour assurer son empire des Indes, et se rapproche de la Chine par la conquête récente de la Birmanie; l'Italie, dernière venue, convoite le Tripoli et seconde l'Angleterre en s'établissant dans la mer Rouge.

L'Empire allemand, né d'hier, aspire à devenir grande puissance maritime, et, déjà soucieux du trop plein de sa population, ne se contente plus d'envoyer ses enfants dans les possessions d'autrui, aux États-Unis et ailleurs, il veut des terres à lui, et il a su en peu de temps, *per fas et nefas,* s'établir au Cameron, sur le Congo, dans la Hottentotie, dans le Zanguebar, à la Nouvelle-Guinée, donner même le nom de Bismarck à tout un archipel océanien.

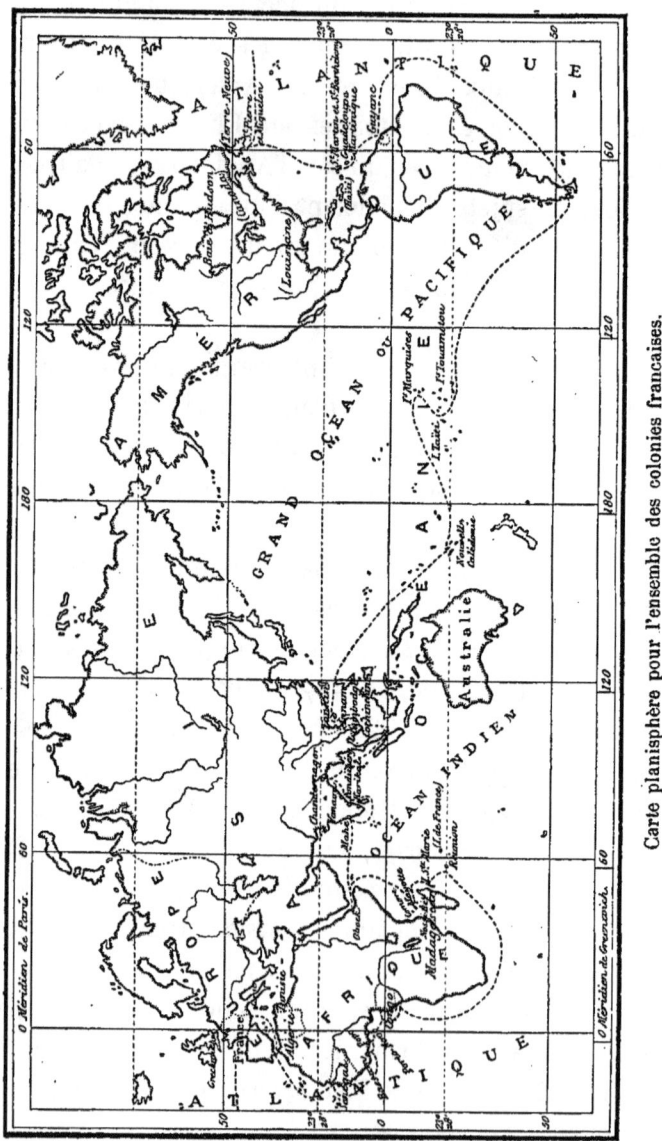

Carte planisphère pour l'ensemble des colonies françaises.

Les Belges eux-mêmes, ou plutôt le roi des Belges, Léopold II, par une initiative et avec un succès sans exemple dans l'histoire, est parvenu, en six ou sept années, grâce à l'énergie et à l'intelligence de l'Anglo-Américain Stanley, à créer de toutes pièces l'immense État indépendant du Congo, trois ou quatre fois vaste comme la France. Il est vrai que cette création, toute philanthropique, et pour ainsi dire *internationale* ou neutre, profitera à tout le monde. La Conférence, tenue à Berlin en 1885, par quatorze des principales puissances du monde, en a consacré la neutralité et l'indépendance, sous la souveraineté du roi Léopold, ce qui n'engage en rien la responsabilité de la nation belge. Elle a stipulé d'ailleurs la liberté du commerce et de la navigation, non seulement dans tout le bassin du Congo et du Niger, mais encore dans une zone déterminée à travers l'Afrique centrale entre les deux océans.

Hâtons-nous de dire que la France n'est pas restée en arrière dans cette *chasse aux colonies,* et que même elle en a pris l'initiative en 1881 par l'annexion de la Tunisie; en même temps elle a su profiter d'heureuses circonstances pour s'annexer en Afrique, outre la Tunisie, le haut Sénégal, le haut Niger, le Congo occidental, et préparer la soumission de Madagascar; en Asie, elle a conquis le Tonkin et l'Annam, qui, ajoutés à la Cochinchine et au Cambodge, lui présagent un établissement du premier ordre, avantageusement situé aux portes de l'immense empire chinois.

En somme, c'est la France qui a le plus grandement étendu son domaine colonial dans ces derniers temps. Alors que, il y a six ans, ses possessions se chiffraient par une population de 5 à 6 millions d'habitants sur un territoire de 1.000.000 de kilomètres carrés, aujourd'hui elle peut prétendre dominer, si elle le veut sérieusement, sur 30.000.000 d'âmes, occupant un territoire cinq ou six fois plus étendu que la métropole.

Ces nombres se passent de commentaires : ils prouvent que la France a su reconquérir dignement la seconde place parmi les puissances coloniales d'Europe, tandis que, il y a trente ans, elle n'obtenait que le sixième rang, après l'Angleterre, la Hollande, la Russie, l'Espagne et le Portugal.

Le tableau ci-après fait voir l'importance relative des diverses colonies européennes sous le triple rapport de la population, de la superficie et de la valeur du commerce général (importations et exportations réunies).

COLONIES	POPULATION	SUPERFICIE	COMMERCE
	Habitants.	Kilom. carrés.	Francs.
Anglaises	256 000 000	22 000 000	8 000 000 000
Françaises	30 000 000	3 000 000	1 000 000 000
Hollandaises.	28 000 000	2 000 000	750 000 000
Russes	15 000 000	17 000 000	150 000 000
Espagnoles	9 000 000	350 000	1 500 000 000
Portugaises	4 000 000	? 2 000 000	200 000 000
Allemandes	500 000	? 500 000	? 10 000 000
Danoises	120 000	200 000	80 000 000

Si telle est l'importance politique et commerciale des colonies françaises, il est du devoir de chaque citoyen français, quels que soient son âge et sa position sociale, d'en avoir une notion exacte, raisonnée, réfléchie, basée sur une étude sérieuse. Un dédain trop absolu, une ignorance trop accusée serait tout aussi coupable qu'une forfanterie exagérée, qu'un enthousiasme trompeur et imprudent. En pareille matière, il faut juger sainement des choses, et pour bien juger, il faut connaître.

La connaissance des colonies françaises au triple point de vue de l'histoire, de la géographie physique et politique, et du commerce, tel est le but de cet ouvrage, qui s'adresse à tous, spécialement à la jeunesse désireuse de compléter, par des lectures agréables et instructives, les notions acquises au cours de ses études. C'est en sa faveur que nous avons ajouté aux notions scientifiques, qui forment le fond du travail, une foule de détails des plus intéressants au sujet des beautés physiques des diverses contrées, des productions naturelles, des mœurs des habitants, ainsi que des faits relatifs à l'histoire de la colonisation.

Ces notes descriptives ont été la plupart empruntées textuellement aux récits des voyageurs, aux meilleurs écrivains géographes, aux auteurs les plus compétents dans les diverses matières. En même temps qu'elles apportent des lumières nouvelles pour confirmer ou compléter nos indications, elles donnent l'agrément d'une lecture souvent pittoresque, imagée, partant plus variée et plus agréable.

Si, à ces caractères, nous ajoutons les avantages des cartes géographiques et des belles illustrations dont les éditeurs ont tenu à orner cet ouvrage, nous croyons pouvoir espérer qu'il rencontrera le meilleur accueil dans le public auquel nous l'offrons en toute confiance.

II. – Diverses sortes de colonies

Mais d'abord, *qu'entend-on par colonies?* N'y en a-t-il pas de plusieurs sortes, et quels sont leurs caractères distinctifs ?

Un peuple industriel qui produit plus qu'il ne consomme, de même qu'un peuple trop nombreux qui se trouve à l'étroit dans sa patrie, cherche au dehors un débouché pour ses produits ou une patrie nouvelle pour l'excédent de sa population : il fonde des *colonies.*

De tout temps on a colonisé.

Le mot *colonie* s'emploie en plusieurs sens : il s'entend d'un certain nombre d'émigrants qui vont habiter et peupler un pays étranger ; dans ce sens, des colonies grecques se sont formées autrefois en Italie, en Afrique, et il y a actuellement des colonies et des colons français aux États-Unis, à la Plata, etc.

Mais on désigne plus ordinairement aujourd'hui par colonies, les *possessions territoriales* d'une puissance européenne, en dehors de l'Europe.

Sous ce rapport, on peut encore distinguer trois catégories : les comptoirs de commerce, les colonies de culture et celles de peuplement.

1º Les *simples comptoirs de commerce,* loges ou factoreries, sont établis plus ou moins temporairement, sur les côtes d'Afrique, par exemple, pour faciliter les échanges avec les indigènes.

Les colonies de commerce servent aussi à exploiter des pays

riches et peuplés, mais elles ne sont profitables qu'aux nations dont la marine atteint à une certaine supériorité. La prospérité de ces établissements dépend de leur situation et non de leur étendue.

« Il n'est pas nécessaire, dit M. Delaire, que la mère patrie ait à y déverser un excès de population : il suffit qu'elle y envoie des capitaux importants, des marins nombreux et des commerçants qui en reviendront enrichis. Telles sont les possessions des Portugais, en Asie et en Afrique, la plupart de celles des Hollandais dans la mer des Indes, toutes les stations des Anglais en Orient, entre autres les trois belles créations d'Aden, de Singapour et de Hong-Kong. — Tels furent pour la France, à partir de Richelieu, les premiers établissements des compagnies sur la côte de Guinée, au Sénégal, à Madagascar, à Ceylan et dans les Indes, où nous conduisit une politique trop avide de gloire et de conquêtes, pour être soucieuse des intérêts du trafic. »

2° Les *colonies dites à cultures* ont pour objet les plantations de denrées qui exigent le climat tropical : coton, café, épices; elles demandent de puissants capitaux, et sont exploitées par des colons européens dirigeant le travail des indigènes ou des races propres au climat chaud : telles sont les Antilles, Bourbon, l'Inde, la Cochinchine, le Tonkin.

3° Les *possessions proprement dites,* ou *les colonies de peuplement* sont de vastes territoires acquis pour des raisons politiques autant que commerciales. Situées sous un climat supportable pour notre race, elles sont susceptibles d'être peuplées de colons européens, tout en conservant plus ou moins leurs races indigènes : Algérie, Australie, Canada.

Souvent on fait une place à part à l'Algérie, et l'on a dit « qu'elle n'est pas une colonie, mais un prolongement du territoire français ». C'est un peu jouer sur les mots, car à ce titre nos colonies de Bourbon, de la Nouvelle-Calédonie, peuplées de descendants de Français, sont dans le même cas que l'Algérie. L'Algérie est une colonie mixte, susceptible à la fois de culture et de peuplement.

III. — Utilité et nécessité des colonies

Les avantages des colonies sont surtout de développer le commerce, la marine, l'influence politique de la métropole. Elles lui procurent des matières premières pour l'industrie, telles que le coton, la soie, les métaux, ainsi que les denrées coloniales que l'Europe ne cultive pas, comme le café, les épices. Les colonies reçoivent en retour de la métropole les produits manufacturés : des tissus, des armes, des machines ; elles réagissent ainsi sur l'industrie même de la mère patrie en lui donnant du travail et des bénéfices, par suite un accroissement de la richesse publique.

Les colonies profitent à la marine marchande nationale, en utilisant ses vaisseaux, et à la flotte de guerre en lui donnant des points de ravitaillement de munitions et de charbon, des chantiers de construction et de réparation, qui lui permettent de stationner dans les mers lointaines, d'y combattre l'ennemi, sans être obligée de rentrer intempestivement dans nos ports.

Grâce aux colonies, la métropole porte au loin son nom, sa langue, ses idées, sa civilisation, sa religion, et son influence politique grandit en raison même du développement de ses relations extérieures.

En effet, la considération la plus importante qui milite en faveur des acquisitions coloniales est celle qui résulte du besoin d'expansion d'une nation au dehors.

Voici comment s'exprime à ce sujet un éminent économiste, M. Leroy-Beaulieu, professeur au collège de France :

« La colonisation est la forme expansive d'un peuple, c'est sa puissance de reproduction ; c'est sa dilatation et sa multiplication à travers les espaces ; c'est la soumission de l'univers ou d'une vaste partie à sa langue, à ses mœurs, à ses idées et à ses lois. Un peuple qui colonise, c'est un peuple qui jette les assises de sa grandeur dans l'avenir et de sa suprématie future. Toutes les forces vives de la nation colonisatrice sont accrues par ce débordement au dehors de son exubérante activité. A quelque point de vue que l'on se place, que l'on se renferme dans la considération de la prospérité et de la puissance matérielle, de l'autorité et de l'influence politique, ou qu'on s'élève à la contemplation de la grandeur intellectuelle, voici un mot d'une incontestable vérité : *le peuple qui colonise le plus est le premier peuple; s'il ne l'est pas aujourd'hui, il le sera demain.*

« Au commencement du XXe siècle, la Russie comptera 120 millions d'habitants occupant des espaces énormes; près de 60 millions d'Allemands, appuyés sur 30 millions d'Autrichiens, domineront l'Europe centrale; 120 millions d'Anglo-Saxons occuperont les plus belles contrées du globe et imposeront au monde civilisé leur langue, qui domine déjà sur des territoires habités par plus de 300 millions d'hommes. Joignez à ces grands peuples l'empire chinois, qui alors recouvrera une vie nouvelle, et qui compte à lui seul plus de 300 millions d'âmes.

« A côté de ces géants, que sera la France? Du grand rôle qu'elle a joué dans le monde, de l'influence qu'elle a exercée sur la direction des peuples civilisés, que lui restera-t-il? Un souvenir, s'éteignant de jour en jour.

« Notre pays a un moyen d'échapper à cette irrémédiable déchéance, c'est de coloniser. Si nous ne colonisons pas, dans deux ou trois siècles nous tomberons au-dessous des Espagnols et des Portugais, qui, du moins, ont eu le bonheur d'implanter leur race et leur langue dans les immenses espaces de l'Amérique du Sud, destinés à nourrir des populations de plusieurs centaines de millions d'âmes.

« La colonisation est pour la France une question de vie ou de mort : ou la France deviendra une grande puissance africaine, ou elle ne sera, dans un siècle ou deux, qu'une puissance européenne secondaire; elle comptera alors dans le monde à peu près comme la Grèce compte en Europe.

« Ce qui a manqué jusqu'ici à la France, c'est l'esprit de suite dans sa politique coloniale. La colonisation a été reléguée au second plan dans la conscience nationale. Notre politique continentale doit être désormais essentiellement défensive; c'est en dehors de l'Europe que nous pouvons satisfaire nos légitimes instincts d'expansion. Nous devons travailler à la fondation d'un grand empire africain et d'un moindre asiatique.

« C'est la seule grande entreprise qui nous soit avantageuse [1]. »

Malheureusement, une chose plus importante encore manque à la France pour coloniser : ce sont les colons.

On sait avec quelle lenteur désespérante s'accroît la population de la France, où beaucoup de départements se dépeuplent même. Au dehors, la race française n'est vraiment prospère qu'au Canada, où elle compte plus de 1 million de descendants, magnifique résultat, dû surtout à la conservation de la foi et de la simplicité de mœurs des premiers colons, aussi bien qu'au régime de liberté dont ils ont joui. En réunissant tous les représentants de race française à l'étranger, on arrive à un total de 2 ou 2 millions 1/2 d'individus, ce qui est bien peu dans la masse des 80 millions de descendants de races européennes, peuplant l'Amérique ou dispersés dans les quatre parties du monde, et parmi lesquels domine le sang anglais, germain, espagnol et portugais.

« Pour réussir dans la colonisation, dit M. Alexis Delaire, ce ne sont ni les qualités personnelles ni les capitaux qui nous manquent; nous avons toujours de hardis explorateurs et des marins courageux; c'est à notre initiative que sont dues les grandes œuvres d'intérêt commun, telles que le percement de Suez et de Panama, et chaque année la France augmente d'un milliard au moins les 20 et 25 milliards qu'elle a disséminés partout dans l'univers. Ce qui nous manque, ce sont des émigrants actifs et laborieux à déverser sur les colonies agricoles, aussi bien que des maisons stables et durables pour exploiter les colonies de commerce et de plantation...

« C'est la mauvaise organisation de la famille, c'est le partage

---

[1] Leroy-Beaulieu, *De la colonisation chez les peuples modernes.*

forcé des successions, — on commence à le reconnaître sans oser y porter remède, — qui entrave si misérablement l'essor de la population par la stérilité volontaire des mariages, qui détruit les fortunes naissantes par la multiplication des procès; qui arrête enfin l'esprit d'entreprise, par la certitude d'un lambeau d'héritage à disputer.

« Alors pas de colons nombreux pour les territoires à peupler, pas de maisons durables pour les exploitations lointaines, pas de jeunesse active pour les comptoirs à fonder [1]. »

Ajoutons encore l'opinion exprimée par J. Duval dans son ouvrage sur l'Algérie.

« La France est largement assise sur un beau et vaste territoire de 34.000 lieues carrées; elle dispose d'une population de 37 millions d'habitants, d'un revenu de 20 à 22 milliards; elle est armée de tous les instruments et de toutes les ressources du travail; elle se sent pleine d'énergie et d'intelligence. Son territoire occupe une situation exceptionnelle entre l'ancien et le nouveau monde au point précis où le géomètre fixerait le minimum des distances habitées du globe, à l'intersection de toutes les grandes voies commerciales. Que lui manque-t-il pour l'entier accomplissement de ses hautes destinées? Une seule chose : une expansion pacifique plus intense et plus lointaine à travers le monde; car au rayonnement se mesure la grandeur des nations, comme celle des astres.

« L'émigration et la colonisation, le commerce et la navigation, les voyages et les missions, sont les méthodes d'expansion et de rayonnement appropriées à notre époque de conquêtes par le travail, par la science et la morale. La liberté en est le ressort.

« Pour l'émigration, la France est en arrière de la race anglo-saxonne et de la race germanique : tandis que, depuis un demi-siècle, l'une et l'autre ont disséminé des essaims d'un nombre total de 7 à 8 millions d'individus, sur toutes les terres, la France, croissant avec une lenteur qui accuse nos lois et nos mœurs, se cantonnant dans ses frontières, s'agglo-

---

[1] A. DELAIRE, *La colonisation et l'avenir de la France. Exploration*, 1882.

mérant à Paris, n'a envoyé que quelques milliers de ses enfants vers les pays éloignés.

« Aussi la race anglaise, pour ne parler que d'elle, a-t-elle semé partout sa langue, ses habitudes, ses besoins, qui sont des appels à un commerce universel et pour ainsi dire illimité, tandis que les marchandises françaises ne trouvent au dehors qu'un petit nombre de nationaux pour en propager l'usage ! Le commerce se ressent de ces timidités.

« Notre infériorité est plus marquée encore pour la navigation.

« Ces différences à notre désavantage, les voyageurs et les missionnaires sont loin de les racheter, malgré tout leur zèle. Tous les chemins de la terre, tous les courants des mers sont parcourus par de nombreux voyageurs anglais et allemands, dont les récits rendent populaire la science géographique, et ouvrent des voies nouvelles aux entreprises de leurs concitoyens ; les voyageurs français aussi sont aventureux et méritants, mais plus rares. Quant aux missions, les nombreuses sociétés bibliques et évangéliques de l'Angleterre opposent une active propagande à nos missionnaires catholiques, non pas avec plus de succès, mais avec plus de profit pour la consommation des produits anglais, dont les missionnaires protestants répandent le goût et l'usage.

« Dans cette excessive concentration chez soi, dans cette ignorance indifférente des affaires économiques du reste du monde, est la faiblesse, le péril de notre pays. Si nous restions stationnaires pour le nombre, pour les rapports extérieurs, pour les transactions lointaines, pour les fondations commerciales et coloniales, tandis que nos rivaux prennent possession du monde entier, un jour nous serions entourés d'un réseau invincible de supériorités et de résistances.

« L'heure de la décadence française aurait sonné !...

« Que Dieu conjure ce malheur, en inspirant au gouvernement l'amour des expéditions lointaines, du travail et de l'échange ; à la nation, l'ambition des victoires pacifiques ; aux citoyens, l'esprit des grandes entreprises sur terre et sur mer ; aux caractères résolus, la curiosité des pays inconnus ; aux âmes religieuses, le dévouement aux races inférieures ; à tous, la foi dans l'étoile de la patrie ; à tous, l'amour et le respect de la liberté, mère des progrès!

« La France alors concourra, pour la part que la Providence lui a dévolue, à la connaissance, à l'exploitation et à la colonisation du globe, ce qui est la condition et le complément de la mise en pleine valeur de son propre territoire et de l'élévation morale de sa population.

« Alors *notre Pays,* le plus beau du monde, après celui du Ciel, atteindra l'apogée de la gloire et de la richesse, les deux leviers de la puissance.

« Alors l'homme du pays, le *paysan,* personnifiera l'union du travail et du patriotisme, de la force et de l'intelligence. Qu'il en soit ainsi[1] ! »

IV. — Aperçu chronologique de la colonisation française

Nous nous proposons de donner, en tête de l'étude de chacune de nos colonies actuelles, un aperçu de son histoire. Qu'il nous suffise de présenter ici un tableau d'ensemble qui résume, dans l'ordre des temps, les tentatives d'explorations et d'établissement de la nation gauloise ou française.

Comme pour toute autre nation, la colonisation française remonte aussi haut que l'histoire. Si la Gaule a vu arriver chez elle successivement les Phéniciens, les Grecs, les Romains, les barbares germains, les Arabes; par contre, les Gaulois émigrants ou conquérants, conduits par Bellovèse, Sigovèse et d'autres, sont allés ravager ou peupler diverses parties de l'Europe : on en a vu en Angleterre, en Italie, en Bohème, en Hongrie, en Macédoine et même en Asie Mineure, où leur souvenir est encore vivant dans les noms de Gallipoli et de Galatie.

C'est de l'histoire ancienne.

Plus tard, après avoir été contenue pendant cinq siècles

[1] Jules Duval, *l'Algérie.*

sous la domination romaine, puis subjuguée par les barbares germains, dont une tribu donna à la Gaule son nom actuel, la France réagit de nouveau au dehors, notamment au moyen âge et au temps des Croisades, où elle envoya ses enfants en terre sainte et donna même des souverains à l'Angleterre, au Portugal, à la Hongrie, à Naples, Jérusalem, Constantinople, Chypre, etc.

Jusque-là ce n'était, il est vrai, que des expéditions guerrières, dont le but était politique plutôt que commercial. C'est au xiv° siècle que commencèrent les entreprises coloniales, ayant pour objet le trafic dans des pays nouveaux. A cette époque où les républiques italiennes et les puissantes communes belges et allemandes du Nord s'enrichissaient par le négoce, l'histoire signale des navigateurs normands de Dieppe et de Rouen, explorant, ainsi que les Portugais, les côtes de l'Afrique occidentale jusqu'en Guinée; mais ces premières tentatives furent entravées par les malheurs de la guerre de Cent ans. Au xvi° siècle, après la découverte de l'Amérique, et pendant que les Espagnols et les Portugais, suivis des Hollandais, découvrent et soumettent des mondes nouveaux, les Français, livrés à de stériles guerres d'ambition en Italie et ailleurs, ne jouent qu'un rôle effacé dans les expéditions lointaines. Toutefois nos Basques vont déjà pêcher dans les parages de Terre-Neuve; le marin Denis, de Honfleur, parvient au Brésil en 1503; les frères Parmentier visitent la Malaisie et Madagascar, vers 1528; mais ce n'étaient là que des entreprises privées.

Bientôt François Ier envoie le marin florentin Giovanni Verazzano prendre possession de Terre-Neuve, qui fut ainsi notre première colonie officielle (1524). En 1535, le Malouin Jacques Cartier soumet le Canada; mais de nouvelles guerres européennes éteignent encore l'ardeur des expéditions commerciales. Malgré l'impulsion donnée par l'amiral Coligny, les tentatives d'établissements de Villegagnon au Brésil (1555), celles de Ribaut et Laudonnière en Floride, n'eurent pas de succès. En 1560, deux Marseillais exploitent le corail au Bastion du Roi, dans la régence d'Alger.

Le XVIIe siècle ouvre l'ère de nos grands succès coloniaux. Henri IV fait prendre possession de la Guyane, et Champlain fonde Québec, en 1608. Richelieu enlève plusieurs Antilles à l'Espagne et crée la *Compagnie française des Indes occidentales;* il dispute l'Orient au Portugal, en faisant prendre possession de Madagascar (1642).

Sous Louis XIV, les colons canadiens descendent le Mississipi et fondent la Louisiane (1682); les îles Mascareignes sont annexées et reçoivent le nom d'îles Bourbon et de France; Colbert crée deux nouvelles Compagnies des Indes occidentales et des Indes orientales, qui se partagent les possessions d'outre-mer et leur font faire de grands progrès. Des comptoirs sont établis à Surate (1663), à Ceylan, Pondichéry, Chandernagor; et l'Inde française, sous l'impulsion habile de Colbert, jouit partout d'une grande prospérité.

Mais avec le XVIIIe siècle s'ouvre une première période de revers. Le traité d'Utrecht (1713) cède à l'Angleterre les territoires de la baie d'Hudson, Terre-Neuve et l'Acadie. Toutefois, sous Louis XV, la Louisiane se peuple, la Nouvelle-Orléans est fondée (1717); aux Indes, Dupleix conquiert le Dékan, et l'espoir renaît d'établir un empire franco-indien. Mais, encore cette fois, la guerre de Sept ans renverse tout; le traité de Paris (1763) nous enlève l'Inde, sauf quelques comptoirs, le Canada tout entier, en échange duquel nous obtenons Saint-Pierre et Miquelon; nous perdons la rive gauche du Mississipi, la plupart des Antilles et le Sénégal, enlevés par l'Angleterre; en outre, la Louisiane, cédée à l'Espagne, notre alliée, comme compensation des pertes qu'elle avait subies. C'en était fait de l'empire colonial français, et la suprématie sur mer passait aux Anglais, qui l'ont conservée jusqu'à nos jours.

Sous Louis XVI, la France se venge en aidant la jeune Amérique soulevée contre l'Angleterre, mais sans grand profit pour elle, sauf que le Sénégal, et Tabago aux Antilles, lui sont rendus. Sous la révolution et l'empire, nous perdons Saint-Domingue par la révolte des noirs, et l'Angleterre nous enlève successivement toutes les autres colonies, en même temps que l'Égypte, les îles Corfou et de Malte que nous avions conquises pour quelque temps. En 1800, la Louisiane nous est rendue par l'Espagne, mais le premier consul la vend trois ans après pour la somme dérisoire de 75 millions; de sorte qu'en 1814, la France ne possède plus rien en dehors de l'Europe.

Tout est à recommencer.

Cependant, au traité de 1815, l'Angleterre nous restitue les comptoirs de l'Inde, Bourbon, mais non l'île de France, le Sénégal, la Guyane, la Martinique et la Guadeloupe, Saint-Pierre et Miquelon. Avec des droits sur Madagascar, c'était là tout notre actif, soit un ensemble de territoires de 160.000 kilomètres carrés environ, avec à peine une population de 3 ou 400.000 sujets.

Mais, à partir de 1830, la conquête d'Alger, sous Charles X, ouvre une ère nouvelle, qui se continue vers 1842-43, sous Louis-Philippe, par les acquisitions pacifiques de Grand-Bassam, Assinie, le Gabon, Nossi-Bé et Mayotte, les Marquises et Taïti.

Napoléon III nous donne la Nouvelle-Calédonie (1853), les îles Touamotou (1859), achève la conquête de l'Algérie et de la Kabylie (1854), agrandit le Sénégal, achète Obock, conquiert la Cochinchine (1862) et soumet le Cambodge à notre protectorat : l'empire des Indes se renouvelle. Notre inventaire colonial donne, en 1870, 1.000.000 de kilomètres carrés de territoires, avec environ 6.000.000 de sujets.

La troisième république a plus de chance encore : Saint-Barthélemy des Antilles est rachetée à la Suède (1873); le protectorat de Taïti devient une annexion (1874); la précieuse Tunisie s'ajoute à l'Algérie (1881); le haut Niger est joint au Sénégal; le Popo et Porto-Novo sont acquis; le Gabon devient le vaste Congo français; Obock s'agrandit; l'Annam et le Tonkin nous sont soumis, ainsi que la Grande-Comore, et la fin de 1885 voit notre édifice colonial se couronner par le protectorat français établi sur toute l'île de Madagascar, destinée à reprendre son titre de *France orientale*.

En somme, 3.000.000 de kilomètres carrés de territoires peuplés de 30.000.000 d'habitants, en chiffres ronds, c'est un domaine digne de la France, d'autant plus que les divers éléments en sont avantageusement distribués dans les quatre parties du monde et dans toutes les mers, et que les nouvelles acquisitions : Tunisie, Congo, Madagascar et Indo-Chine étaient bien les plus précieuses que nous puissions faire.

Aussi plusieurs économistes conseillent-ils d'arrêter là nos conquêtes, qu'il importe désormais beaucoup moins d'agrandir encore que de développer, en mettant en valeur ce riche patrimoine national, que nos adversaires nous envient déjà.

Le tableau statistique ci-après fait voir l'ensemble de nos colonies; il donne approximativement, pour chaque groupe, l'étendue du territoire, le chiffre de la population et la valeur du commerce général, pour l'année 1885.

TABLEAU STATISTIQUE DES COLONIES FRANÇAISES
EN 1886

COLONIES	SUPERFICIE	POPULATION	COMMERCE
AFRIQUE	Kilom. carrés.	Habitants.	Francs.
Algérie.	600 000	3 500 000	800 000 000
Tunisie, protectorat . . .	120 000	1 500 000	80 000 000
Sénégal.	50 000	200 000	50 000 000
Id. protectorat . . .	400 000	2 000 000	?
Bassam et Assinie	? 20 000	? 10 000	1 000 000
Popo et Porto-Novo		? 10 000	10 000 000
Gabon et Congo	600 000	? 3 000 000	? 20 000 000
Réunion	2 512	168 000	50 000 000
Nossi-Bé et Mayotte. . . .	650	? 15 000	10 000 000
Madagascar, protectorat . .	600 000	? 3 000 000	? 20 000 000
Obock et dépendances . . .	12 000	20 000	? 1 000 000
ASIE			
Territoires indiens	508	285 000	32 000 000
Cochinchine.	60 000	1 700 000	100 000 000
Cambodge, protectorat . .	100 000	500 000	20 000 000
Annam, protectorat . . .	120 000	? 7 000 000	? 20 000 000
Tonkin, protectorat . . .	100 000	? 7 000 000	? 50 000 000
OCÉANIE			
Nouvelle-Calédonie	20 000	60 000	17 000 000
Taïti et Marquises	2 355	25 000	8 000 000
AMÉRIQUE			
Guyane.	? 100 000	20 000	8 000 000
Martinique	987	165 000	60 000 000
Guadeloupe	1 643	165 000	60 000 000
Saint-Pierre et Miquelon . .	325	5 000	25 000 000
Totaux, environ	3 000 000	30 000 000	1 140 000 000

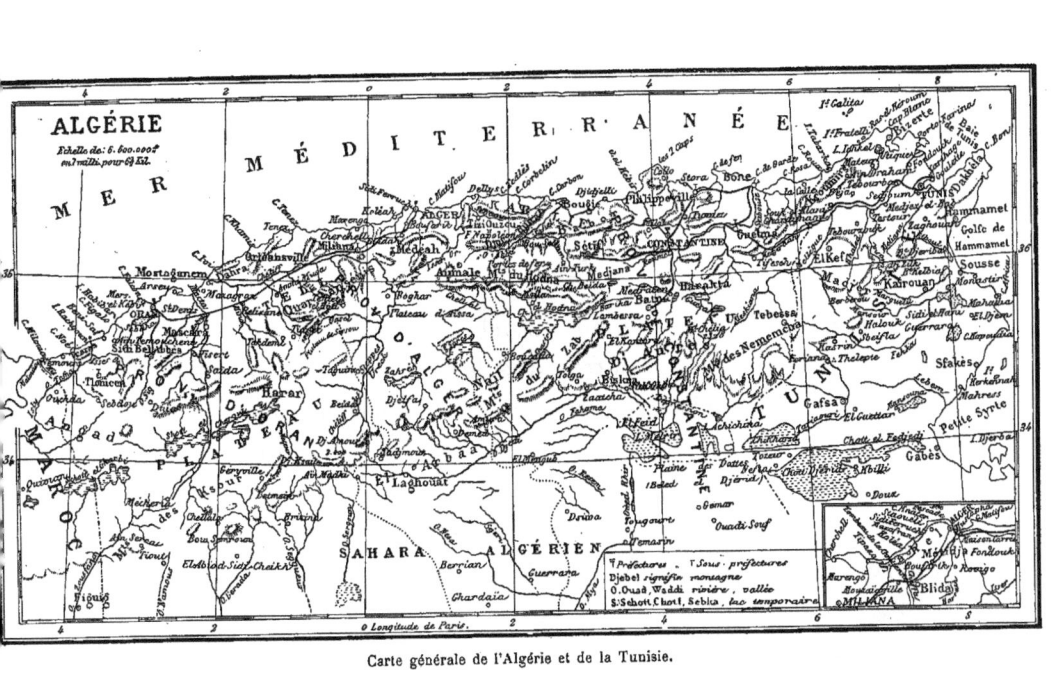

Carte générale de l'Algérie et de la Tunisie.

ALGÉRIE

CHAPITRE I

L'HISTOIRE ET LA CONQUÊTE

L'ALGÉRIE, dont le nom actuel est tout moderne, est la partie centrale de la contrée que les anciens ont appelée la *Berbérie* ou *Pays barbaresque,* à cause de ses populations berbères, et qui comprend le Maroc, l'Algérie, la Tunisie et le Tripoli.

Les Romains divisaient le nord du continent africain en *Afrique, Numidie* et *Mauritanie.* L'Afrique propre ou proconsulaire (*Ifrikia*) correspondait à la Tunisie et au Tripoli de nos jours; la Numidie, à la province actuelle de Constantine. La Mauritanie s'étendait jusqu'aux colonnes d'Hercule (Gibraltar) et se subdivisait en Mauritanie sitifienne avec *Sitifis* (Sétif) pour capitale; Mauritanie césarienne, capitale *Cæsarea* (Cherchell), et Mauritanie tingitane, capitale *Tingis* (Tanger).

Au IXe siècle avant Jésus-Christ, les Phéniciens colonisèrent toute la côte; leur capitale, *Carthage,* joua un grand rôle dans l'histoire, et après une lutte héroïque, fut détruite par les *Romains,* 146 ans avant Jésus-Christ. Ceux-ci s'établirent d'abord sur les territoires phéniciens de la côte et s'enfoncèrent ensuite dans le pays en subjuguant les populations berbères; ils fondèrent de grandes cités dont les ruines imposantes se voient encore, notamment à El-Djem (Tunisie), où se trouve le plus grand amphithéâtre connu ; à Tébessa, à Lambèse, dans l'Aurès et dans toute la province de Constantine, jusqu'à Biskra, où ils eurent des postes militaires; ils s'étendirent moins dans les plateaux des provinces d'Alger et d'Oran. Leur marche conquérante se fit ainsi de l'est à l'ouest, tandis que plus tard les *Vandales,* barbares germains, procédèrent en sens contraire, venant par les rivages de l'Espagne (v-vi^e siècle). Les *Byzantins* reparurent au vi^e siècle, mais furent remplacés au viie par les *Arabes* musulmans, qui en peu d'années fondèrent l'empire de Kairouan en Afrique, et le califat de Cordoue en Espagne. Toute la Berbérie fut désignée par les Arabes sous le nom de Magreb, « pays du couchant ». Vers le xie siècle, les *Berbères* reprirent peu à peu leur indépendance; mais au xvie, après l'expulsion des Maures de l'Espagne et les tentatives de Charles-Quint à Alger, une anarchie complète sévit dans le pays, et les forbans de la côte dévastèrent la Méditerranée.

C'est alors qu'apparurent le fameux corsaire turc, de Mitylène, Bab-Aroudj, vulgairement appelé *Barberousse,* et son frère Kaïr-Eddin, qui s'emparèrent d'Alger et soumirent tout le pays à la suzeraineté de la *Porte ottomane* (1516). Leurs successeurs portèrent d'abord le titre d'agha, « chef des troupes », et prirent dans la suite celui de dey, « oncle ou patron », et de pacha, « serviteur du chah ou roi ». C'était l'usage, en Europe, de désigner la contrée sous le nom de *régence d'Alger.*

On appelait *odjac* le gouvernement turc d'Alger, composé des ministres de la guerre, de la marine, des finances et de l'intérieur. Comme le dey était élu par la milice, il s'ensuivit que l'agha, son chef, était le personnage le plus influent et que la plupart des deys finirent tragiquement.

Cette période, dite turque, est signalée par des pirateries continuelles sur les côtes européennes de la Méditerranée, et les plus puissants royaumes chrétiens subirent, jusqu'en 1830, l'humiliation de payer un tribut au chef des brigands d'Alger, pour obtenir une paix relative.

Cependant la France entretint, presque de tout temps, avec

l'odjac des relations politiques et commerciales. C'est ainsi que dès 1520 des Provençaux obtinrent à prix d'argent le privilège exclusif de la pêche du corail près du littoral algérien, ainsi que l'exportation des produits de ce pays d'outre-mer; plus tard des établissements français furent créés au Bastion de France, à la Calle, au cap Rose, à Collo, et à partir de 1581 nous eûmes un consul à Alger. L'odjac n'en laissa pas moins à plusieurs reprises, sous Henri IV et Louis XIII, capturer nos vaisseaux, dévaster nos comptoirs et remplir ses bagnes de prisonniers français. Pour réprimer ces brigandages, Louis XIV fit bombarder Alger par Duquesne en 1682 et 1683, et par d'Estrées en 1688. Il s'ensuivit avec l'ambassadeur algérien, venu à Versailles en 1690, un traité qui maintint la paix pendant le XVIIIe siècle. Les pirateries s'étant renouvelées lors de l'expédition d'Égypte et après notre défaite navale de Trafalgar, Bonaparte prépara contre la régence une expédition qui n'eut pas lieu; mais en 1815 la flotte anglaise de lord Exmouth, pour exécuter la décision du congrès de Vienne, lança 34.000 projectiles sur la capitale du dey et écrasa sa flotte. Le coup était terrible, mais non mortel à cette piraterie, que la France seule devait anéantir en 1830, au profit de la liberté des chrétiens, du commerce maritime et de la tranquillité des populations côtières. Voici les circonstances qui ont amené la conquête.

La France payait depuis trois siècles une redevance annuelle pour les concessions d'Afrique. Hussein-Pacha, élu dey en 1818, éleva cette redevance de 90.000 à 380.000 francs; le consul français en promit 300.000, mais Louis XVIII, en 1820, ne voulut accorder que 220.000 francs. Cette cause de mésintelligence n'était pas la seule, ni la plus grave. Deux juifs algériens du nom de Bacri et Busnach avaient autrefois fourni une grande quantité de blé au Directoire et à l'armée française d'Égypte. Leurs créances, s'élevant à plusieurs millions, n'avaient jamais été acquittées, malgré les fréquentes réclamations du dey qui avait de grands intérêts dans cette affaire, dont les tribunaux étaient saisis. Le 30 avril 1827, notre consul, M. Deval, étant allé le visiter, Hussein se plaignit vivement des lenteurs du procès, et il s'ensuivit une altercation rapportée dans les termes suivants par le consul lui-même dans son rapport au gouvernement français :

« Pourquoi, lui dit le dey, votre ministre n'a-t-il pas répondu à la lettre que je lui ai écrite?

« — J'ai eu l'honneur de vous en porter la réponse aussitôt que je l'ai reçue.

« — Pourquoi ne m'a-t-il pas répondu directement? Suis-je un manant, un homme de boue, un va-nu-pieds? Mais c'est vous qui êtes la cause que je n'ai pas reçu la réponse de votre ministre; c'est vous qui lui avez insinué de ne pas m'écrire! Vous êtes un méchant, un infidèle, un idolâtre!... »

« Se levant alors de son siège, ajoute M. Deval, il me porta avec le manche de son chasse-mouches trois coups violents sur le corps et me dit de me retirer. »

C'est ce fameux coup de chasse-mouches ou d'éventail qui valut à Hussein la perte de son royaume et à la France la plus importante de ses conquêtes coloniales.

Une réparation d'honneur fut exigée; mais Hussein ayant refusé d'y consentir, M. Deval, rappelé par son gouvernement, quitta Alger avec tous nos nationaux, et les hostilités commencèrent. Nos établissements de la Calle et de Bône étaient livrés au pillage pour la quatrième fois. Par contre, le commandant Collet infligea peu après une sanglante défaite aux corsaires algériens, mais le dey ne se soumit pas. L'année suivante s'étant passée en escarmouches et en négociations, un dernier accommodement fut proposé en juillet 1829 au dey qui, aux menaces de notre parlementaire, répondit fièrement : « J'ai aussi de la poudre et des canons. Nous ne pouvons nous entendre : tu peux te retirer. Le sauf-conduit qui t'a amené protégera ton départ. »

Mais le lendemain, le vaisseau parlementaire français *la Provence* fut criblé de boulets par les batteries du port. Le dey était-il coupable de ce second méfait? Il protesta que les canonniers avaient agi sans ses ordres. Néanmoins le gouvernement de Charles X ne devait plus balancer : il organisa donc une expédition décisive contre la régence.

L'année suivante (1830), une flotte de 400 vaisseaux de transport, escortée de 100 vaisseaux de guerre, débarquait à Sidi-Ferruch, les 15 et 16 juin, une armée de 37.000 hommes sous le commandement du général de Bourmont. Le 29 du même mois, après cinq jours de combat, on enlève d'assaut le plateau de Staouéli défendu par Mustapha-Bou-Mezrag, et le 4 juillet, la prise du *Sultan-Kalassi*, « Château de l'Empereur », construit par Charles-Quint, nous assure la possession d'Alger. Le dey, enfermé dans la Kasbah ou citadelle, demande à capituler, se livre au vainqueur, avec son trésor de 48 millions de francs, et le général de Bourmont le fait conduire à Naples avec sa suite; le corps des janissaires est expulsé, l'odjac dissous, et la France reste maîtresse de la position.

Mais ce n'est pas tout de conquérir, il faut consolider; nous ne le pourrons ici qu'à la condition de soumettre souvent les tribus révoltées et de gagner sans cesse du terrain. De là l'occupation d'Oran (1831), de Bône (1832), d'Arzeu, de Mostaganem et de Bougie (1833), opérée sous l'administration successive des généraux de Bourmont, Clauzel, Berthezène, Savary, Voirol et Drouet d'Erlon; celui-ci fut le premier gouverneur général d'Alger, en 1834.

A cette époque, pour établir des rapports avec les indigènes, on organisa le *corps des zouaves* et les *bureaux arabes*. Les zouaves étaient à l'origine des bataillons indigènes composés de Kabyles zouaouas de la province de Constantine, mais il s'y mêla bientôt des aventuriers de toute provenance, dont Lamoricière, « le mâcheur de poudre, » au dire des Arabes, fit « un corps d'élite, les vrais soldats d'Afrique, les héros des coups de main difficiles, les fantassins des longues marches, des nuits sans sommeil et des journées sans eau ». Les bureaux arabes étaient formés d'officiers français qui concentraient entre leurs mains la justice, les finances et l'administration. Connaissant les langues du pays, ces officiers s'enquirent par eux-mêmes, sans le secours d'interprètes souvent infidèles, du caractère, des mœurs et des habitudes des indigènes. Le premier chef de bureau arabe fut encore Lamoricière, homme de résolution, rempli de ressources dans l'esprit et animé du désir de bien faire, ce qui lui concilia l'affection de ses subordonnés. Des abus résultant de leurs pouvoirs trop étendus firent supprimer plus tard ces bureaux arabes.

Jusqu'en 1834, l'occupation française avait été restreinte aux villes côtières. Des hésitations, des fautes militaires, des mesures impolitiques, souvent aussi des traitements maladroits appliqués aux indigènes, avaient indisposé ceux-ci contre nous, et compromis l'entreprise. C'est alors que parut l'ennemi le plus redoutable qui combattra, souvent avec succès, l'influence française pendant plus de douze ans.

Cet homme, ce conquérant, c'est ABD-EL-KADER. Fils d'un marabout influent, il avait reçu une éducation soignée, vu l'Orient et l'Égypte, était versé dans l'étude du Coran, et à la science d'un thaleb il joignait la vigueur du soldat. Bien fait de corps, élégant dans sa tenue, habile dans les exercices militaires, doué de bravoure autant que de sens politique, à la fois froid et passionné, souple et violent, d'une activité infatigable et d'un vrai talent d'organisation, Abd-el-Kader était fait pour dominer. Les tribus de la province d'Oran livrées à l'anarchie avaient besoin d'un chef et se groupèrent autour de celui qu'elles considéraient comme « envoyé de Dieu ». En 1834, le général Desmichels, commandant d'Oran, le reconnaît comme « prince des croyants » et lui fournit même des secours pour vaincre ses compétiteurs.

Cette politique ayant été désavouée, le général Trézel, qui succéda à Desmichels, attaqua Abd-el-Kader et se fit battre par lui sur la Macta (1835). L'année suivante, le général Bugeaud défit l'émir à la Sikkah, mais il conclut avec lui en 1837 l'imprudent traité de la *Tafna,* qui livrait au chef arabe les provinces d'Oran, de Titeri et d'Alger, sauf les villes du littoral et la plaine de la Métidja qui restaient à la France.

Louis Blanc fait de l'entrevue de la Tafna le récit suivant qui peint bien les personnages en action :

ENTREVUE DE LA TAFNA. — « A neuf heures du matin, on fit halte dans un vallon du plus riant aspect que baignent les eaux de la Tafna : là était le lieu du rendez-vous. Mais on n'y rencontrait que la solitude, le silence; pas un cavalier arabe ne se dessinait à l'horizon. Le soldat se sentit humilié. Il fallut attendre, et l'on attendit longtemps. Les vedettes revenaient sans nouvelles. Habile à s'entourer de prestige, Abd-el-Kader

L'émir Abd-el-Kader.

avait voulu se donner auprès des siens l'avantage d'une supériorité apparente, et le dédain qu'il affectait à l'égard du chef des infidèles était un calcul de sa politique musulmane. Le jour commençait à baisser, l'émir ne paraissait pas; et pendant que, tourné en gaieté, le mécontentement des troupes s'évaporait de toutes parts en vives saillies, le général Bugeaud avait peine à dissimuler sa colère. Enfin l'approche des Arabes est annoncée. A l'instant même, les tambours rappellent, les faisceaux se rompent, chacun court à son poste. Mais, à une lieue de notre avant-garde, Abd-el-Kader s'était arrêté. Ce fut alors auprès du général une succession de messages ayant pour but de lui apprendre que l'émir était malade, qu'il n'avait pu se mettre en route que fort tard; qu'il serait bon peut-être de renvoyer l'entrevue au lendemain... A bout de patience, et oubliant la dignité de son rang, pour n'obéir qu'aux impétueux conseils de son dépit et de son courage, le général Bugeaud laisse au général Laidet le commandement des troupes, et, suivi de son état-major, il se porte en avant.

« Presque entièrement composée de cavalerie, l'armée d'Abd-el-Kader figurait un immense triangle, dont les angles mouvants s'appuyaient à trois collines. Arrivé au milieu des avant-postes, le général français vit venir à lui un chef de tribu, qui lui montra un coteau sur lequel était l'émir. « Je « trouve indécent de la part de ton chef, dit le général « Bugeaud à l'Arabe, de me faire attendre si longtemps et « venir de si loin. » Et il s'avança résolument. Alors parut l'escorte de l'émir. Jeunes et beaux pour la plupart, les chefs arabes étalaient avec faste leurs riches costumes et montaient des chevaux magnifiques. Bien différente était celle du général Bugeaud, à laquelle s'étaient réunis plusieurs membres de l'administration civile, coiffés de la casquette modèle, et dans une tenue fort peu militaire. Un cavalier sortit des rangs. Il portait un burnous grossier, la corde de chameau, il ne se distinguait point par son costume du dernier des cavaliers ennemis, mais autour de son cheval noir, qu'il enlevait avec beaucoup d'élégance, des Arabes marchaient tenant le mors de bride et les étriers. C'était Abd-el-Kader. Le général français lui ayant tendu la main, il la lui serra par deux fois, sauta rapidement à terre et s'assit. Le général prit place auprès de lui, et l'entretien commença.

« L'émir était de petite taille. Il avait le visage sérieux et pâle, les traits délicats et légèrement altérés, l'œil ardent. Ses mains, qui jouaient avec un chapelet suspendu à son cou, étaient fines et d'une distinction parfaite. Il parlait avec douceur, mais il y avait sur ses lèvres et dans l'expression de sa physionomie une certaine affectation de dédain. La conversation porta naturellement sur la paix qui venait d'être conclue; et Abd-el-Kader parla de la cessation des hostilités avec une mensongère et fastueuse indifférence. Le général français lui faisant observer que le traité ne pourrait être mis à exécution qu'après avoir été approuvé, mais que la trêve était favorable aux Arabes puisque tant qu'elle durerait, on ne toucherait pas à leurs moissons : « Tu peux dès à présent « les détruire, répondit-il, et je t'en donnerai par écrit, si tu « veux, l'autorisation. Les Arabes ne manquent pas de grain. »

« L'entretien fini, le général Bugeaud s'était levé, et l'émir restait assis. Blessé au vif, le général français le prit alors par la main et l'attirant à lui d'un mouvement brusque : « Mais relevez-vous donc! » Les Français furent charmés de cette inspiration d'une âme impérieuse et intrépide, et les Arabes laissèrent percer leur étonnement. Quant à l'émir, saisi d'un trouble involontaire, il se retourna sans proférer une parole, sauta sur son cheval et regagna les siens. En même temps on entendit une puissante clameur que les échos prolongèrent de colline en colline. « Vive le sultan! » criaient avec enthousiasme les tribus. Un violent coup de tonnerre vint ajouter à l'effet de cette étrange scène; et, se glissant dans les gorges des montagnes, les Arabes disparurent [1]. »

Fier de ce succès diplomatique, qui le grandit énormément aux yeux des peuples arabes, Abd-el-Kader ne tarda pas à agir en souverain. Il se débarrassa bientôt de ses rivaux, vainquit ou écrasa les tribus récalcitrantes, divisa le pays en huit gouvernements et se créa une armée permanente au lieu des troupes temporaires. « Il avait 10.000 réguliers, dont 3.000 fantassins, 2.000 cavaliers et 240 artilleurs avec une vingtaine de pièces; des poudrières fonctionnaient à

---

[1] Louis BLANC, *Histoire de dix ans.*

Mascara, Miliana, Médéa, Tagdempt; une manufacture d'armes était installée à Miliana, une fonderie de canons à Tlemcen. Sebdou, Saïda, Tagdempt, Boghar, Biskra, formaient de l'est à l'ouest une ligne de places qu'il avait construites ou réparées; c'étaient autant de forteresses pour mater les tribus, de magasins où s'amassaient les approvisionnements, de retraites en cas de guerre malheureuse. » (Maurice WAHL.)

Telle est l'organisation moyennant laquelle, après deux ans de paix, l'émir tiendra en échec pendant huit ans de nombreuses armées françaises.

Pendant ce temps, nos troupes atteignent Constantine, où dominait le bey Ahmed. Après un échec grave en 1836, la ville fut prise d'assaut en 1837, par le maréchal Valée; le général de Damrémont avait été tué la veille.

En octobre 1839, les hostilités recommencèrent avec Abd-el-Kader, qui prétendait renfermer les Français dans la Métidja. Ceux-ci en sortirent pour occuper en 1840 Cherchell, Médéa et Miliana, tandis que le capitaine Lelièvre, avec 123 hommes, défendait victorieusement, pendant quatre jours, le fortin de Mazagran attaqué par une nuée d'Arabes. Rapportons ici en détail le récit de cette brillante affaire.

LA DÉFENSE DE MAZAGRAN. — « Mazagran n'était rien de plus qu'un petit fort, élevé à la hâte par les Français, non loin de Mostaganem. Il renfermait la 10e compagnie du bataillon d'Afrique, c'est-à-dire 123 hommes commandés par le capitaine Lelièvre, lorsque le 1er février quelques éclaireurs arabes vinrent reconnaître les lieux. Le lendemain, les contingents de quatre-vingt-deux tribus, formant 10 à 15.000 hommes, sous les ordres de Mustapha-Ben-Tehamy, khalifa de Mascara, prirent position devant le fort. La garnison n'avait pour toutes provisions qu'un baril de poudre, une pièce de canon et 40.000 cartouches; mais en revanche elle était composée de braves disposés à vendre chèrement leur vie.

« Animé par le fanatisme religieux et par des promesses de récompense, l'ennemi se précipita avec rage contre les murailles, que son artillerie avait entamées, et y planta quatorze de ses drapeaux. Les assiégés reçurent cette attaque et celles qui suivirent par un feu de mousqueterie qui couvrait de cadavres les abords de la brèche. Trois fois le canon abattit le drapeau national, trois fois il fut relevé avec enthousiasme aux cris de : *Vive le roi! vive la France!*

« Le 3, les assaillants revinrent à la charge avec une ardeur nouvelle. Cette fois, les cartouches étant à moitié épuisées, on les reçut à l'arme blanche, et le courage français continua de lutter avec avantage contre un ennemi dont la supériorité numérique était de cent contre un.

« Le 4, l'acharnement des Arabes redoubla. Ils venaient sur la brèche se faire tuer en se précipitant sur les baïonnettes de nos soldats. Sur le soir, les munitions étaient presque complètement épuisées ; le capitaine Lelièvre rassembla ses hommes : « Mes amis, leur dit-il, nous avons encore un ton-
« neau de poudre presque entier et douze mille cartouches ;
« nous nous défendrons jusqu'à ce qu'il ne nous en reste plus
« que douze ou quinze, puis nous entrerons dans la poudrière
« pour y mettre le feu, heureux de mourir pour notre pays.
« Vive la France ! »

« On se battit ainsi pendant quatre jours et quatre nuits, et c'étaient, dit un Arabe qui a rendu compte de ce siège mémorable, « c'étaient quatre grands jours, car ils ne commençaient
« pas et ne finissaient pas au son du tambour ; c'étaient des
« jours noirs, car la fumée de la poudre obscurcissait les
« rayons du soleil ; et les nuits étaient des nuits de feu,
« éclairées par les flammes des bivouacs et par celles des
« amorces. »

« Le cinquième jour, les Arabes, fatigués de cette intrépide résistance, renoncèrent au succès et abandonnèrent la place, emportant plus de mille morts ou blessés. Lorsque les braves de Mazagran purent se compter, il ne leur manquait que dix-neuf des leurs, trois morts et seize blessés !

« La garnison de Mostaganem, forcée d'assister à cette lutte inégale sans que ses propres forces lui permissent d'essayer une sortie en faveur des assiégés, était dans une cruelle anxiété. Dès que le silence de la plaine lui eut indiqué l'éloignement des Arabes, elle se dirigea triste et morne sur

Mazagran, croyant n'avoir plus à remplir qu'un dernier et solennel devoir. A l'aspect de ses héroïques frères d'armes vivants et vainqueurs, elle ne put contenir ses transports et les ramena triomphalement à Mostaganem [1]. »

Impuissant à s'emparer des places fortes, Abd-el-Kader résolut de tenir la campagne et de harceler ses adversaires. Grâce à cette tactique, plus naturelle pour l'Arabe, la difficulté pour nous était moins de battre l'émir que de l'atteindre. Avec son armée de 10.000 hommes seulement, mais intrépides et montés à la légère, on le trouvait partout, sans pouvoir le surprendre nulle part. Aussi fallut-il, en 1841, au nouveau gouverneur, le général Bugeaud, 100.000 soldats, divisés en corps nombreux, pour traquer de toutes parts cet ennemi insaisissable. Bugeaud s'empare de Mascara (1841), de Tlemcen (1842), et soumet la vallée du Chéliff, où il fonde Orléansville. De son côté le duc d'Aumale surprend, au brillant fait d'armes de Taguin (1843), la *Smala* ou camp d'Abd-el-Kader, et fait 3.000 prisonniers avec un riche butin.

Voici à ce sujet quelques détails.

LA PRISE DE LA SMALA. — « Depuis que l'émir n'avait plus de résidence fixe, et que son rôle s'était abaissé aux étroites proportions de chef de bande, sa famille et celles des principaux personnages de sa maison avaient dû partager sa vie nomade et se former en smala. On appelle smala, chez les Arabes, ce que nous nommerions les équipages, la suite; elle comprend la famille, les domestiques, les tentes, les richesses du maître. La smala d'Abd-el-Kader contenait 12 à 15.000 personnes. Elle suivait tous ses mouvements et était l'objet de sa plus grande sollicitude. Le général Bugeaud songea à s'en emparer et confia l'exécution de cette entreprise difficile au duc d'Aumale.

« Le 10 mai, le jeune prince se mit en marche à la tête de

---

[1] Mme la comtesse DROHOJOWSKA, *Algérie française*. M. le capitaine Niox porte à trois cents, au lieu de cent vingt-trois, le nombre des soldats de la garnison de Mazagran. M. Gaffarel compte, non par mille, mais par centaines les pertes des Arabes, et l'on peut aussi réduire le nombre des assaillants et la durée de cette défense, d'ailleurs assez héroïque, sans qu'on doive y mêler l'exagération.

13.000 fantassins et de 600 cavaliers. Le 14, il arriva à Goujilah, où il apprit que la Smala était, en ce moment, à quinze lieues au sud-ouest; il prit aussitôt cette direction, et le 16, après vingt-cinq heures d'une marche accablante, dans un pays inculte et sans eau, il aperçut, près de Taguin, une réunion de tentes, occupant un espace de près de deux kilomètres. N'écoutant que son ardeur, sans songer à sa faiblesse numérique, l'avant-garde, composée de 500 chevaux seulement, s'élance au galop, conduite par le prince, par le colonel Youssouf et par le lieutenant-colonel Morris. Dire l'effet de cette attaque subite serait impossible. Les femmes épouvantées, les vieillards et les enfants se pressent en tumulte et communiquent leur trouble aux fantassins réguliers, qui résistent à peine. C'est une mêlée, une confusion affreuse; ceux qui purent prendre la fuite se dirigèrent vers le désert; les autres, au nombre de 4.000, restèrent nos prisonniers. Le trésor de l'émir, ses tentes, ses drapeaux tombèrent en notre pouvoir [1]. »

Quant à Abd-el-Kader, pressé de toutes parts, il se réfugie au Maroc où il entraîne le shérif, Abd-er-Rhaman, dans la guerre sainte. Mais le bombardement de Tanger et de Mogador par l'escadre du prince de Joinville, et surtout la victoire de l'Isly (14 août 1844), remportée par Bugeaud sur l'armée marocaine, obligent bientôt le sultan à la paix de Tanger (1845), qui fixe notre frontière actuelle du côté de l'ouest. L'année suivante (1846), a lieu la soumission du Dahra insurgé par les instigations du marabout Bou-Maza, puis celle de l'Aurès, dont la principale ville, Biskra, nous appartenait déjà; en même temps, Abd-el-Kader, rentré en Algérie, est poursuivi de tribus en tribus, dont il se voit successivement abandonné et trahi, ainsi que du shérif marocain, qui lui refuse même l'hospitalité.

Aussi se rend-il le 23 décembre 1847 au colonel Lamoricière, sous la promesse de pouvoir se retirer librement à Alexandrie ou à Saint-Jean-d'Acre. Lamoricière le présenta au duc d'Aumale devenu gouverneur, qui ratifia la promesse faite.

---

[1] Mme la comtesse DROHOJOWSKA, *Algérie française.*

Mais le gouvernement de Louis-Philippe dirigea l'émir sur Toulon, puis l'interna à Pau et de là à Amboise, jusqu'en 1854. Alors Napoléon III lui permit d'aller habiter Damas, en Syrie, où, fidèle à sa promesse de ne pas retourner en Afrique, il termina ses jours en 1883.

L'Algérie est dès lors à nous dans la majeure partie du Tell et sur les plateaux; mais il faut encore faire respecter notre autorité par les populations sahariennes et kabyles toujours prêtes à combattre pour leur indépendance à la voix des marabouts ou de leurs chefs nationaux.

C'est pourquoi une expédition est dirigée contre l'oasis de Zaatcha, en 1849. La ville, prise d'assaut, fut détruite et sa population anéantie; cette affaire nous coûta 1.500 hommes, sans compter les victimes du choléra. En 1852, Laghouat, et en 1854, Tougourt, tombent à leur tour en notre pouvoir, après une résistance également opiniâtre. Ouargla fut reprise en 1860, et le général de Gallifet, avec une colonne légère montée sur des chameaux, surprit en 1872 El-Goléa, le point extrême de nos possessions, à 1.100 kilomètres au sud d'Alger.

Dans les mêmes années on avait conduit diverses expéditions en Kabylie, dont nous possédions depuis longtemps les villes maritimes : Bougie, Djidjelli, Collo et Dellys. En 1844-47, Bugeaud avait soumis une partie du pays. Des insurrections presque annuelles furent réprimées jusqu'en 1857; enfin le général Randon dut employer 35.000 hommes pour vaincre ces intrépides montagnards, mal armés, désunis, mais fiers et indomptables, résignés à subir les guerres les plus atroces.

Mac-Mahon leur infligea la sanglante défaite d'Icheriden, qui les réduisit (1857). Pour dompter ce pays qui jamais n'avait connu de maîtres, il fallut construire le fort Napoléon, devenu aujourd'hui le fort National.

En 1864, d'autres insurrections durent être réprimées, notamment celle des Ouled-Sidi-Cheikh, dans le sud oranais, et celle des Flittas, dans l'Ouaransénis.

A la suite de nos revers en France de 1870-71, les Kabyles des provinces d'Oran et d'Alger se soulevèrent de nouveau, et ce soulèvement eut pour cause les mesures intempestives portées par le gouvernement de la défense nationale, notamment celle de la naturalisation en masse des Juifs, détestés

Prise de Constantine, d'après Horace Vernet.

des Kabyles, auxquels ils enlèvent peu à peu toutes leurs propriétés. Les Kabyles, défaits au combat du Djebel-Bou-Thaleb, payèrent des contributions de guerre considérables; leur autonomie municipale fut supprimée et une partie de leurs terres affectée à la colonisation.

Le soulèvement de l'Aurès (1879) n'eut pas de graves conséquences. Il en coûta bien davantage pour étouffer l'insurrection de 1881, laquelle n'était en réalité qu'une suite de la lutte permanente des Ouled-Sidi-Cheikh, mal domptés en 1870. C'est encore un marabout, Bou-Amama, qui, profitant du mécontentement des tribus, les excita à la révolte. De nombreuses colonnes délogèrent successivement les insurgés de leurs ksours et poursuivirent Amama jusqu'à Figuig.

En 1880, la mission du colonel Flatters, chargée d'étudier la création d'un chemin de fer transsaharien jusqu'au Soudan, fut massacrée dans le désert au sud-est d'El-Goléa, vers le 25º de latitude nord, par les Touaregs-Hoggar, aidés de la complicité des Chaamba qui formaient l'escorte de la mission. Ce massacre, qui n'a pu être vengé, a porté un rude coup à l'influence française dans la région du sud vers le Soudan. Toutefois 1882 vit l'occupation du Mzab et de Ghardaïa, qui nous assure la tranquillité relative du Sahara algérien au nord d'El-Goléa.

La conquête de la Tunisie en 1881 compléta notre colonie algérienne vers l'est et garantit sur ce point la tranquillité du pays.

Il n'en est pas de même à l'ouest, où la frontière marocaine, tracée arbitrairement par le traité de Tanger, coupe en deux des régions naturelles habitées par des mêmes tribus. Le cours de la Malouïa eût été plus rationnellement choisi. De plus, une partie des Riffains ou habitants du Riff (rivage) marocain ont dans ces derniers temps recherché la protection des Français. Si l'on ajoute les tentatives non avouées des Allemands pour s'établir sur la côte nord du Maroc, et les droits de l'Espagne sur la même région, on peut en inférer que bientôt des complications politiques modifieront la situation de cette sultanie si mal administrée, livrée à l'anarchie, au brigandage, et dont la ruine prochaine est prévue.

Tel est le résumé de cette conquête algérienne, « qui a coûté à la France, dit M. Élisée Reclus, six milliards de francs et plusieurs centaines de milliers d'hommes, soldats ou colons. »

Nous empruntons au même auteur les considérations ci-après sur la situation actuelle et sur l'avenir de cette colonie.

La France algérienne. — « En parlant de l'Algérie, on lui donne souvent le nom de « France nouvelle » ou de « France africaine ». A maints égards cette expression est justifiée. Il est certain que les Français se sont très solidement établis dans le continent africain, apportant leur langue et leurs mœurs. Villes et villages de construction européenne se sont élevés non seulement dans la région du littoral, mais dans toutes les parties du territoire; des routes traversent le pays jusque sur les confins du désert. On a pu comparer l'œuvre accomplie par les Français en un demi-siècle à celle qui fut le résultat de sept siècles d'occupation romaine. Si leur civilisation est encore bien loin d'avoir aussi fortement assimilé la population indigène, si leurs colonies dans la région orientale des plateaux sont encore clairsemées en comparaison de celles des Romains, à d'autres égards, ils ont fait davantage. La science leur a fourni un élément de puissance qui manquait aux anciens : la vitesse. Par le chemin de fer, par le télégraphe, par les signaux optiques, ils sont présents partout. Dans leurs mains, le pays s'est réduit en étendue, pour ainsi dire; ils ont pénétré plus avant dans le désert, puisqu'on ne trouve plus de débris romains au sud de Djelfa, à 300 kilomètres au nord d'El-Goléa, la dernière oasis française; même la mer qui baigne les rivages algériens s'est rétrécie sous la quille de leurs navires, et les naufrages y sont moins à craindre, grâce aux jetées et aux môles qui abritent actuellement les ports; Alger, à moins de trente heures de Marseille, est plus rapprochée de la France que Toulon ne l'est de Brest. Quoi qu'on ait souvent répété le contraire, l'annexion politique de l'Algérie à l'Europe est un fait acquis à l'histoire. Des révoltes d'indigènes, séparés les uns des autres par la distance, l'origine, les intérêts particuliers, ne sauraient l'emporter contre une population européenne, très inférieure en nombre, mais solidement unie pour la défense et disposant des villes, des arsenaux, des points stratégiques et de toutes les ressources que donne l'industrie moderne.

« Quoi qu'il en soit, l'Algérie a de grands progrès à faire

avant qu'elle puisse être en toute justice comparée à la France, comme une « France nouvelle ». Il faut d'abord que son territoire, presque désert dans une grande partie de son étendue, se peuple ou se repeuple, et que ses immenses ressources minières, agricoles, industrielles, soient utilisées ; il faut que le pays, maintenant suspendu dans le vide, pour ainsi dire, puisqu'il confine à des solitudes inexplorées, se rattache par des itinéraires suivis et des recherches scientifiques aux oasis du désert et aux régions populeuses du Sénégal et du Niger; il faut surtout que les éléments ethniques si divers de la contrée se fondent en une population homogène. L'Algérie est encore loin d'avoir constitué son unité morale et politique : non seulement l'assimilation ne s'est point faite entre vainqueurs et vaincus, mais le monde arabe, en tant que musulman, est encore fermé, et la société kabyle n'a fait que s'entr'ouvrir aux idées modernes. C'est isolément, par individualités distinctes, non par grandes masses, que s'établit l'union. Des deux parts les foules se haïssent ou du moins se regardent encore obliquement, parce qu'elles ne se comprennent point, et l'injure est toujours ressentie doublement quand elle vient d'un étranger. Pourtant, quand on a vu les habitants de la Tunisie, ceux du Djérid, « pays des Palmes », accepter si facilement la domination de la France, peut-on douter que la principale cause de l'acquiescement passif ou volontaire des indigènes algériens au régime européen augmente ou diminue avec les garanties de justice qu'il leur assure? D'ailleurs n'existe-t-il pas en Algérie des tribus telles que les Douair et les Smela, des environs d'Oran, qui de tout temps, même dans l'infortune, sont restées les fidèles alliées des Français, malgré cette invincible haine dont on a souvent parlé comme devant à jamais séparer les deux races? La conquête des ksours du Sahara, dans les régions presque inabordables aux hommes du Nord, eût-elle même été possible, si les Français n'avaient pas été secondés par des *goum* de diverses tribus? Et n'a-t-on pas vu fréquemment, lorsque les conquérants pénétraient pour la première fois dans un territoire de l'intérieur, les pauvres, les colons partiaires, les nègres, les opprimés de toute race et de toute classe se précipiter avec joie au-devant de l'étranger, tandis que les grands chefs suivis de leurs bandes s'exilaient ou tâchaient de continuer la lutte? Suivant un proverbe arabe, le peuple ne demande que deux choses : « la pluie et la justice. » L'une donne le pain, l'autre assure la paix, le progrès social, l'assimilation graduelle des éléments naguère en lutte, et non pas cette assimilation qui consisterait à penser de la même manière, à ne parler qu'une seule langue, à se conformer aux mœurs et aux usages de la capitale, mais celle qui repose sur le respect mutuel et l'observation du droit à l'égard les uns des autres. Or, qu'on ne l'oublie pas, entre populations entremêlées que séparent les origines, les traditions, les mœurs, l'état social, il n'y a d'autres alternatives que l'assimilation graduelle, l'avilissement par la servitude ou le massacre[1]. »

CHAPITRE II

GÉOGRAPHIE PHYSIQUE

I. — Configuration générale

Situation et bornes. — L'Algérie, avec la Tunisie qui lui est aujourd'hui annexée, forme, au nord de l'Afrique, une vaste contrée située à proximité de la France, dont elle est séparée par moins de 200 lieues de mer, et presque sous les mêmes méridiens.

Les bornes de l'Algérie sont au nord la Méditerranée, à l'ouest le Maroc, à l'est la Tunisie, au sud le désert de Sahara,

---

[1] Élisée Reclus, *Afrique septentrionale*.

où il n'y a de limite que celle de notre influence sur les tribus du désert. Cette limite peut se marquer en ce moment à la latitude d'El-Goléa.

Position astronomique. — L'Algérie s'étend en latitude septentrionale de 30° 30' (El-Goléa) à 37° 10' (cap Bougaroni), et en longitude de 4° 40' de longitude ouest du côté du Maroc, à 6° 30' de longitude est du côté de la Tunisie, à partir du méridien de Paris. En y comprenant la Tunisie, on atteint le 37ᵉ degré de latitude nord au cap Blanc, et le 9ᵉ degré de longitude est sur la limite du Tripoli.

Alger se trouve à peu près sous le méridien de Paris, exactement à 0° 44' de longitude est, et Tunis à 7° 4' de même longitude. Alger est en ligne droite à 660 kilomètres de Port-Vendres, 780 de Marseille, et 1.400 de Paris.

Configuration. — Dans son ensemble, l'Algérie affecte la forme d'un parallélogramme de 1.000 kilomètres de longueur de l'ouest à l'est, sur une largeur de 700 du nord au sud, en y comprenant le Sahara algérien, jusqu'à El-Goléa.

Superficie. — Ainsi envisagée, la superficie de l'Algérie est approximativement de 650.000 kilomètres carrés, dont la moitié pour le Sahara algérien.

Celle de la Tunisie étant de 120.000 kilomètres, dont la moitié également pour le désert Saharien, ces deux chiffres réunis donnent à nos possessions du nord africain près de 800.000 kilomètres, une fois et demie la superficie de la France ; mais la partie habitable pour les Européens est à peine le tiers de cette surface.

Le littoral algérien. — Le littoral algérien décrit dans son ensemble un arc très peu tendu, long de 1.100 kilomètres environ, tournant sa convexité sur la mer et vers le nord, et relevant son extrémité orientale à une latitude de deux degrés au-dessus de l'extrémité occidentale.

Le littoral tunisien, plus mouvementé, tourne sa plus grande face vers l'orient.

L'Algérie étant une contrée généralement montueuse jusque sur le littoral, il en résulte que ses côtes sont d'ordinaire élevées, rocheuses, escarpées, inabordables en dehors des ports; ses baies peu profondes, mal fermées, non abritées et ensablées sont peu favorables à la navigation. Ce n'est qu'à plusieurs centaines de mètres du littoral que la profondeur de la Méditerranée atteint 10, 20 mètres et plus; mais elle dépasse bientôt 1.000 et même 2.500 mètres à 150 kilomètres de la côte d'Alger.

Description des côtes. — A 8 kilomètres est de l'embouchure de la Malouïa, fleuve marocain, le chétif torrent du Kis ou Adjeroud est la première borne physique qui sépare l'Algérie du Maroc. Le premier cap français est la pointe Milonia, et le premier port, celui de Nemours; vient ensuite le cap Noé, où la côte prend la direction nord-est; on y remarque plusieurs îlots et caps volcaniques : l'île Rachgoun, en face de l'embouchure de la Tafna; le cap Figalo et les îles Habibas.

Le cap Falcon est suivi de la baie d'Oran ou rade de Mers-el-Kébir, entourée de collines de 600 mètres de hauteur, le meilleur abri de l'Algérie occidentale. Les caps Ferrat et Carbon sont des saillies d'un large promontoire séparant la baie d'Oran de celle d'Arzeu, celle-ci plus large mais moins bien abritée et au fond de laquelle se jette la Macta.

A 5 kilomètres de Mostaganem se voit l'embouchure du Chéliff, le plus grand fleuve algérien; puis le cap Ivi, d'où la côte élevée, mais peu échancrée, s'incline vers l'est jusqu'au cap Ténès, et de là se prolonge presque droite jusqu'à Cherchell. Elle est marquée faiblement par les pointes des contreforts du massif du Dahra et du petit Atlas algérien plongeant dans la mer.

A l'est de Cherchell, la côte s'infléchit un instant pour remonter ensuite jusqu'à la petite baie de Sidi-Ferruch, où l'armée française débarqua en 1830. Le promontoire de Sidi-Ferruch, terminé par les caps K'nater, Caxine et la pointe Pescade, marque à peu près le milieu de la côte algérienne; il abrite à l'ouest la magnifique baie semi-circulaire d'Alger, large de 15 kilomètres et profonde de 7; le cap Matifou en détermine la partie orientale.

La mer reçoit plus loin les eaux ensablées de l'Isser oriental, puis le Sébaou, près de Dellys, port médiocre, mais marché fréquenté. A partir de cette ville, jusqu'à l'oued Sahel, à l'embouchure duquel est Bougie, le littoral de la grande Kabylie est généralement très haut, sans abri et hérissé d'aiguilles ; on y remarque les caps Tedlès, Corbelin, Sigli, puis le cap Carbon oriental percé d'une voûte naturelle ; la côte tourne ensuite au sud pour former la baie sémi-elliptique de Bougie, fermée à l'est par le cap Cavallo. Plus au nord-est on trouve la pointe de Djidjelli, près de la ville de même nom ; le Seba-Rous (les sept caps), plus connu sous le nom italien de Bougaroni (Cap des fourbes), large promontoire formant l'avancement le plus septentrional de la côte algérienne. A l'est s'ouvre le beau golfe portant le double nom de Stora, port déchu, et de Philippeville, port moderne ; il se termine au cap de Fer (Râs Hadid), pointe très saillante de la chaîne de l'Edough, qui s'étend le long du littoral jusqu'au cap de Garde. Celui-ci, avec le cap Rosa, abrite imparfaitement la large baie de Bône où se jette la Seybouse ; à l'est du cap Rosa se dresse, sur un rocher isolé, la Calle, dont le port est fréquenté par les corailleurs. C'est à 38 kilomètres plus loin, au cap Roux, que se terminait, avant l'établissement de notre protectorat sur la Tunisie, l'Afrique française, laquelle s'étend aujourd'hui jusqu'à la Tripolitaine.

II. — Les montagnes et les plateaux

Orographie. — L'Algérie, de même que le Maroc et la Tunisie, est traversée de l'ouest à l'est, ou mieux du sud-ouest au nord-est, par le massif montagneux de l'*Atlas,* qui caractérise toute la région barbaresque. Dans son développement général, depuis l'Atlantique jusqu'au cap Bon, l'Atlas a 2.000 kilomètres de longueur, dont près de 1.000 sur le territoire algérien, 800 dans le Maroc et 200 dans la Tunisie.

C'est dans le Maroc que l'Atlas atteint sa plus grande élévation (3.500 mètres au mont Miltsin), ainsi que sa plus grande largeur, soit 500 kilomètres. De là, il va en se rétrécissant et s'abaissant vers le nord-est pour finir au cap Bon. Il conserve 350 kilomètres de largeur dans les provinces d'Oran et d'Alger, 250 dans celle de Constantine, et en moyenne 150 dans la Tunisie.

L'Atlas algérien n'est pas une simple chaîne de montagnes, mais bien un énorme plateau élevé de 800 à 1.000 mètres en moyenne, et bordé de deux chaînes de montagnes dont les sommets dépassent le plateau de plus de 1.000 mètres.

Si, partant d'Alger ou de tout autre point de la côte, on veut se diriger vers l'intérieur, il faut franchir d'abord une série de collines et de montagnes littorales, hautes de 1.500 à 2.300 mètres et constituant la première chaîne susdite : c'est le Tell. Il faut descendre ensuite sur le plateau formant cuvette, moins élevé de moitié que l'arête des montagnes ; au delà de ce plateau, on doit franchir la seconde chaîne, appelée saharienne, pour redescendre le talus méridional conduisant à la plaine du Sahara, dont l'altitude moyenne est de 200 à 300 mètres.

Il était d'usage autrefois de désigner sous les noms de petit Atlas les collines littorales, de moyen Atlas la ligne faîtière de la première chaîne de montagnes, et de grand Atlas la chaîne saharienne ; mais une connaissance plus approfondie du relief algérien a fait réunir le petit et le moyen Atlas en une seule région montagneuse que l'on appelle l'Atlas tellien ou le Tell, dont la largeur croissante est de 100 kilomètres dans la province d'Oran, 120 dans celle d'Alger, et 180 dans celle de Constantine.

Au delà du Tell est la zone des Hauts-Plateaux, ou le Plateau par excellence, ayant la forme d'un triangle très allongé dont la base, large de 180 kilomètres, s'appuie sur la frontière marocaine, et dont le sommet tronqué atteint la Tunisie en passant au sud de Constantine. Enfin la bordure méridionale du Grand-Plateau forme une seconde série de montagnes que l'on a désignée sous le nom de chaîne Saharienne, à cause du voisinage du grand désert, dont le massif algérien forme la limite septentrionale. Décrivons successivement les montagnes du Tell et celles du Sahara.

ATLAS SEPTENTRIONAL OU TELLIEN. — La région tellienne a pour limite au nord la mer, au sud une ligne menée sensiblement à quelque distance des villes de Daya, Saïda, Tiaret, Boghar, Aumale, Sétif et Soukarras. C'est moins une chaîne de montagnes, comme on la définit habituellement, qu'un amas confus d'une vingtaine de groupes montagneux orientés dans toutes les directions, d'élévation et de nature géololique très différentes, séparés par des vallées profondes, creusés de gorges pittoresques, dont la description est très difficile et sur laquelle les auteurs varient complètement.

« Rien de plus confus, de plus tourmenté que cette zone littorale. C'est un inextricable réseau de montagnes, de ravins, de gorges sauvages, de fraîches vallées et de plaines de l'ensemble le plus pittoresque, mais qui défie toute description régulière. Une bonne carte peut seule en donner une idée complète. »

Ainsi s'exprime M. Vivien de Saint-Martin dans son nouveau dictionnaire de géographie. Il aurait pu ajouter que les auteurs qui ont décrit le plus savamment l'Algérie, sont très souvent en désaccord sur le nom à donner à chaque groupe ou chaîne de montagnes, sur son étendue, et partant sur sa configuration. Les cartes les plus autorisées ne s'entendent pas davantage à ce sujet, de telle sorte qu'il est souvent difficile de s'y reconnaître, du moins pour certains détails.

Nos lecteurs comprendront que, dans cette confusion des choses, il nous fallait bien faire un choix, sans avoir la prétention de réussir absolument, ni même de faire mieux que nos devanciers.

La même observation s'applique du reste à toute description géographique un peu étendue, surtout quand il s'agit de pays étrangers, imparfaitement connus, comme le sont les colonies en général.

SUBDIVISIONS DU TELL. — On distingue particulièrement dans la province d'Oran les massifs de Tlemcen et de Saïda ; sur la ligne de faîte, les monts de Traras, du Tessala et de Mascara, vers la côte.

Dans la province d'Alger, le puissant massif d'Ouaransénis,

qu'on appelle aussi Ouarnsénis, la chaîne côtière du Dahra, le massif du Titeri et le Djurdjura.

Dans la province de Constantine, la chaîne des Bibans, le massif de Sétif et de Constantine, les monts du Hodna et de la Medjerda.

Le *massif de Tlemcen,* ainsi nommé de la ville célèbre qui en occupe le centre, est circonscrit par la Moulouïa marocaine, la Tafna et le Sig supérieur. Ses points culminants sont le Toumzaït ou le Ras-Asfour, « tête d'oiseau », (1.635 mètres) sur la frontière du Maroc, le Tnouchfi (1.842 mètres), le Nador de Tlemcen, l'Attar et plusieurs autres ayant de 1.500 à 1.800 mètres d'altitude.

On peut y rattacher sur la côte les monts Traras ou la montagne Carrée (840 mètres) et le Filhaoucen (1.140 mètres) au nord-ouest de la Tafna, ainsi que les monts Tessala (1.020 mètres), qui dominent Sidi-Bel-Abbès, au nord-ouest du Sig.

Les principales plaines de cette région sont celles d'Oran, du Sig et de l'Habra.

Le *massif de Saïda* comprend la ligne de faîte séparant les bassins de l'Habra et de la Mina, de celui du Chott-el-Chergui qui fait partie du grand Plateau. Ses points culminants sont le Tendfelt ou Daya (1.288 mètres) à l'ouest, et le Gaada (1.500 mètres) à l'est de Saïda. Plus au nord, les monts de Mascara séparent l'Habra de l'oued Mina. Le chemin de fer, qui d'Arzeu et de Saïda se dirige vers le Sahara, traverse cette région. On trouve vers la côte la belle plaine du Sig.

Les *monts de l'Ouaransénis* forment un massif boisé parfaitement délimité par le Chéliff, qui le contourne à l'est et au nord, et par deux de ses affluents, le Nahr-Ouassel et l'oued Mina, qui l'enveloppent au sud et à l'est, comme une sorte d'île géante. Son principal sommet, haut de 1.984 mètres, dominant Orléansville au sud-est, est appelé « l'œil du monde », parce que, disent les Arabes, « il aperçoit tout, puisqu'on le voit de partout. » Plus au sud, le mont Achéou atteint 1.804 mètres, et les monts du Teniet-el-Haâd, couverts de cèdres superbes, dominent la ville de Boghar et la grande courbe du Chéliff.

Le nom de *Dahra,* qui signifie « le Nord », est donné à cette chaîne, située entre le Chéliff et la mer, au nord-ouest d'Orléansville; haute de 876 mètres, fertile et assez peuplée, elle se prolonge vers Miliana par les monts de Zakkar, dont les sommets sont doubles en élévation. C'est à ces chaînes littorales que l'on appliquait proprement le nom de petit Atlas.

Le massif de Blida et de Médéa, dans l'ancienne province du *Titéri,* comprend les hautes montagnes situées entre le Chéliff et l'Isser, et dominant au sud les collines d'Alger et la plaine de la Métidja. Le point culminant est le Sidi-Abd-el-Kader (1.640 mètres), qui couronne le Beni-Salah sur la rive droite de la Chiffa, célèbre par ses gorges; en face, sur la rive gauche, se trouve le *Mouzaïa* (1.603 mètres), fameux par le col de la Mouzaïa, haut de 1.043 mètres, où le duc d'Orléans livra un combat à Abd-el-Kader, en 1844. Au nord de ce massif, s'étend la plaine de la Métidja, bordée vers la mer et à l'ouest d'Alger par les collines dites du Sahel ou de « la Côte ». Le Mazafran le coupe en deux parties: le Sahel d'Alger à l'est et le Sahel de Koléa à l'ouest. Hautes de 300 à 400 mètres, ces collines sont couvertes de cultures et se confondent avec la plaine fertile de la Métidja.

Le *Djurdjura* ou *Djerdjera,* le *mons Ferratus* des Romains, l'Adrar-bou-Dfel, « le mont neigeux », des Kabyles, est le massif le plus intéressant peut-être de l'Algérie, tant par l'histoire de ses héroïques habitants que par son élévation, ses sites grandioses et sauvages, qui rappellent les Alpes.

Parfaitement circonscrit entre la mer, le cours de l'Isser à l'ouest et de l'oued Sahel à l'est, son point culminant est le Lalla-Khédidja (2.308 mètres), qui porte sur l'un de ses versants le tombeau de la femme vénérée, ou de la déesse mythologique, dont il a pris le nom. Sa crête neigeuse, dominant la vallée du Sahel, est visible au loin sur mer, ainsi que d'Alger, distant de 100 kilomètres; ses pentes abruptes sont couvertes de chênes et de pins. Le massif est coupé en deux par le Sébaou, et la partie septentrionale forme la chaîne côtière du Tamgoût, haute de 1.270 mètres, située entre Dellys et Bône.

Berger kabyle, d'après E. Fromentin.

Au sud du Djurdjura et de la vallée du Sahel, et sur la ligne de partage des eaux, se trouve une série de monts appelés des *Bibans* ou des Portes-de-Fer, à cause d'un défilé franchi en 1839 par l'armée française. Elle comprend le Dira (1.812 mètres), au sud-ouest d'Aumale, et l'Ouên-Noûgha, (1.836 mètres) à l'est de cette ville.

Le *massif de Sétif et de Constantine* comprend plusieurs chaînes situées entre l'oued Sellam et la Seybouse. La haute plaine de Sétif et de la Medjana a 1.000 mètres d'altitude; les pics avoisinant Sétif atteignent 1.896 mètres au mont Takoucht; le petit et le grand Babor (1.970 mètres) se dressent dans la petite Kabylie; l'Edough est sur la côte à l'ouest de Bône, et le djebel Sidi-Mécid (1.906 mètres) domine la vallée du Rummel qui baigne le pied du rocher sur lequel est bâtie Constantine, à 550 mètres d'altitude.

Au sud du Sétif, les monts du *Hodna* (1.862 mètres) dominent le Chott-el-Hodna, et ceux de Batna (2.100 mètres), inclinant vers l'ouest, se rattachent à la chaîne saharienne.

Le massif de la *Medjerda* comprend les montagnes qui enferment la vallée du fleuve tunisien, la Medjerda, savoir : au nord, le djebel Kroumir, rendu célèbre par la campagne de 1881, et situé en grande partie sur le territoire de la Tunisie; à l'ouest, les monts qui entourent Soukharras (1.400 mètres), et au sud une série de montagnes qui, d'une part, vont en s'abaissant vers les plaines littorales de la Tunisie, et de l'autre, relient la région tellienne à la région saharienne par les massifs de Tébessa et du djebel Aurès.

ATLAS MÉRIDIONAL OU SAHARIEN. — L'Atlas saharien, beaucoup moins compliqué et d'ailleurs moins bien connu, est moins intéressant que la région tellienne. Il est aussi moins large en étendue et généralement moins élevé que le précédent, surtout si l'on considère sa hauteur relative. En effet, sa base est établie non au niveau de la mer, mais au niveau de la plaine du Sahara, et celle-ci atteint déjà, au pied de l'Atlas, une altitude assez considérable.

On voit par là que la chaîne saharienne ne méritait nullement le titre de grand Atlas qui lui avait été donné, bien que son point culminant, le Chélia de l'Aurès, dépasse de 20 mètres celui du Djurdjura.

Contrairement aux montagnes telliennes orientées en tous sens, les montagnes sahariennes affectent la forme de chaînons parallèles, orientés du sud-ouest au nord-est. Ordinairement nus, sans forêts, souvent sans herbages, ces chaînons ressemblent au désert qu'ils bordent, surtout ceux de la partie occidentale.

Les divisions principales de l'Atlas saharien sont les montagnes des Ksours et du Ksel, le djebel Amour, le Bou-Kahil et surtout l'Aurès.

Les montagnes des *Ksours* doivent leur nom aux petits villages arabes bâtis dans leurs ravins, là où un peu d'eau de source permet de vivre. On remarque les djebels Mektar et Aïssa, sur la frontière marocaine, et le djebel Chegga plus à l'est.

Le massif du *Ksel* entoure Géryville et alimente les sources de l'oued Seggeur, rivière saharienne. Il atteint environ 2.000 mètres de hauteur et est en partie couvert d'alfa.

Le djebel *Amour*, auquel se rattache le Ksel, est le plus important massif du sud de la province d'Oran. Haut de 2.000 mètres environ au mont Touïlet, il comprend plusieurs chaînes de rochers nues et divergentes, d'où descendent les sources peu abondantes du Chéliff vers le nord, du Zergoun et du Djeddi vers le sud et l'est.

Du djebel Amour à l'Aurès, les chaînes sont plus éparses, moins élevées, et ne forment pas de massifs importants. Au sud de la province d'Alger, on distingue le djebel Senalba (1.570 mètres), qui domine Djelfa, et le djebel Bou-Kahil (1.500 mètres), qui dresse ses escarpements à la limite du Sahara; il se rattache à l'est aux monts du Zab situés dans la province de Constantine.

Le massif du djebel *Aurès* ou Aôurès est le plus élevé et le plus vaste peut-être de l'Algérie, car il couvre une superficie de 4.000 kilomètres carrés, et s'élève à 2.328 mètres au mont Chélia, dont le sommet est souvent couvert de neige. Il est limité à l'ouest par la route de Batna à Biskra, et à l'est par les vallées de l'oued El-Abiad, tributaire du chott Melrhir, et de l'oued Meskiana, affluent de la Medjerda. Profondément raviné dans sa partie sud-ouest, ses croupes sont souvent boisées ; ses vallées assez fertiles sont habitables, ce qui a fait classer l'Aurès par les Arabes dans la région du Tell. C'est l'*Aurasias mons* des Romains, célèbre aussi par la résistance des Maures contre les Vandales et les Grecs.

Les monts dits des *Nememcha*, du nom d'une tribu arabe, continuent l'Aurès jusqu'à la frontière tunisienne. Ils comprennent le djebel Cherchar, sur la rive gauche de l'Abiad, le djebel Mahmel (1.828 mètres), vers le centre, et les monts qui dominent le plateau de Tébessa. Ils se relient à l'est aux djebels tunisiens qui forment le bassin de la Medjerda.

III. — Les cours d'eau et les lacs [1]

Hydrographie. — Si les pluies étaient assez abondantes sur le territoire de l'Algérie pour alimenter constamment les cours d'eau, on pourrait, à l'ordinaire, y déterminer une ligne de partage des eaux séparant deux grands versants : au nord, le versant du littoral de la Méditerranée; au sud, le versant Saharien, dont les eaux s'écouleraient dans le golfe de Gabès.

Mais il n'en est pas ainsi. Les pluies rares et trop peu abondantes, l'évaporation rapide sous un climat de feu, sont cause de l'aridité de l'Algérie et de la pénurie de ses cours d'eau, dont la plupart se dessèchent bien longtemps avant d'arriver à la mer, ou s'épuisent dans des lacs plus ou moins

---

[1] Les noms ou qualificatifs arabes *oued, ouâd, ouadi*, au pluriel, et *ouïdan*, signifient *vallée*, et s'appliquent à toute vallée, qu'elle renferme ou non un fleuve, une rivière, un torrent. Nous indiquerons plus loin le sens des mots *chotts, sebkha* et autres qui désignent les lacs. — Voir aussi, à la fin du chapitre de l'Algérie, le *Vocabulaire arabe et berbère* des noms les plus employés en géographie. Il est bon de s'attendre d'ailleurs à beaucoup de discordance sur l'orthographe adoptée pour les noms étrangers à notre langue.

temporaires et sans écoulement. Il en résulte que l'on distingue en Algérie trois divisions hydrographiques :

1º Le versant méditerranéen, au nord de l'Atlas tellien;

2º L'ensemble des bassins fermés des Chotts qui occupent le plateau central entre les deux Atlas;

3º Le versant saharien, dont les eaux tendent vers le chott Melrhir et la Méditerranée par le golfe de Gabès.

VERSANT MÉDITERRANÉEN OU SEPTENTRIONAL. — Ce versant correspond en général à la région tellienne, et, sauf en un point, il a pour ligne de partage la dorsale de l'Atlas tellien, savoir : les monts de Daya, de Saïda, le plateau de Sersou, les monts Dira ou massif d'Aumale, les Bibans et les monts du massif d'Aïn-Beïda. Cette ceinture est coupée par la vallée du Chéliff qui, par exception, vient de l'Atlas saharien.

Les cours d'eau de ce versant sont la Malouïa, le Kis, la Tafna, la Macta, le Chéliff, le Mazafran, l'Harrach, l'Isser oriental, le Sébaou, le Sahel, le Rummel, le Saf-Saf, la Seybouse et la Medjerda [1].

La *Malouïa* est un fleuve marocain, mais il intéresse la géographie de l'Algérie, car il reçoit à droite plusieurs affluents qui descendent du plateau algérien. Son embouchure n'est qu'à 10 kilomètres de la frontière.

Le *Kis* ou Adjeroud forme la limite extrême entre l'empire du Maroc et l'Algérie.

La *Tafna* (170 kilomètres), qui a donné son nom au traité de 1837, naît sur le plateau de Sebdou, qu'elle laisse à gauche; elle reçoit la Mouila où se jette l'Isly, célèbre par la bataille de 1844, où le maréchal Bugeaud défit l'armée marocaine; puis se grossit de l'Isser occidental, arrose dans son cours inférieur une plaine très fertile et débouche dans la mer en face de l'île Rachgoun.

La *Sebkha d'Oran* est un lac salé, situé à 10 kilomètres ouest de cette ville, d'une superficie de 32.000 hectares; il est peu profond, et on se propose de le dessécher.

La *Macta,* plus exactement l'ouâd El-Mocta, « la rivière

---

[1] Presque tous les cours d'eau changent plusieurs fois de nom dans leurs cours.

du gué », n'a que 5 kilomètres de cours, mais elle est formée, au milieu de vastes marécages, par la réunion du Sig (215 kilomètres) et de l'Habra (235 kilomètres); ce dernier vient des hauts Plateaux à travers des gorges pittoresques et des plaines fertiles. Le Sig, sous le nom de Mékerra, passe à Sidi-Bel-Abbès, puis il arrose Saint-Denis-du-Sig.

L'*Habra*, Ouâd-el-Hammam, « rivière des bains chauds », se forme dans la vallée des Trois-Rivières. La compagnie Franco-Algérienne y a construit un barrage colossal, formant un réservoir de 14 millions de mètres cubes d'eau, destiné à l'irrigation.

Le *Chéliff* (650 kilomètres), l'*Asar* des Romains, est le plus grand cours d'eau de l'Algérie. Il a sa source et son embouchure dans la province d'Oran; mais la plus grande partie de son parcours appartient à la province d'Alger. Il se forme de deux branches : la plus longue, le Chéliff des steppes (270 kilomètres), naît dans le djebel Amour à plus de 1.000 mètres d'altitude, et passe à Taguin, où fut prise la smala d'Abd-el-Kader, en 1843; la plus abondante, le Nahr-Ouassel (170 kilomètres), « le fleuve naissant », jaillit aux environs de Tiaret dans un endroit nommé « les Soixante-dix sources ».

Ces deux branches se réunissent, par 685 mètres d'altitude, sur un plateau marécageux, pour former le Chéliff proprement dit, qui passe ensuite près de Boghar, où il entre dans le Tell par de très belles gorges boisées ; puis, se recourbant vers l'ouest, il coule entre l'Ouaransénis et la chaîne du Dahra, dans une vallée bordée d'escarpements ; laissant à droite Miliana, il passe à Orléansville, traverse une plaine bien cultivée où il se grossit à gauche de l'Isly oriental, du Riou et de la Mina; il se jette enfin dans la Méditerranée à 12 kilomètres nord-est de Mostaganem.

Le Chéliff roule des eaux boueuses et rares; il est souvent à sec; son cours est de près de 700 kilomètres, ce qui l'égale presque à la Seine; on l'a comparé à la Loire pour sa direction générale et pour les irrégularités du débit de ses eaux.

La *Mina* (200 kilomètres), le principal affluent du Chéliff, prend sa source au sud de Tiaret, coule à l'ouest et forme la belle cascade de Hourara, haute de 42 mètres; elle irrigue les champs de coton de Relizane.

Le *Mazafran,* « rivière aux eaux jaunes », arrose la plaine occidentale de la Métidja; il est formé de trois torrents, dont le plus abondant, la Chiffa, descend du djebel Mouzaïa; il coupe la chaîne du Sahel, passe au pied de Koléa et finit à 8 kilomètres au sud de Sidi-Ferruch.

L'*Harrach* divise en deux la partie centrale de la Métidja, passe à la Maison-Carrée, et se jette au sud-est de la baie d'Alger, à 9 kilomètres de cette ville.

L'*Isser oriental* (200 kilomètres), formé de plusieurs torrents, descend du beau plateau des Beni-Séliman, entre Médéa et Aumale; il coule dans les profondes gorges de Palestro, en formant la frontière occidentale de la grande Kabylie; son bassin inférieur est très propre à la colonisation.

Le *Sébaou* (100 kilomètres) traverse de l'ouest à l'est la partie la plus peuplée de la Kabylie; il laisse à gauche le fort National et Tizi-Ouzou, et finit à 6 kilomètres à l'ouest de Dellys.

Le *Sahel* (210 kilomètres) naît dans le djebel Dira, passe à Aumale, longe au sud et à l'est le Djurdjura, reçoit l'oued Mahrir qui a traversé les fameux Bibans ou Portes-de-Fer, puis le Bou-Sellam, coule dans des plaines fertiles et des défilés pittoresques, et tombe dans le golfe de Bougie, à 3 kilomètres de cette ville. Le Bou-Sellam, « rivière de l'Echelle », plus long et plus fort que le Sahel supérieur, descend du plateau de Sétif.

L'*Oued-el-Kébir,* « la Grande Rivière », ou le *Rummel* « rivière des Sables », qui change huit ou dix fois de nom, descend d'un massif de 1.500 mètres d'altitude peu éloigné de Sétif; il traverse d'abord de larges plaines, reçoit le Bou-Merzoug, « rivière Abondante », et s'enfonce dans les gorges profondes qui entourent la ville de Constantine, située sur un rocher escarpé, dans une position formidable; puis, en recevant l'Endja, le Rummel prend le nom d'Oued-el-Kébir et va se jeter dans la mer à 52 kilomètres à l'est de Djidjelli.

Notons ici que ces changements d'appellation d'un même fleuve dans les diverses sections de son cours, de même que le qualificatif de « Grande Rivière » donné à plusieurs cours d'eau souvent peu considérables et voisins l'un de l'autre, témoignent de l'état d'isolement dans lequel vivent les tribus riveraines, se croyant chacune dans un monde à part, et ignorant ce qui se passe à quelque distance. Cette remarque s'applique non seulement à l'Algérie, mais à toute l'Afrique, aux autres parties du monde et souvent même à l'Europe.

Le *Saf-Saf,* « rivière des Peupliers », est un petit cours d'eau (100 kilomètres) par la vallée inférieure duquel descend le chemin de fer de Constantine à Philippeville. Entre le cap de Fer et Bône, s'étend le lac *Fetzara,* malsain et sans profondeur, dont on a entrepris le dessèchement pour le mettre en culture.

La *Seybouse* (230 kilomètres), le *Rubricatus* des anciens, est formée de plusieurs ruisseaux venant des monts de la Medjerda. L'un d'eux, l'oued Bou-Hamdan, coule dans la magnifique vallée d'Hammam-Meskhoutine, dont les sources thermales atteignent la température de 90 degrés. La Seybouse arrose de ses abondantes eaux la riche plaine de Guelma; elle s'achève à 2 kilomètres de Bône, près des ruines d'Hippône, immortalisée par l'épiscopat de saint Augustin.

La *Medjerda,* fleuve tunisien, l'ancien Bagradas, prend sa source au Ras-el-Alia, sur le plateau de Soukarras, coule de l'ouest à l'est, reçoit en Tunisie par sa rive droite le Mellègue, dont un affluent, le Meskiana, vient des confins de l'Aurès; il va finir au nord de la baie de Tunis.

Bassins des chotts. — Les eaux pluviales des hauts Plateaux et du Sahara, trop peu abondantes pour former des fleuves permanents, s'infiltrent dans les sables de leur lit ou se terminent dans des lacs peu profonds et plus ou moins temporaires. Ces lacs sont désignés, selon les contrées, sous les différents noms de *Chott, Zahrès, Sebkha* et *Guérah;* la plus connue de ces désignations est celle de « chott », et l'on réserve le nom de « sebkha » aux chotts d'eau salée.

Les principaux de ces lacs sont les deux grands Chotts du

plateau oranais, les deux Zahrès du plateau algérien, le Hodna et les Guérahs du plateau de Constantine, enfin le grand chott Melrhir du Sahara.

Les chotts algériens ou sahariens.

Les grands *Chotts* du plateau oranais, n'ayant pas de noms propres, sont désignés par le nom commun auquel on ajoute deux qualificatifs qui désignent leur orientation, savoir : le

« Chott-el-Gharbi » ou occidental, et le « Chott-el-Chergui » ou oriental.

Chacun de ces chotts est double; le plus occidental se divise en Chott-Méhaïa, qui se trouve sur le territoire marocain, et Chott-Hamyane, qui est algérien; un faible détroit rattache seul ces deux parties et marque la frontière politique. Le Chott-Hamyane doit son nom à la contrée et reçoit au sud l'oued Remada.

Le Chott-el-Chergui est le plus étendu (150 kilomètres de longueur) et le plus élevé (1.000 mètres d'altitude) des plateaux algériens, mais il est divisé en deux sections par un isthme que le chemin de fer de Saïda à Mécheria traverse, ainsi que la pointe de la section occidentale. Ce chott reçoit au nord les oueds Guesmir, Hammam et Fallette; au sud l'oued Cherrafa, qui baigne Géryville, et l'oued Naceur, venant des confins du djebel Amour. Les rives de ces deux chotts oranais sont formées d'escarpements rocheux; ils reçoivent peu d'eau et sont coupés de fondrières dangereuses alternant avec des gués de terrain ferme très praticables.

Les deux chotts *Zahrès* ou Zaghez se trouvent sur le plateau algérien; l'un, le Zahrès-Gharbi ou occidental, est à 860 mètres d'altitude; l'autre, le Zahrès-Chergui ou oriental, à 770 mètres. Ce sont deux sebkhas ou lacs salés, mis à sec en été, et n'ayant pas de tributaire considérable. Au nord des Zahrès, les étangs marécageux de Kséria appartiennent au bassin du Chéliff.

Le chott *el-Hodna* ou *Saïda,* « le lac Heureux », occupe le fond des plateaux constantinais à 400 mètres seulement d'altitude. Très peu profonde, souvent à sec, cette sebkha reçoit cependant au nord les oueds Chellal et Ksab, et au sud les oueds Melah, Chaïr et Bou-Saâda : celui-ci baignant le bordj de ce nom. Son bassin forme une plaine fertile qui fut bien cultivée et très populeuse sous les Romains, notamment la belle vallée du Chaïr, descendant du massif de Bou-Kahil.

Les *Guérahs.* A l'est du Hodna, le plateau de Constantine porte une série de chotts d'eau douce, alignés du nord-ouest au sud-est entre Sétif et Aïn-Beïda; ce sont les « Guérahs », terme générique analogue à chott. Le principal, comme le premier au sud-est, est le guérah el-Tharf, suivi du guérah el-Guellif, « lac du Limon », et du guérah Ank-Djemel, « gorge du Chameau ». Plus au nord, le chott Mrouri est longé par le chemin de fer de Constantine à Batna, et le chott Beïda se trouve dans la plaine de la Medjana, au sud-est de Sétif.

Le bassin du Sahara. — Moins encore que les hauts Plateaux, la plaine du Sahara n'a d'eau courante en permanence. Les nombreux oueds qui sillonnent le flanc méridional de la haute chaîne saharienne, de même que ceux de la partie basse, sont habituellement à sec, du moins à leur surface, sinon dans leur profondeur, d'où l'on peut faire jaillir l'eau souterraine par des puits artésiens.

Quel que soit le peu d'importance de ces oueds, nous signalerons les principaux, en procédant de l'ouest à l'est.

Dans la province d'Oran, on remarque les sources de l'oued Sousfana, qui baigne Figuig dans le Maroc et se dirige vers le Touat; puis l'oued en-Namous, « rivière des Moustiques », qui longe la frontière; l'el-Kébir, qui descend également des Ksours; le Seggeur et le Zergoun, venant du Ksel et de l'Amour. Ils traversent la plaine de Habilat pour aboutir à la région d'el-Areg ou des Dunes sablonneuses.

Au pied de l'Atlas central coule, de l'ouest vers l'est, l'*oued Djeddi,* « rivière du chevreau ». Il descend du djebel Amour, passe à Laghouat, reçoit de nombreux tributaires à gauche, entre autres le Biskra, venu de l'Aurès en arrosant Biskra; il va finir dans le chott Melrhir, qu'il n'atteint toutefois qu'à l'époque des grandes eaux. Long de 500 kilomètres, le Djeddi en parcourt malheureusement 400 dans les sables, ce qui le rend impropre non seulement pour la navigation, mais encore pour l'irrigation.

Le *chott Melrhir* ou *Melghir* est le plus remarquable de l'Algérie. Ainsi que les chotts tunisiens Rharsa et Djérid, il occupe le fond d'une vaste dépression saharienne orientée de l'ouest à l'est, aboutissant au golfe de Gabès, et que l'on a projeté de transformer en une *Mer Saharienne,* comme nous le dirons au chapitre de la Tunisie. Le chott Melrhir est composé de plusieurs flaques d'eau saumâtre portant divers noms : chotts Melrhir au nord, Merouan au sud-ouest, Achichina à l'est; de formes très irrégulières, ces mares sont découpées par des bancs de terrain ferme alternant avec des fondrières dangereuses. Le bassin du chott Melrhir présente une surface blanche, unie et miroitante, saupoudrée de cristaux de sel de magnésie; son étendue est actuellement d'environ 3.000 kilomètres carrés, mais elle serait portée au double si sa cuvette naturelle était inondée.

L'*Igharghar,* « l'eau courante », est le nom improprement donné à une longue et très large vallée de fleuve desséché, qui descend du plateau du Hoggar au Sahara central, sous le 23º de latitude, et se dirige du sud au nord pour venir déboucher dans le chott Melrhir. Il traverse plusieurs « hamâda », plateaux arides, et des régions de dunes sablonneuses en recevant de nombreux oueds tributaires, notamment l'oued Mya; il fertilise ensuite les oasis de Temacin et de Tougourt, puis forme un chapelet de lacs dans l'oued Rhir qui communique avec le chott Melrhir.

Sans l'aridité saharienne, l'Igharghar pourrait ainsi former un fleuve magnifique, comparable au Rhin, de 1.000 kilomètres de longueur, sans compter les 250 kilomètres de dépression qui le prolongeraient jusqu'au golfe de Gabès.

Quant à l'oued Mya, pompeusement appelé « rivière des cent affluents », il vient du Touat, passe à l'est d'el-Goléa, traverse la région des Chaamba, arrête ses rares eaux à Ouargla, mais continue sa vallée jusqu'à la dépression de Tougourt; il y rejoint l'Igharghar, après avoir reçu à gauche le M'zab, venant de Ghardaïa, et la Nesa, née au pied de l'Atlas, non loin de Laghouat.

IV. — Climat et productions

Régions physiques. — Le *Tell,* avec ses montagnes et ses vallées cultivées, son climat tempéré ; le *Plateau,* avec ses steppes solitaires, son climat excessif, brûlant ou glacial ; le

Sahara, avec ses plaines sablonneuses, ses montagnes calcinées, ses oasis charmantes et son climat torride, sont les trois régions physiques primordiales de notre grande colonie algérienne.

Chacune d'elles a son climat caractéristique, ses productions spéciales, d'où résultent pour l'homme de grandes différences dans les mœurs et le caractère.

I. — Le TELL, du latin *tellus,* signifie pour les Arabes colline, petite montagne, région cultivable, comme le *tellus* signifiait pour les Romains la terre nourricière : c'était l'un des greniers de Rome.

Nous avons dit que le Tell désigne toute la zone montagneuse du littoral, coupée de petites plaines, de vallées et de ravins, susceptible d'être cultivée et de nourrir une population nombreuse, sédentaire, industrieuse et commerçante, par conséquent riche, civilisée, apte aux sciences et aux arts.

Son climat est *marin* ou méditerranéen, c'est-à-dire généralement tempéré comme celui de l'Europe méridionale ou du midi de la France. Plus chaud, plus humide sur le littoral, il est plus sec, plus froid dans les montagnes où il varie naturellement selon les sites et leur orientation.

La température moyenne est de 18° à 20°; les extrêmes sont — 5° et + 30°. La quantité de pluie annuelle est de 80 centimètres à Alger; elle est plus forte de moitié à l'est (Bougie) et moins forte à l'ouest (Oran).

On distingue deux saisons : un hiver pluvieux, où les pluies tombent par orages, ce qui est cause du caractère torrentiel des rivières; un été très sec, où des mois entiers se passent sans pluie. La neige est rare, sauf sur les hautes cimes de l'Atlas, dans le Djurdjura, l'Aurès.

Les tremblements de terre, assez fréquents en Algérie, ont plus ou moins ruiné Oran à la fin du siècle dernier, Mascara en 1819, Blida en 1825, Djidjelli en 1856, Mouzaïaville et ses environs en 1867.

Les productions agricoles du Tell sont toutes celles de l'Europe méridionale : céréales, légumineuses, tabac, lin, vigne, olivier, oranger, figuier. Les forêts de chêne vert, de chêne-liège, de pin d'Alep, de cèdre, couvrent beaucoup de montagnes. On y a acclimaté l'eucalyptus.

Le bétail est assez nombreux. Parmi les bêtes fauves, le lion, la panthère deviennent rares; mais l'hyène, le chacal sont communs; les sauterelles sont un des fléaux de l'Algérie.

II. — Les HAUTS PLATEAUX sont caractérisés non seulement par leur élévation qui atteint 500 à 1.000 mètres, surtout dans la partie occidentale, mais encore par le nivellement de leur surface, l'uniformité d'aspect, l'absence de cultures et de forêts, qui sont remplacées par les broussailles et par des steppes immenses, vastes herbages secs, composés de graminées et de légumineuses, que les troupeaux nomades du Sahara viennent brouter pendant l'été.

L'alfa, graminée textile, assez élevée et ondulant sous la brise, y occupe des espaces tellement considérables, qu'on les a qualifiés de « mer d'alfa ». Les lacs salés, les lits desséchés de maigres cours d'eau, des flaques marécageuses persistantes, des touffes de térébinthes, de jujubiers sauvages, les pâturages verts ou roux selon les saisons, ajoutent à cette caractéristique des steppes algériennes. Toutefois, pour achever le tableau, il faut y joindre un *climat extrême* ou *continental*: torride en été, où la température monte à 40°; glacial en hiver, où elle s'abaisse à — 6°; en outre, des pluies rares et peu abondantes (40 centimètres), le sirocco ou *simoun,* vent d'une violence et d'une chaleur extrêmes qui rendent le séjour peu agréable. Aussi, bien qu'il renferme, surtout dans le bassin du Hodna, de bonnes terres à blé, le Plateau n'est-il en général qu'une région de pacage qui pourrait nourrir plus de 20 millions de moutons. Le gibier: gazelles, lièvres, perdrix, y est nombreux et d'une chair excellente.

III. — Le SAHARA, dont le nom paraît venir de Sahaur, n'est pas moins bien caractérisé que les deux régions précédentes. La plaine y domine, mais la plaine aride et brûlée, une vraie terre africaine, tantôt uniforme et nivelée dans ses parties sablonneuses, tantôt hérissée de dunes ou monticules de sable; çà et là interrompue par des collines élevées et de véritables chaînes de montagnes, car le plateau montagneux du Hoggar présente des sommets de plus de 2.000 mètres de hauteur.

Le Sahara est donc moins monotone, moins uniforme qu'on l'avait dépeint sans le connaître suffisamment; ce n'est pas partout cette mer de sable mouvant que le vent soulève pour engloutir les caravanes; il n'est pas sûr non plus que ce soit un fond de mer mis à sec par soulèvement, car les phénomènes atmosphériques actuels suffiraient pour en expliquer l'origine; c'est plutôt un sol accidenté qui a pu être fertile jadis, mais stérilisé par la rareté des pluies, jointe à un climat torride, à des vents desséchants, peut-être aussi à l'incurie des habitants, à la dent des chèvres et des moutons, qui en auraient détruit les forêts et les gazons, de manière à le réduire à l'état de squelette par la disparition du manteau végétal qui le couvrait primitivement.

Le Sahara présente sur un fond de sable des montagnes ravinées, des collines, des mamelons, des *gours* ou masses de roches persistantes, des *hamâdas* ou plateaux à surface durcie, des dunes ou *areg,* amoncelées par les vents d'est, entremêlées de ravins, d'oueds sans eau; les villes, les bourgades, les villages fortifiés ou ksours, sont là où les *aïn,* sources naturelles, et les puits artificiels ont fait jaillir l'eau souterraine.

Trois mots arabes caractérisent les trois principales circonstances du désert dans ses parties : « *Fiafi,* c'est l'oasis où la vie s'est retirée autour des sources et des pluies, sous les palmiers et les arbres fruitiers, à l'abri du soleil et du simoun (vent du sud) : c'est l'habitation des Berbères et des Arabes sédentaires.

« *Kifar,* c'est la plaine sablonneuse et vide, qui, fécondée un moment par les pluies d'hiver, se couvre d'herbes au printemps, et où les tribus nomades, quittant l'oasis, viennent alors faire paître leurs troupeaux.

« *Falat,* c'est l'immensité stérile et nue, la mer de sable dont les vagues éternelles, agitées aujourd'hui par le simoun, seront demain amoncelées et immobiles, et que sillonnent lentement ces flottes appelées caravanes [1]. »

---

[1] Général Daumas.

La température moyenne du Sahara est de 23° (à Laghouat), mais le thermomètre monte jusqu'à 50° en été, pendant le jour, pour descendre parfois la nuit suivante à moins de zéro.
— Les pluies rares tombent en averses qui corrodent les montagnes déjà dénudées.

Le simoun, « vent empoisonné » du sud-est, qui devient le « sirocco » en Espagne, est un vent brûlant, desséchant.

Outre le dattier, qui crée les oasis, le désert produit le henné, le tabac.

On y trouve la gazelle, le fenec, petit renard blanc, l'autruche, ainsi que le chameau, animal domestique.

Les notes descriptives ci-après sur le simoun, les sauterelles, le dattier et l'alfa, achèveront de caractériser les principales particularités physiques du sol algérien.

LE SIROCCO OU SIMOUN A ALGER. — « Le vent du sud, appelé *corruption* par les écrivains sacrés, *poison* par les Arabes, *chamiel* en Syrie, *khamsin* en Égypte, *simoun* dans le désert, *guebli* à Tunis et *sirocco* en Italie, a trop d'importance à Alger pour que je n'en parle pas un peu longuement : voici comment j'ai fait connaissance avec lui.

« C'était vers la fin de septembre. Je feuilletais un livre à la bibliothèque du cercle. Le demi-jour qui filtrait par les lames des persiennes, d'abord très suffisant, baissa peu à peu et finit par devenir tellement obscur, que, n'y voyant plus clair, je me levai pour ouvrir. A peine ai-je tourné l'espagnolette, que les battants de la fenêtre m'échappent des mains, et qu'un vent brûlant fond sur moi, m'enveloppe, me repousse. Quelque incendie, pensai-je. J'allais crier au feu. « C'est le sirocco, » dit un membre du cercle. Vous n'ignorez sans doute point la sensation qu'on éprouve en passant devant la bouche d'un four ou d'une locomotive. Le sirocco produit exactement le même effet. « Il ne faut pas sortir, » ajouta mon collègue. Ne pas sortir ! laisserais-je passer, sans l'étudier, un phénomène si nouveau pour moi ? Je descends l'escalier quatre à quatre et me voilà dans la rue. Ce n'était plus de l'air qu'on respirait, mais de la poussière, une poussière fine comme du brouillard et chaude comme un bain de vapeur. Les rayons du soleil, engagés dans ce milieu réfractaire, y produisaient un nimbe immense dont le ton rutilant, plus encore que l'éclat, vous abîmait les yeux. Sur la mer, d'un gris roussâtre et d'un horizon raccourci, s'entrechoquaient des vagues énormes, frangées d'écumes jaunes, et paraissant obéir moins à l'impulsion du

Le simoun.

vent qu'à des caprices neptuniens. Les collines du Sahel, voilées d'un embrun safrané, semblaient reculées de dix lieues. Quant à l'Atlas, il avait disparu.

« L'invasion du fléau s'étant faite à l'improviste et ne remontant guère à plus de vingt minutes, les rues étroites, les impasses et les arcades avaient gardé leur air tiède de l'aube, mais sur les places et les quais la température était stupéfiante. Elle dépassait celle du corps humain. On soufflait dans ses doigts, on relevait le col de son habit, non pour se réchauffer, mais pour conserver sa fraîcheur individuelle. Les Arabes s'enveloppaient de leurs burnous comme en hiver.

Les feuilles des platanes se fanaient et rôtissaient à vue d'œil; il semblait qu'on les entendît crépiter. Lourde à vous écraser, l'atmosphère était çà et là traversée par des rafales qui vous atterraient. Des nuages, ou plutôt des bancs de sable volant éclipsèrent bientôt le disque déjà fort obscurci du soleil, et les multiples nuances de jaune, cuivre, citron, soufre, nankin, orange, que, suivant sa distance ou son coloris, chaque objet empruntait à la poudre ambiante, se fondirent en un seul ton mixte, neutre, indéfinissable.

« Des passants arrêtés devant un magasin poussaient des exclamations de surprise. Voulant en savoir le motif, je m'approche : c'était un thermomètre. Il marquait 51 degrés à l'ombre!... Bien que les domestiques eussent pris soin de fermer les volets et les fenêtres de ma chambre, le sirocco ne l'avait pas non plus épargnée. Une cendre ténue comme le pollen des fleurs en saupoudrait le parquet et les meubles. Mes cahiers, mes albums, se roulaient, se tordaient, se recroquevillaient... Le vent continua toute la soirée... Tout à coup, je me sentis brûler la main. Quelque fumeur distrait, me dis-je. C'était la poignée d'un sabre. Tous les objets, bons conducteurs, métaux ou minéraux, causaient, du reste, la même impression. On évitait de s'asseoir sur les bancs. Les pavés de la rue vous rôtissaient les pieds à travers souliers et chaussettes. Aux premières ombres du crépuscule l'horizon s'enflamma de clartés rougeâtres. Les pentes de l'Atlas en étaient constellées. On aurait dit des feux de la Saint-Jean. Autant d'incendies, m'apprit-on, quelques-uns allumés par l'incinération des broussailles, mais le plus grand nombre causés par la chaleur de l'air...

« Le vent tourna pendant la nuit, et le lendemain, il ne restait plus du phénomène que le souvenir. D'ailleurs, de pareils siroccos ne soufflent tout au plus que tous les quarts de siècle et seulement en automne. Ceux d'hiver sont bénins, jamais ils ne dépassent 27 à 28 degrés, et s'ils fatiguent l'Algérien, l'étranger, loin d'en souffrir, les accueille avec délices pour satisfaire sa curiosité[1]. »

---

[1] Charles DESPREZ, *l'Hiver à Alger*.

LES SAUTERELLES DU SAHARA. — « 26 juillet 1877. — Ce soir, des cris de détresse retentissent de toutes parts. Je

Nuées de sauterelles.

bondis sur ma terrasse, armé de mes jumelles, et je sonde toutes les parties de l'horizon. Rien. Les cris de détresse redoublent... J'interroge les profondeurs du firmament... Un nuage gris, semé de points brillants comme des myriades de petites étoiles, cache à ma vue l'azur du ciel. Ce nuage vient du sud, et il s'avance lentement vers le nord. Et les cris de détresse partant des terrasses, des rues, des jardins, s'unissent en une clameur qui n'a plus rien d'humain. Des foules d'hommes, de femmes, d'enfants, sortant de la ville, se précipitent dans l'oasis, armés de marmites, de vieilles casseroles, de morceaux de cuirs secs. Bientôt de tous côtés, c'est un vacarme indescriptible, un infernal charivari; aux cris de la multitude se mêle le fracas de tous ces instruments improvisés, sur lesquels on frappe à tour de bras.

« Ce nuage gris qui s'avance, c'est l'un des fléaux les plus redoutés des oasis du Sahara qui, renfermées dans d'étroites limites et entourées d'immenses déserts, n'ont pas à leur portée, comme les centres du Tell, de nombreuses ressources contre la famine. Ce nuage gris, ce sont des sauterelles ; ces points brillants, ce sont des orthoptères dont les rayons obliques du soleil couchant illuminent les ailes, et qui se détachent de la masse pour s'abattre sur l'oasis, les sauterelles qui tombent sont celles de la partie basse du nuage : saisies par le vent des régions basses, elles ne peuvent suivre le gros de l'armée ; et elles tombent comme les grosses gouttes d'une pluie d'orage, après les chaudes journées d'été.

« 27 juillet. — Toute la nuit les cris de détresse ont retenti, et toute la nuit il a plu des sauterelles. Le sol en est couvert, l'air en est encombré, les palmes se rompent sous le poids de leurs essaims. Que d'espérances déçues! que de gens, depuis longtemps affamés, endureront longtemps encore la misère et la privation!

« Aujourd'hui encore le nuage continue sa marche lente et désastreuse; les grosses gouttes dorées s'abattent toujours sur la verdure, qui disparaît sous leurs couches épaisses et qui ne reparaîtra plus, quand le fléau aura passé. Les tiges encore tendres, par lesquelles les dattes sont retenues aux rameaux qui forment le régime, sont les premières rongées, et les fruits, dont la couleur d'un jaune pâle annonce l'imparfaite maturité, jonchent le sol au-dessous des palmiers. La luzerne, destinée aux chèvres, dont le lait nourrit les enfants, les pastèques succulentes, dont la fraîcheur est si bienfaisante pendant les chaudes journées du sâmma, tout est dévoré par l'insecte maudit.

« A midi, le nuage s'éclaircit et livre enfin passage aux rayons du soleil. Le soir, plus de sauterelles, et l'on comprend l'étendue du désastre en voyant les pétioles des palmiers, dépouillés de leurs feuilles et allégés de leur poids, se redresser librement vers le ciel, comme les branches des arbres de nos climats après qu'elles ont été effeuillées par le vent d'automne. Des régimes pendent encore, çà et là, au-dessous des palmes dénudées : c'est tout ce qui reste d'une récolte sur laquelle reposait l'espoir de tant de malheureuses familles.

« Le désespoir se lit sur tous les visages des nègres de l'oasis, tandis que les nomades, dont la paresse et l'orgueil ont créé des déserts, font retentir de leurs cris de joie les plaines d'alentour. Que leur importent les plantations? Ils n'en ont pas! La sauterelle, qu'ils mangent, est pour eux une bonne fortune; elle leur apporte un surcroît de provisions inattendu. Aussi voit-on leurs femmes, leurs enfants, leurs esclaves, courir sus aux sauterelles, emplissant des sacs, des tellis, des paniers, des burnous, etc... La chasse terminée, on fait bouillir les insectes dans l'eau salée, on les fait sécher au soleil et on les entasse dans des sacs en peaux de bouc, où l'on puisera plus tard au fur et à mesure des besoins [1]. »

Le dattier dans l'oasis. — « Otez le dattier, qu'est-ce que l'oasis? Un pâtis solitaire avec une maigre végétation, qui, sans l'ombre rafraîchissante que lui procure l'arbre tutélaire, se verrait, après une courte existence, dépérir hâtivement dans ses germes. C'est au Sahara surtout que la précieuse essence joue un rôle important : consolation des malheureux, elle est pour tous l'assistance et le salut. Plongeant toujours, à ce qu'il semble, jusqu'à la couche d'eau, elle n'a besoin, pour atteindre à son plein épanouissement, d'aucun arrosage artificiel; elle constitue l'unique bienfait de l'avare nature en cette région

---

[1] Victor Largeau, *Le pays de Rirha* (bassin du chott Melrhir).

déshéritée de la terre. Mais aussi quelle largesse dans le don ! Bien qu'en ce pays les céréales soient la base principale d'alimentation, il y a nombre de gens aux yeux desquels le fruit du dattier occupe une place encore supérieure, et la plupart le mettent, à ce point de vue, au même rang que le blé. Toutes les parties de l'arbre ont, du reste, une valeur inestimable. Le tronc, qu'on appelle par excellence « bois de construction », fournit les solives des maisons, des piliers et poteaux, des charpentes de puits, des ais de portes et de fenêtres, et remplace, de toutes les façons, le bois d'œuvre des pays les plus favorisés. Du branchage, « djerid », pris dans ses divers éléments, on fait des huttes, des haies de clôture, des bâtons de voyage, des sandales, des corbeilles, et même on tire de quoi suppléer au manque de charbon. Avec le tissu fibreux que donnent les pétioles on fabrique les cordes les plus solides ; enfin, la sève abondante livre à l'amateur le doux nectar ou, au choix, le breuvage capiteux, le *lakbi*.

« Les dattiers se plantent d'ordinaire en scions, à l'automne, plutôt qu'en pépins... Vers l'âge de trois ou de cinq ans, selon la qualité du terrain, le rejeton est assez avancé dans son développement pour pouvoir être fécondé. La récolte des dattes se fait à l'automne, plus ou moins tôt, vu les nombreuses variétés de l'essence. Celles qui sont destinées, par exemple, à emplir les magasins, se cueillent avant la pleine maturité, et on les étend au soleil pour qu'elles achèvent de mûrir en séchant.

« La datte constitue un aliment qui passe pour être extraordinairement sain ; seulement, pris à l'exclusion de tout autre, il ne suffit pas à nourrir l'homme. Le pauvre même a besoin d'y joindre un peu de céréales, et le nomade, de temps à autre, de la viande ou du lait de chameau[1]. »

L'ALFA ET LE SPARTE. — « L'alfa (*stipa tenacissima*), espèce de graminée, est appelé à devenir, dans un temps très rapproché, une source d'incalculables richesses pour les hauts Plateaux, cette portion de la France transméditerranéenne

---

[1] Dr G. NACHTIGAL, *Sahara et Soudan*.

que l'on considérait comme une contrée déshéritée et propre tout au plus à l'élève des troupeaux. Il ne faut pas confondre l'alfa avec le sparte (*lygeum spartum*). Il lui ressemble par ses feuilles effilées en forme de petits joncs, mais il s'en distingue, dit M. Bainier, par sa floraison, par ses racines, par la largeur de ses feuilles légèrement frisées au bout ; elles

1. Palmier-doum.   2. Palmier-dattier.   3. Alfa.

sont aussi plus fines, plus tenaces, plus pointues. L'alfa a des racines fibreuses et assez grêles, qui s'enfoncent en terre sans être traçantes, tandis que le sparte a des rhizomes ou tiges souterraines dont les racines, grosses, très coriaces et cylindriques, correspondent avec chacun des bourgeons du rhizome qui donne naissance à une touffe de feuilles.

« L'alfa est une plante précieuse ; elle n'entre pas seulement comme matière première dans la fabrication du papier qui se prête à des usages variés et multiples, mais encore elle est susceptible d'une multitude d'emplois, soit dans l'économie domestique, soit pour la navigation, par les formes diverses qu'elle peut revêtir en tresses, cordages, filets, crins artificiels, sacs, tapis, nattes, objets de chapellerie, de tannerie, de vannerie, et même de tapisserie pour les appartements.

« L'alfa et le sparte se sèment d'eux-mêmes et se récoltent chaque année de plus en plus. L'alfa se plaît dans les terrains calcaires ou silico-calcaires. Les terrains argileux et secs sont les terrains de prédilection du sparte. L'alfa, ajoute M. Bainier, se récolte après la maturation des graines, c'est-à-dire à partir de juillet. La cueillette de l'alfa se fait au moyen de bâtonnets qu'on enroule autour des feuilles et qui les tirent sans endommager la gaine d'où elles sortent. On ne doit pas cueillir la plante avant le mois d'avril, et il vaudrait mieux ne le faire qu'en mai. A la fin d'avril, les feuilles sont encore assez tendres pour tenter les bestiaux des nomades, et assez dures pour ne pas être dédaignées des industriels; mais elles ne tardent pas à devenir coriaces; alors elles sont excellentes comme matière première et détestables comme pâture. Quand on a cueilli le sparte, on en forme des bottes qu'on laisse sécher sur le sol; on les transporte ensuite au port d'embarquement, et on les comprime, au moyen de la presse hydraulique, en balles cerclées.

« L'alfa et le sparte sont inégalement répartis dans les trois départements : celui d'Oran en possède près de 6 millions d'hectares; on en compte 3 millions dans le département d'Alger et 2 millions et demi dans celui de Constantine.

« L'exportation d'alfa, qui était de 4.000 tonnes en 1869, a dépassé 60.000 tonnes en 1875. Le prix moyen de la tonne à Oran étant de 140 francs, la valeur de l'exportation pour l'année 1875 peut être évaluée à plus de 8.000.000 de francs.

« Les chemins de fer projetés ou en voie de construction entre les hauts Plateaux et les ports du littoral, en diminuant considérablement les frais de production et de transport, permettront aux exploitants de livrer l'alfa textile en plus grande quantité.

« La compagnie Franco-Algérienne a construit à ses frais le chemin de fer d'Arzeu à Mécheria, en échange du droit qui lui a été accordé de récolter l'alfa sur une superficie de 300.000 hectares.

« On peut voir se lever déjà l'aurore du jour où l'Algérie fournira annuellement à l'Angleterre, qui déjà imprime ses grands journaux sur du papier d'alfa, à l'Amérique, à la France, au monde entier, des centaines de mille tonnes, sans porter atteinte à la production du précieux textile[1]. »

CHAPITRE III

GÉOGRAPHIE POLITIQUE

I. — ETHNOGRAPHIE

LES ALGÉRIENS. — La population de l'Algérie est d'environ 3.500.000 individus de toutes nationalités, répandus sur une superficie minimum de 350.000 kilomètres carrés (d'après les états officiels), ou maximum d'environ 650.000 kilomètres carrés, en y comprenant le désert jusqu'à El-Goléa.

La densité moyenne serait ainsi de dix ou de six habitants seulement par kilomètre carré (comme en Russie et en Scandinavie); elle monte à quarante, si l'on ne prend que le territoire civil, et elle descend à cinq pour le territoire militaire. Le Sahara, pris à part, en compterait à peine deux.

La population algérienne appartient généralement à la race blanche, mais de familles assez variées; elle se compose de deux éléments bien distincts : les *indigènes,* au nombre de plus de 3.000.000, et les *Européens,* au nombre de 400.000, dont la moitié sont Français.

---

[1] O. NIEL, *Géographie de l'Algérie.*

Les indigènes comprennent les Berbères, famille ethnographique spéciale; les Arabes et les Juifs, de la famille sémite; les Turcs (famille scythique); les Nègres (race noire).

Les Berbères ou Kabyles, plus exactement Kébaïl, « les confédérés, » au nombre de plus d'un million, sont les premiers habitants du pays, refoulés dans les montagnes du

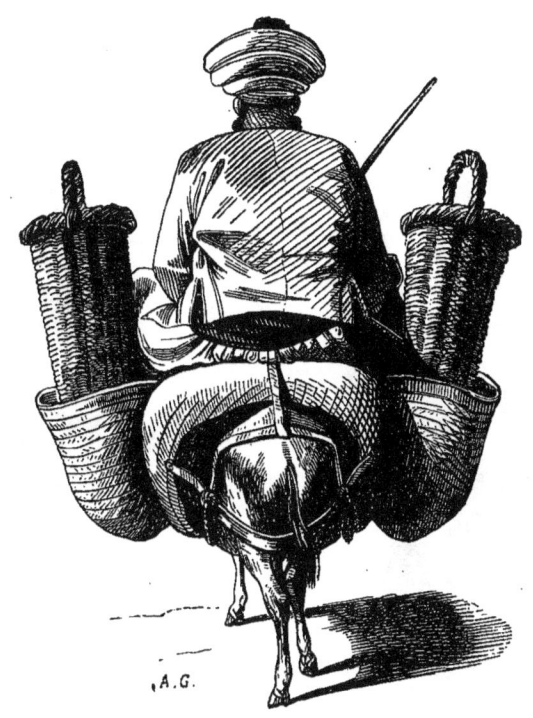

Maure marchand de figues.

Dahra, du Sahel, de la Kabylie, de l'Ouaransénis et de l'Aurès.

Les Zibanais, les Beni-M'zab et les Touaregs habitent le désert.

Les Arabes (1.000.000), venus d'Asie, comprennent les Maures ou Arabes sédentaires, dans le Tell et dans les villes, et les Bédouins, ou Arabes nomades, dont les principales tribus sont les Djafra, les Flittas, les Hachem, dans la province d'Oran; les Oulad-sidi-ech-Cheikh, les Chaamba, dans le Sahara oranais; les Oulad-Naïd, dans le Sahara algérien; les Oulad-Kebba, les Nememcha, dans la province de Constantine.

Les Juifs indigènes, au nombre de 35.000, s'occupent du négoce et habitent les villes.

Les Turcs, anciens dominateurs, sont peu nombreux, et l'on nomme Koulouglis leurs descendants nés de femmes arabes.

Les Nègres se trouvent dans les villes comme domestiques,

Nègre badigeonneur.   Biskri portefaix.

et dans les oasis sahariennes comme esclaves plus ou moins affranchis.

Parmi les Européens nous avons dit que la moitié sont Français, soit 200.000; les autres sont des Espagnols, pour un quart, soit 120.000; des Italiens, 30.000; des Anglo-Maltais, 15.000; des Allemands, 4.000; des Anglais, 2.000.

Les Européens, surtout les Français, habitent principalement les villes et remplissent les postes administratifs.

Les Espagnols sont surtout nombreux dans la province d'Oran, les Italiens dans celle de Constantine.

Au point de vue de la *religion,* les Européens appartiennent presque tous au culte catholique.

Les indigènes sont mahométans du rite d'El-Maléki, secte des Sunnites, dont le chef est le sultan de Constantinople.

Langue. — Le français est la langue officielle, mais il n'exclut pas l'usage des langues étrangères et indigènes. L'arabe est la plus répandue.

Telle est, d'une manière concise, la situation ethnographique de notre France africaine. Tels sont les éléments de ce peuple qui déjà forme « la nation algérienne », où l'élément français et catholique domine, non par le nombre, mais par le caractère, par la position sociale, par l'influence, et dont la prépondérance s'établira probablement dans l'avenir sur toute l'Afrique septentrionale et occidentale.

Nous donnerons ci-après quelques extraits d'auteurs qui permettront de se faire une idée plus complète des mœurs et usages de ce monde africain.

Les travailleurs en Algérie. — « L'*Arabe* est irrigateur, moissonneur, berger surtout. Le *Berbère* du sud, le *Kabyle* du nord et le *Marocain,* leur cousin, sont de vigoureux manœuvres, terrassiers, maçons, défricheurs, piocheurs, moissonneurs, portefaix. Le *Nègre* est bon à tout; c'est un des meilleurs ouvriers d'Afrique; il est portefaix, vidangeur, blanchisseur de maisons domestiques. Le *Maure* et le *Juif* répugnent au travail de la terre, mais ils se livrent aux petites industries des villes; et les Juifs sont en outre colporteurs, marchands, interprètes, liens de toutes les classes et de toutes les contrées; les *Biskris* (gens de Biskra), sont portefaix, porteurs d'eau et de charbon, commissionnaires.

« Parmi les Européens, les aptitudes sont encore plus diverses et plus étendues. L'*Espagnol,* le *Maltais,* le *Mahonnais* sont excellents pionniers, c'est-à-dire défricheurs, piocheurs, jardiniers, planteurs de tabac. Les *Espagnols* viennent principalement de Mahon et de l'Andalousie. Les Mahonnaises, coiffées gracieusement d'un foulard, sont bien connues à Alger, où elles sont domestiques et nourrices. Les Mahonnais s'adonnent à la culture maraîchère. Le Maltais parlant l'arabe, et baragouinant l'anglais, l'italien et le français, réussit presque toujours dans ses entreprises. Sobre, économe, intelligent, il s'est fait pêcheur, batelier, chevrier, marchand de bestiaux, boucher, cafetier, portefaix surtout. Quelques Maltais ont gagné, à Alger, une grande fortune dans la vente des bestiaux ou dans la boucherie. Le Maltais est très rarement cultivateur; il n'habite guère que les villes. Le *Génois* est particulièrement jardinier. L'*Italien* est surtout tailleur de pierres, maçon, briquetier, charpentier, menuisier. Les femmes italiennes et espagnoles fournissent un appoint considérable à la domesticité. Le *Suisse* est éleveur de bétail, préparateur de fromages. L'*Allemand*, le *Belge* se prêtent à tous les travaux sans spécialité marquée; mais l'Allemand est généralement cultivateur. Le *Français* fait de même tous les métiers, et gouverne tout ce monde comme piqueur, conducteur, contremaître, chef[1]. »

LE JARGON SABIR. — « Sur les quais des ports, dans les rues des villes, sur les marchés, sur les routes, aux travaux des champs, se rencontrent des Kabyles descendus de leurs montagnes sans balbutier un mot de français, des Arabes dédaigneux d'apprendre la langue du vainqueur, des Français, des Européens qui ne savent ni l'arabe ni le témachek. Les places du marché surtout sont de vraies Babel où l'on essaye de s'entendre au moyen du *sabir,* jargon singulier, discours bref, heurté, gesticulatif, rudimentaire.

« Il se compose de quelques noms, de quelques verbes, de peu d'adjectifs : noms et adjectifs sans déclinaison, verbes sans temps ni mode. Par l'absence de formes, par le néant de la grammaire, c'est un parler « nègre » que ce patois fait de mots arabes, italiens, catalans, espagnols, français : ceux-ci de plus en plus nombreux à mesure que s'étend la langue de France. Andar (aller), vinir (venir), ténir (avoir), mirar (voir, regarder), trabadjar (travailler), tchapar (voler), toucar (toucher, prendre), bono (bon, bien, utile), carouti (trompeur, carottier), meskine (pauvre), maboul (fou), mercanti (bourgeois), chêndat (soldat), casa (maison), carrossa (voiture), cabessa (tête), matrac

---

[1] *Encyclopédie* de MOLL.

(bâton), babor (bateau à vapeur), birou (bureau), carta (lettre, écrit, papier), douro (argent), sordi (sou), mouquère (femme), mouchatcho (enfant), yaouleb (jeune homme), de l'interpellation arabe : Ya, ouled! Hé! garçon! macache (non), bezzef (beaucoup), bibri (à peu près), bititre (peut-être), balek (prends garde!), kif kif (comme), sami sami (ensemble), didou (eh! ohé! un tel; c'est notre « Dis donc »)! et surtout *fantasia,* le mot universel qui s'applique au plaisir, à la passion, à tous les mouvements expansifs de l'âme, à tout ce qui est agréable, bon, supérieur, étrange...; ces termes et une vingtaine d'autres reviennent à chaque instant dans les phrases du sabir. En attendant le triomphe du français, ce charabia misérable unit l'indigène au colon; mais le lien principal entre eux et nous, c'est l'appât des « douros » qu'on gagne chez les chrétiens[1]. »

Les Berbères et les Arabes. — « Les Berbères doivent ce nom aux Romains qui les appelèrent Barbares, mot qui signifiait alors *étrangers, hétéroglottes;* nous les nommons souvent *Kabyles,* d'un terme arabe qui veut dire *les tribus.*

« Rameau vigoureux du tronc de l'humanité, ces hommes durs, ces maîtres immémoriaux de l'Atlas, ces vieux Numides, compatriotes de Jugurtha, de Massinissa, de Syphax, l'histoire les a toujours vus fixés dans l'Afrique mineure. Et encore aujourd'hui c'est la race la plus nombreuse de l'Atlantide et du désert, non moins que la plus vivace. On les retrouve dans toute l'Afrique du nord, de la Méditerranée au Niger, du Sénégal au Nil.

« On a voulu creuser un abîme entre les Berbères et les Arabes.

« Ces deux grandes parts du peuple indigène ont en grand nombre des ascendants communs. Ce n'est pas tant la race qui les distingue. Y a-t-il des races aujourd'hui? Chez le Kabyle algérien comme chez l'Arabe, on trouve toutes les figures, de la face blonde à l'empreinte brune méridionale, qui, d'ailleurs, domine immensément.

« Une chose les distingue avant tout : le séjour. Le Berbère,

---

[1] Onésime Reclus, *France et colonies.*

habitant la montagne, a les vertus du montagnard; l'Arabe est l'homme de la plaine, avec ce que le pays bas, plat, chaud, clément, donne de qualités et de vices.

« Par cette différence de séjour, le Berbère est l'Auvergnat, le Limousin, le Savoisien de l'Afrique; l'Arabe en est le gentilhomme qui se ruine, artiste auquel chaque jour qui passe ravit l'enivrement d'un songe, lazzarone que le Berbère et le Français chassent peu à peu de sa place au soleil. Pendant que le Berbère pioche la montagne, l'Arabe de la plaine et du désert méprise le travail des champs. « Où entre la charrue, « entre la honte. » Sous la tente, dans les gourbis, huttes misérables, il aime à rêver, tandis que sa femme et son bourricot versent leur sang en sueurs sous les cruels soleils. C'est l'ami des hyperboles, des contes bleus entre la cigarette et la tasse de café noir, l'ami des chansons nasillardes célébrant les belles guerres, l'ami de la chasse, l'ami des combats, l'ami surtout du soleil et de l'ombre selon l'heure et la fantaisie. Nomade par instinct, ce peuple l'est aussi par l'indivision de la propriété dans un grand nombre de tribus : sans droits sur le sol qu'ils cultivent par octroi temporaire, les Arabes l'égratignent à peine. Vaincus, ils se courbent : « C'est, disent-ils, la vo-« lonté de Dieu. » Ils disent aussi : « Baise la main que tu ne « peux couper. »

« Le Berbère, lui, travaille bravement, et partout, et toujours. Ni rêveur ni poète, c'est un homme de labour, de métiers, un épargneur, un avare. Sa race emplit les cités et les champs du Tell : métayers et moissonneurs, colporteurs, ouvriers, ces émigrants gagnent peu, mais de privation en privation ils font fortune au milieu des Roumis (Romains, Européens), si c'est battre monnaie qu'acquérir le prix d'un champ, d'une vache; alors ils reviennent pour la plupart au village natal, où la propriété est fortement constituée et qu'administrent des djémas ou municipalités élues au suffrage de tous, communes orageuses que divisent des sofs ou partis éternellement en lutte.

« Plus assimilables que les Arabes, ils n'ont pas comme eux de vastes champs déserts où nous puissions semer des colons; chez eux pas un pouce de sol ne se perd, et plusieurs de leurs âpres montagnes ont, à surface égale, plus d'habitants que nos collines[1]. »

LES DJEMAA EN KABYLIE. — « Les idées de liberté et de justice, égales pour tous, ont, à une époque reculée, provoqué chez les Kabyles l'institution des *djemaa*, assemblées plénières où les intérêts et les droits de chacun étaient publiquement discutés et reconnus. Les Kabyles jouissaient alors de l'expression la plus complète du régime municipal. La commune était tout ; aucune autorité supérieure n'était là pour restreindre ses pouvoirs. Chaque village constituait une commune dirigée par sa djemaa. Depuis la réglementation française, la djemaa est à la fois un conseil municipal et une cour de justice : elle se compose d'un *amin*, président ; d'un *oukil*, contrôleur des comptes de gestion ; d'un certain nombre de *dhouman*, à la fois conseillers de l'amin et officiers de police, et d'*oukal*, simples assesseurs consultatifs. Ces membres sont nommés à l'élection et à la majorité des suffrages de tous les habitants de la fraction. Les séances de ce conseil de village sont publiques ; tous les Kabyles présents peuvent prendre la parole et développer leur avis sur la question discutée.

« Ainsi réglementées, les djemaa sont, à notre avis, un mode d'administration locale des populations kabyles qui présente des avantages incontestables. Cette organisation municipale est seule susceptible de maintenir la sécurité et l'ordre dans les agglomérations berbères de l'Algérie. Serrés les uns contre les autres dans des villages juchés sur des crêtes abruptes, n'ayant le plus souvent qu'une fontaine peu abondante pour puiser l'eau nécessaire à leur alimentation, nos Kabyles ont maints sujets de dispute. Chez ces montagnards, naturellement rancuniers, maris jaloux et voisins querelleurs, les moindres altercations n'ont que trop de tendance à dégénérer en batailles, si une prompte répression n'arrête pas dans son germe la discorde prête à éclater. La djemaa est là avec sa justice expéditive. Connaissant parfaitement les inculpés, leurs antécédents, leur moralité, la djemaa se trompe rare-

---

[1] Onésime RECLUS, *France, Algérie et colonies.*

ment sur leur degré de culpabilité, sur le mobile de leurs actes.

« Ces tribus berbères demandent des juges français, sans acolytes musulmans d'aucune sorte, ou le maintien de leurs coutumes séculaires et foncièrement démocratiques. Cette question sera facilement résolue le jour où la magistrature algérienne possédera un nombre suffisant de juges de paix connaissant les mœurs kabyles. Ces juges, animés du désir d'améliorer la législation berbère, en la rapprochant insensiblement de la loi française, finiront par remplacer la justice des djemaa[1]. »

LA VIE NOMADE. — « La richesse des nomades consiste dans leurs troupeaux; il faut qu'ils leur trouvent de la nourriture et de l'eau : de là les migrations régulières du sud au nord et du nord au sud concordant avec le mouvement des saisons. Aux approches de l'été, les caravanes se mettent en route vers le Tell; elles y arriveront après la moisson faite; les bêtes trouveront encore leur pâturage dans les champs dépouillés. A l'automne, quand tombent les premières pluies, on revient sur les hauts Plateaux et dans le Sahara. C'est un curieux spectacle que celui d'une tribu en marche : les chameaux s'avancent gravement, en file, portant les provisions, les tentes, les ustensiles de ménage; puis viennent quelques bœufs ou vaches maigres, les chèvres et la masse serrée des moutons qu'entoure un nuage de poussière; les femmes, leurs enfants sur le dos, cheminent à pied; seules les grandes dames du désert prennent place dans l'*attatouch*, le palanquin installé sur le chameau. Les hommes, le fusil au poing, sont en avant pour éclairer la route ou en arrière pour la protéger; d'autres courent sur les flancs de la longue colonne, surveillant les bêtes, les empêchant de s'égarer ou d'être volées. Le soir, on s'arrête et l'on campe.

« La demeure du nomade c'est la tente : un grand poteau et deux perches, quelques pieux fichés en terre supportent ou assujettissent la grande pièce d'étoffe formée de *felidj* cousus

---

[1] Aug. CHERBONNEAU, *Revue de Géographie.*

ensemble. Le *felidj* est une longue bande de laine et de poil de chameau que les femmes tissent dans les journées où l'on n'est pas en marche. La tente, si belle qu'elle soit, est un médiocre abri; elle défend mal ses habitants contre le soleil, la pluie, la neige, mais elle est portative et légère. Elle leur suffit et ils l'aiment; le nomade repose mal sous un toit; il a horreur de nos maisons de pierre. Un jour, un général en tournée dans le sud engagea quelques chefs à se construire des maisons : ils obéirent à un conseil qu'ils considéraient comme un ordre ; quand le général passa de nouveau, les maisons étaient bâties, mais leurs propriétaires campaient à côté.

« L'ameublement d'une tente est d'une simplicité rudimentaire : deux pierres pour former le foyer, des tellis où sont les provisions, des peaux de bouc goudronnées pour l'eau, une marmite en terre, quelques plats en bois ou en alfa, des nattes grossières, et chez les riches un tapis. On a vu des caïds s'offrir le luxe d'une table avec des couverts, mais chez les nomades on peut compter ces sybarites. La nourriture habituelle est le *couscous,* sorte de gruau que les femmes fabriquent elles-mêmes avec de la farine d'orge ou de froment ; des galettes légères assez semblables à nos crêpes tiennent lieu de pain. Le lait, le miel et les dattes figurent pour une grande part dans l'alimentation. Rarement on mange de la viande; il faut pour cela une grande occasion, une fête religieuse, une cérémonie familiale, une diffa offerte à des étrangers. Alors on égorge un mouton, on le dépouille, on le traverse d'une sorte de broche et on le fait tourner doucement devant un feu de broussailles en l'arrosant de beurre fondu : c'est le mets le plus succulent de la cuisine indigène.

« Les nomades cultivent peu, l'élevage est leur grande affaire; le mouton leur donne de la viande; la chèvre, la vache, la chamelle leur fournissent du lait. Avec la laine ou le poil de ces animaux, ils ont la matière première de leurs vêtements et de leurs tentes. Le commerce leur est aussi de quelque secours; ils échangent des dattes récoltées dans les oasis du sud contre les céréales du Tell; ils vendent pour l'exploitation une partie de leurs troupeaux : ils n'achètent guère que des grains, quelques armes et des bijoux pour leurs femmes. En

Tente arabe.

somme, ils ont peu de besoins et savent presque toujours y suffire eux-mêmes[1]. »

Les koubbas de l'Algérie. — « L'ornement caractéristique

---

[1] Maurice Wahl, *l'Algérie*.

du paysage algérien, ce sont les tombeaux des marabouts. Aux abords des villes, dans les vallées, sur la cime des montagnes, parmi les ombrages d'une forêt, on voit briller par leur blancheur éclatante ces sépultures recouvertes d'un dôme arrondi ou de forme ovoïde, où les maçons kabyles mettent tout leur talent. C'est là que reposent les hommes qui se sont distingués pendant leur vie, soit par la science, soit par les bonnes œuvres. Il y en a, dit-on, qui ont accompli des prodiges; mais les plus vénérés sont les contemplatifs et les ascètes dont l'existence s'est écoulée entre le jeûne et la prière.

« Voici la description d'une koubba.

« Qu'on se figure une construction ayant en hauteur une dizaine de mètres dont un tiers pour la grande coupole, et les deux autres tiers pour la partie cubique qui forme la base. A la distance de quelques mètres, règne un mur d'enceinte relevé en pointe aux angles et au milieu de chacune de ses faces. L'édifice est soigneusement blanchi à la chaux. On y entre par un vestibule qui conduit à la chambre funéraire. Au milieu de cette salle se dressent quatre piliers se raccordant en arcades et entourant le catafalque du marabout, que décorent de riches étoffes de soie, des foulards, des drapeaux au croissant doré. Le sol, souvent pavé de faïences vernies, est couvert de tapis bariolés sur lesquels vient se jouer la lumière du soleil tamisée par les lucarnes de la coupole.

« A part les koubbas privilégiées dont l'entretien et le service sont assurés par une dotation, toutes ces petites chapelles n'ont d'autre ressource que la piété des fidèles. Chacune d'elle a un oukil ou desservant chargé de recueillir les offrandes, d'en faire l'emploi, en vivant lui-même aux dépens de son saint. Mais, dans les endroits où l'enseignement religieux s'est établi, près de la tombe vénérée, on voit des étudiants psalmodier le coran, dans des cellules d'une maçonnerie primitive qui adhèrent aux murs d'enceinte; les voyageurs eux-mêmes y sont reçus durant la mauvaise saison [1]. »

---

[1] A. CHERBONNEAU, *Revue de Géographie*, 1881.

II. — Administration

L'Algérie ne constitue pas un État ayant son gouvernement propre, son autonomie; elle fait partie de la France, qui a conquis son territoire, et de la nation française, qui cherche à s'assimiler la population indigène algérienne.

Elle est administrée au nom du gouvernement français par un *gouverneur général civil* assisté d'un *conseil du gouvernement*. Celui-ci est composé des chefs des principaux services de la colonie : armée, justice, finances, enseignement, postes, douanes, et de cinq conseillers généraux de chacun des départements.

L'Algérie forme trois provinces, dont chacune est divisée en un *territoire civil* ou département, et un *territoire militaire*, qui est la province proprement dite.

Le territoire civil, tout entier dans le Tell, ne dépasse guère 5 millions d'hectares avec 1.600.000 habitants, mais il s'agrandit peu à peu aux dépens du territoire militaire qui comprend près de 35 millions d'hectares avec 2.000.000 d'habitants.

Il y a trois départements correspondant aux trois provinces. Les chefs-lieux sont Alger, Oran et Constantine.

L'administration des départements algériens est à peu près la même qu'en France. Le préfet est assisté d'un conseil de préfecture et d'un conseil général. Celui-ci se compose de membres français élus et de six assesseurs indigènes nommés par le gouverneur général.

Les départements se subdivisent en arrondissements, administrés par un sous-préfet. Les chefs-lieux d'arrondissement sont :

Alger, préfecture; *Médéa, Miliana, Orléansville, Tizi-Ouzou,* sous-préfectures;

Oran, préfecture; *Mascara, Mostaganem, Sidi-bel-Abbès, Tlemcen,* sous-préfectures;

Constantine, préfecture; *Bône, Bougie, Guelma, Philippeville, Sétif,* sous-préfectures.

Les arrondissements se divisent en *cantons,* ayant comme en France un objet purement judiciaire, et en *districts,* qui sont régis par des commissaires civils. Enfin les *communes* sont, ou bien de *plein exercice,* c'est-à-dire assimilées aux communes de la métropole, ou bien *mixtes :* ce sont celles où domine l'élément indigène.

Chaque province ou territoire militaire est commandée par un général de division, résidant au chef-lieu. A la tête de chaque subdivision est un général de brigade.

Les chefs-lieux de subdivisions militaires sont :

Alger, *Fort-National, Médéa* et *Miliana;*

Oran, *Mascara* et *Tlemcen;*

Constantine, *Batna, Bône* et *Sétif.*

Le territoire militaire comprend des communes *mixtes,* des communes subdivisionnaires et des communes *indigènes* (douars et tribus; il y en a seize); à mesure que se développe la colonisation, il est démembré au profit du territoire civil.

Chez les indigènes, la base de la constitution sociale est le *douar* (village), réunion de tentes et de *gourbis* (huttes). En se groupant, les douars forment successivement des *ferkas* (communes obéissant à un cheik), — des *tribus,* commandées par un caïd (on en compte plus de mille), — des *aghaliks,* soumis à un agha, chef de la milice, et à un cadi, juge civil et religieux, — et enfin des *khalifas,* qui sont sous les ordres d'un khalife, « lieutenant du Prophète. »

L'Algérie forme la 19e *région de corps d'armée,* dont l'état-major est à Alger. L'armée d'occupation compte environ 50.000 hommes.

Outre les soldats venus de France et qui y retournent, il y a des corps spéciaux fixés en Algérie : chasseurs d'Afrique (français), spahis, zouaves, zéphirs, turcos (indigènes); en outre, des goums ou cavaliers indigènes.

L'administration de la justice est analogue à celle de la France, sauf pour les indigènes du territoire civil qui sont jugés par des tribunaux musulmans, appelés *cadis.* Il y a onze tribunaux de première instance, trois cours d'assises et une cour d'appel (Alger).

L'Algérie forme une académie (Alger), et l'organisation de l'instruction publique est semblable à celle de la France. Il y a en outre des écoles arabes.

Il y a trois diocèses catholiques, dont un archevêché (Alger) et deux évêchés (Oran et Constantine), avec 320 paroisses ou vicariats.

En outre on compte deux consistoires protestants et trois consistoires israélites.

VILLES ET LOCALITÉS. — Dans la revue qui va suivre des principales localités du pays, nous procéderons, en règle générale, de l'ouest à l'est, en les groupant autour des chefs-lieux de provinces : Oran, Alger, Constantine.

Quant aux chiffres de population indiqués pour chaque localité, il est bon de prévenir qu'ils se rapportent à la *commune* de plein exercice, dont le territoire est généralement très étendu, tandis que le bourg chef-lieu est souvent peu considérable. Ainsi, Blida n'est qu'une ville de 4.000 habitants, et on lui en donne 13.000 en y comprenant toute la commune. Boghar n'a que 400 habitants, mais la commune indigène de Boghar en a 34.000.

III. — PROVINCE D'ORAN

ORAN †, ville de 54.000 habitants, est bâtie en amphithéâtre au fond d'une baie grande, mais peu profonde. Défendue par une série de forts dont quelques-uns furent construits par les Espagnols, elle forme, avec Mers-el-Kébir, la meilleure station maritime, la position militaire la plus importante et en même temps la première ville de commerce de l'Algérie. Elle exporte surtout les alfas, les céréales, les minerais et les produits industriels de tout l'ouest.

« Oran est la place forte de la Maurétanie dont l'histoire a été le plus longtemps associée à celle de l'Europe moderne. Fondée au commencement du xe siècle par des Maures d'Andalousie, sur le territoire d'une tribu berbère, elle grandit bientôt, grâce à l'importance du port de Mers-el-Kébir que le promontoire du djebel Santon protège des vents du nord-ouest et du nord, les plus dangereux de toute la côte algérienne. Mais ce précieux havre de refuge, étant bordé de brusques falaises au pied desquelles une ville d'entrepôt n'aurait point

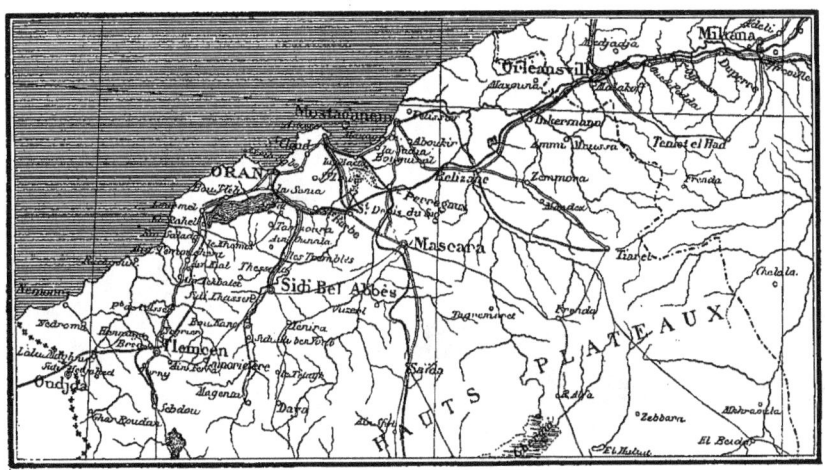

·Province d'Oran.·

trouvé la place nécessaire, Oran a dû naître au fond du golfe, à l'endroit où les montagnes s'abaissent et où une large ouverture donne accès vers l'intérieur des terres : de là le nom de Ouaran, « le Ravin ou la Coupure, » qui, sous la forme espagnole d'Oran, est resté à la cité.

« Au point de vue militaire, cette brèche du littoral offrait aussi de grands avantages : comme Alger, sa rivale, Oran s'appuie à un massif isolé de montagnes, à un Sahel bien limité que des plaines et une grande lagune séparent du reste de l'Algérie ; une forteresse naturelle défend la ville, décuplant la valeur de ses murailles. Aussi lorsque les Maures eurent été expulsés d'Espagne, les vainqueurs poursuivirent les fugitifs sur le continent africain, et leurs premières conquêtes, en 1505 et en 1509, furent le port de Mers-el-Kébir et la place d'Oran.

Les Espagnols les gardèrent près de trois siècles avec un soin jaloux et, durant cette époque, les Turcs, qui étaient tenus chaque année de livrer une attaque contre la ville ou d'aller marauder dans la campagne, ne parvinrent à reprendre Oran que pendant un espace de vingt-quatre années, de 1708 à 1732. Enfin, en 1790, un tremblement du sol renversa presque complètement la ville, un incendie dévora le reste,

Oran.

et de tous les côtés Turcs et Arabes se précipitèrent à l'attaque des ruines pour en chasser les soldats espagnols, qui finirent par quitter la place en 1792. En 1831, elle fut occupée par les Français, et ceux-ci n'eurent qu'à réparer les forts espagnols dressés sur les pitons et les promontoires pour rendre de nouveau la place inexpugnable. Le grand avantage du port d'Oran est sa proximité de l'Espagne : Carthagène est seulement à 200 kilomètres, distance qu'un bateau à vapeur de bonne vitesse franchit facilement en huit heures[1]. »

[1] Élisée RECLUS, *l'Afrique septentrionale*.

Mers-el-Kébir, dont on vient de parler, est situé à six kilomètres d'Oran et n'a que 150 habitants. Son nom arabe signifie le « Grand Marché, le Grand Port », c'est le *Portus divinus* des Romains. Aujourd'hui, comme autrefois, Mers-el-Kébir est le véritable port d'Oran.

Aïn-el-Turk, 600 habitants, voisin du port précédent, est un bon mouillage éclairé par le phare du cap Falcon.

Beni-Saf, 3.300 habitants, non loin de l'embouchure de la Tafna et de l'île Rachgoun, est un port créé récemment par la compagnie qui exploite les minerais de fer dans les environs.

Nemours, 1.100 habitants, ville maritime modernisée, fut d'abord l'*Ad fratres,* « les Frères, » des Romains, ainsi nommée de deux rochers de la crique; puis le *Djemaa-Gazhouat* des Arabes, ou la « Mosquée des Pirates », dont on voit les ruines sur un rocher voisin. C'est la ville maritime la plus rapprochée du Maroc (34 kilomètres). Dans l'intérieur, à dix kilomètres sud-ouest, la koubba de *Sidi-Brahim* rappelle deux faits historiques : en 1845, 350 chasseurs et 60 hussards luttèrent héroïquement contre Abd-el-Kader et se firent tous tuer, sauf 14; en revanche, en 1847, l'émir y rendit son épée au général Lamoricière.

Nédroma, 3.300 habitants, la *Cabanna* des Romains, est une ville arabe qui fabrique des *guedras,* grandes marmites en terre rouge, en usage dans tout l'ouest.

Lalla-Maghnia ou *Maghnia,* « la Sainte Femme, » 600 habitants, près de l'Isly, est un poste fortifié et un grand marché sur la frontière marocaine. Son nom vient d'une koubba dédiée à une femme vénérée des Arabes.

Aïn-Temouchent, « la fontaine du Chacal, » 4.400 habitants, est un marché arabe très prospère. Aux environs on exploite divers minerais, ainsi que les magnifiques carrières de marbre onyx translucide d'Aïn-Tekbalek.

Tlemcen, « la Ville aux mille sources, » « la Grenade africaine, » la *Pomaria* des Romains, la *Bab-el-Gharb,* « Porte du couchant » des Arabes, compte 17.000 habitants. Elle est assise dans une des plus belles positions du monde sur un plateau de 800 mètres d'altitude, entouré des rochers à pic du

Lalla-Séti. C'est une ville forte avec un mur d'enceinte percé de sept portes. La campagne est magnifique, très bien arrosée, couverte d'arbres fruitiers de toute espèce, notamment d'oliviers dont les fruits fournissent une huile excellente. Il y a des minoteries, des huileries, des chantiers d'alfa, et il s'y tient

Tlemcen.

un marché très considérable, qui commerce avec le Maroc.

Tlemcen, fondée par les Vénètes, devint au moyen âge une des plus grandes et des plus florissantes villes de la région et fut la capitale du royaume du Maghreb central. Elle a compté, dit-on, jusqu'à 25.000 familles; par son industrie, ses richesses, la culture des sciences et des arts, elle pouvait se comparer aux villes policées de l'Europe. Il lui reste de son ancienne splendeur le Méchouar, ancienne résidence royale, aujourd'hui transformée en citadelle, et plusieurs mosquées d'une architecture remarquable.

A deux kilomètres au sud-est de Tlemcen, *Sidi-bou-Médine,* village arabe, possède une admirable mosquée et une belle koubba, où reposent deux Maures andalous vénérés comme des « saints » par l'islamisme : Sidi-bou-Médine, mort en 1197, et Sidi-abd-es-Selam, un de ses disciples.

A trois kilomètres sud-ouest, le village de *Mansoura,* « la Victoire, » remplace l'ancienne ville forte de même nom, construite de 1302 à 1304 par le sultan Abou-Yakoub pendant qu'il faisait le siège de Tlemcen, lequel dura huit ans ; il n'en reste plus aujourd'hui que la vaste enceinte flanquée de tours bastionnées et crénelées, la porte isolée de Bab-el-Khemis, bien conservée et semblable à un arc de triomphe, la mosquée et son minaret haut de 40 mètres, classés parmi les monuments historiques.

Au point de vue pittoresque, on signale encore, à six kilomètres sud-est de Tlemcen, la belle cascade d'El-Ourit par laquelle le Saf-Saf, affluent de l'Isser, lance ses eaux du haut de la montagne. « Qu'on se figure une muraille rocheuse de 80 mètres d'élévation, large de 2 à 300, et disposée circulairement comme dans un cirque. Tout le long des parois de cette muraille, s'élèvent, grimpent, tombent et s'entrelacent des fouillis de plantes et d'arbustes. L'eau se précipite en nappes comme un grand fleuve qui aurait rompu ses digues, et la végétation qui recouvre les parois de ce vaste cirque est tellement épaisse, que ces nappes d'eau filtrent au travers de ce feuillage merveilleux et arrivent en poussière de diamants à la base des rochers. » (GAFFAREL.)

Sidi-bel-Abbès, 13.000 habitants, l'une des plus riches et des plus florissantes villes de l'Algérie, est toute moderne, malgré son appellation arabe qui lui vient d'une koubba des Beni-Amer ; fondée en 1843 sur les bords de la Mékerra, ses rues sont larges, coupées à angles droits et ombragées par des platanes de haute venue ; des eaux vives coulent le long des trottoirs.

Sebdou, « la Lisière, » 350 habitants, sur la Tafna, dans un site pittoresque et très boisé, à 958 mètres d'altitude, est un poste militaire et un marché important.

Daya, 125 habitants, à 1.275 mètres, dans le djebel Marahoun, sur la rive gauche du Sig, est un autre poste de guerre.

Mosquée et koubba de Sidi-bou-Médine.

Saïda, « la Fortunée, » 600 habitants, à 862 mètres, est un troisième poste militaire fondé en 1854 ; il commande le débouché de la région des chotts. C'est la station centrale du chemin de fer d'Arzeu à Mécheria.

Mascara, El-Ma'asker, « le Camp permanent, » 5.400 habitants, occupe une position importante au-dessus de la fertile plaine d'Eghris. Ancienne capitale d'Abd-el-Kader, prise par les Français en 1835, elle a conservé son cachet militaire. On y fabrique des burnous et du vin blanc déjà renommé.
« Mascara couvre deux collines sur le revers méridional des montagnes des Beni-Chougran (911 mètres), appelées par les Arabes Chareb-er-Rihh ou « la Lèvre du Vent ». Quand, disent-ils, Allah créa la terre, il mit les monts dans un sac et les versa sur le sol ; lorsque le monde fut couvert de plateaux, de dômes, de bosses, de pitons, il regarda dans le sac et, le voyant encore à demi plein, le vida brusquement sur le pays des Beni-Chougran : des maudits Chougran, comme disaient nos soldats, qui luttèrent souvent contre eux. » (O. Reclus.)

Saint-Denis-du-Sig, 7.000 habitants, fondée en 1845, est un centre agricole important de la plaine du Sig ; un double barrage de la rivière assure l'irrigation et la fertilité de cette région. Aux environs, un orphelinat agricole considérable est installé dans la ferme de l'*Union du Sig,* où les phalanstériens firent en 1846 les essais infructueux de leurs utopies. En 1881, à *Perrégaux,* au croisement des deux chemins de fer, la rupture de la grande digue de l'Habra, qui a 37 mètres de haut sur 450 de long, causa de grands désastres.

Arzeu, le *Portus Magnus* des Romains, 2.800 habitants, est une ville maritime avec une rade excellente, où l'on embarque pour l'Europe l'alfa provenant des hauts Plateaux ; elle fait aussi le commerce de céréales et de bœufs. On y admire les beaux sites de la montagne des Lions qui couvre la presqu'île du cap Carbon.

Mostaganem, 11.500 habitants, bâtie sur un petit plateau de 85 mètres d'altitude, à un kilomètre de la mer, fut occupée par les Français en 1833 ; elle n'a pas de port, ni même de bon mouillage. Autour d'elle on compte vingt villages en pleine prospérité, et à quatre kilomètres sud on admire les charmants paysages de la vallée des Jardins.

Mazagran, 300 habitants, sur une colline à trois kilomètres sud de Mostaganem, a été immortalisé par le siège héroïque que soutint, en 1840, la compagnie du capitaine Lelièvre contre une nuée d'Arabes. Une colonne rappelle ce glorieux fait d'armes.

Relizane, 3.300 habitants, est une ville de fondation toute récente et déjà très prospère. Son territoire est propre à toutes les cultures, surtout à celle du coton, dont les vastes champs sont arrosés par les eaux de la Mina.

Tagdempt, près de Tiaret, dans l'Ouaransénis, fut pendant cinq ans la place de guerre, l'arsenal et la capitale d'Abd-el-Kader ; les Français la ruinèrent en 1843.

Tiaret, « la Résidence, » 2.800 habitants, poste militaire créé la même année, à 1.090 mètres d'altitude, est en même temps un marché considérable entre le Tell et le Sahara.

Géryville, 900 habitants, est un poste militaire avancé au sud du plateau oranais. Bâti en 1852 dans une gorge du djebel Ksel, à 1.300 mètres d'altitude, il commande le Sahara algérien occidental. De nombreux mégalithes couvrent les hauteurs environnantes.

El-Abiod-Sidi-Cheikh, 2.000 habitants, à 400 kilomètres sud d'Oran, est un lieu de pèlerinage fréquenté par les Sahariens, à la koubba du marabout Sidi-Abder-Rahman, qui vivait au XVIIe siècle. En 1881, cette koubba fut détruite par le colonel Négrier et les ossements vénérés transportés à Géryville, mais on les rendit aux Arabes deux ans après.

Tiout, 800 habitants, doit être signalée à cause du voisinage de l'importante oasis de Figuig, nid marocain de rôdeurs qui souvent inquiètent nos frontières.

IV. — Province d'Alger

ALGER †, ville de 65.000 habitants, est la capitale de l'Algérie à laquelle elle a donné son nom. Elle est assise presque en face de Marseille, à une distance de 772 kilomètres, au milieu même de la côte algérienne, au fond d'une baie demi-circulaire, de 20 kilomètres d'ouverture. Elle est bâtie en amphithéâtre au pied et sur le penchant d'une colline escarpée faisant partie du massif de la Bouzaréah, dans le Sahel, qui atteint plus loin 407 mètres d'altitude.

Alger est entourée d'une enceinte bastionnée et protégée par plusieurs forts; elle est divisée en ville basse ou européenne et en ville haute ou arabe; celle-ci est dominée par la kasbah, citadelle bombardée en 1830, et par le fort de l'Empereur.

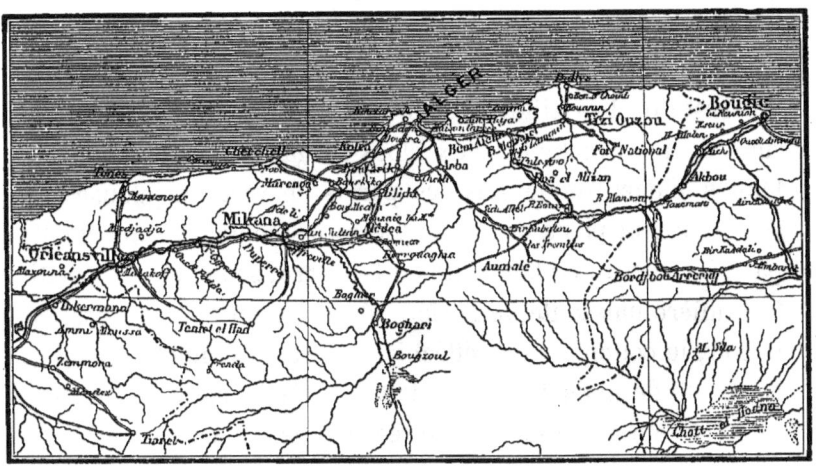

Province d'Alger.

Le port d'Alger, grand de 90 hectares, est en communication presque journalière avec Marseille et d'autres ports d'Europe. La ville renferme toutes les branches de l'industrie européenne; les indigènes font des broderies sur cuir en or et en argent pour selles mauresques, portefeuilles, pantoufles; des ceintures de soie brochées d'or. On tisse la laine; il y a des brasseries, des tanneries et des teintureries.

Fondée en 935 par les Arabes, sur un groupe d'îlots (*El-Djezaïr* signifie les îlots), près des ruines de l'*Icosium* romaine, Alger devint au XVIe siècle, sous les Barberousse, un grand centre de piraterie. Inutilement bombardée sous Louis XIV par Duquesne en 1683 et 1684, ce n'est que depuis la conquête française qu'Alger a cessé d'être la terreur de la Méditerranée.

« Actuellement Alger est devenue la première ville du continent africain, non par le nombre des habitants, mais par son rôle historique comme foyer de la civilisation européenne. Elle est aussi la première par le charme et la grandeur imposante de l'aspect : après l'avoir vue de la mer, au détour de la pointe Pescade, nul ne peut oublier le tableau merveilleux qu'il a contemplé. Encore au milieu du siècle, on pouvait la citer comme le type régulier d'une cité bâtie en amphithéâtre triangulaire sur le flanc d'une montagne; mais elle a grandi, et maintenant elle forme un ensemble beaucoup plus vaste et plus complexe de contours. Vers le haut de la colline que couronnent les murailles de la kasbah, se montre encore ce qui reste de la vieille Alger, qui ressemble de loin à une carrière de marbre blanc, aux blocs inégaux et mal taillés. Les teintes bleues ou jaunes des parois, le vert des jalousies, ne se discernent pas à distance; toutes les couleurs sont éteintes par l'éblouissante blancheur de la pierre; seulement, au matin, la lumière naissante de l'orient s'y brise en rayons roses, et, le soir, le couchant s'y réfléchit en nuances violettes. Jadis la cataracte de maisons descendait jusqu'à la mer; de nos jours elle s'arrête à mi-côte, limitée et comme endiguée par les masses régulières de maisons françaises qui se prolongent en façade au-dessus des quais. Au sud du triangle de la ville arabe, une autre ville escalade les pentes; mais, entièrement formée de maisons modernes, elle ne se confond pas en un immense éboulis de roches blanches : on en distingue les murs grisâtres et les toits rouges, contrastant partout avec la verdure foncée des jardins. Au delà, les constructions sont brusquement limitées par une zone verte, celles des remparts herbeux et des talus boisés; mais en dehors de la cité proprement dite, à Mustapha, la ville recommence, moins compacte que dans l'enceinte des rues et d'autant plus gracieuse, pressant les maisons de ses bas quartiers dans chaque ravin, groupant ses villas plus à l'aise sur chaque croupe avancée, et, vers le sommet de la colline, dressant au-dessus des arbres touffus les kiosques et les campaniles de ses palais : c'est là surtout que résident les Anglais et autres étrangers qui viennent passer la saison d'hiver sous le doux climat d'Alger.

« La faible largeur de l'espace compris entre les coteaux et la mer a forcé la ville grandissante à se développer au loin le long de la mer, de chaque côté du noyau primitif de la ville, qui fait face aux quatre îlots des Beni-Mezghanna, devenus maintenant la péninsule de la Darse.

« Vers le nord-ouest, au sortir de Bab-el-Oued, « la Porte du Ruisseau, » plusieurs faubourgs, interrompus par des cimetières, se succèdent jusqu'à l'interminable rue de Saint-Eugène; vers le sud, en dehors de Bab-Azoun, la porte où l'on accrochait les suppliciés, vivants ou morts, l'Agha, Mustapha, Belcourt, continuent Alger. Un champ de manœuvres, un jardin public semblent devoir limiter la ville, mais au delà recommencent les rangées de maisons.

« L'ensemble formé par les trois communes d'Alger, de Saint-Eugène, de Mustapha, se développe sur une longueur d'une dizaine de kilomètres, et pourtant en maints endroits, resserrée entre la colline et la mer, la ville n'a pas même 200 mètres de largeur. Dans une pareille cité, on le comprend, toutes les rues maîtresses sont parallèles au rivage, et de distance en distance s'ouvrent des places d'où l'on descend au bord de la mer.

« A la principale, dite « place du Gouvernement », viennent aboutir les rues les plus animées et les escaliers les plus fréquentés du port; de là partent presque toutes les voitures pour la banlieue d'Alger et les villes de l'intérieur. Une foule multicolore se presse sur la place; si le costume banal, imposé par la mode, l'emporte sur tous les autres accoutrements, pourtant mainte couleur éclatante brille sur le fond sombre ou grisâtre que forme la masse toujours en mouvement des promeneurs et des gens affairés : les bonnets rouges des pêcheurs, les chechia des portefaix, les gandoura brodées des Biskri se croisent avec les turbans jaunes ou bariolés des vieux juifs, les robes, les écharpes, les chapeaux aux soies éclatantes de leurs femmes et de leurs filles. Quelques personnages arabes, grands chefs ou se donnant pour tels, se promènent dans leur haïk de pure laine, d'une blancheur immaculée, ou bien, assis devant les cafés, boivent majestueusement quelque liqueur défendue par le coran. Deux par deux, les femmes mauresques, aux larges pantalons bouffants, glissent d'un pas rapide, ne montrant sous le voile que leurs yeux noirs, entourés d'un cercle bistré [1]. »

Mustapha, 12.000 habitants, à deux kilomètres d'Alger dont elle est un faubourg, est une commune prospère divisée

La mosquée neuve à Alger.

en plusieurs sections : *Mustapha inférieur,* qui possède un hôpital civil, de vastes casernes, un jardin d'essai très remarquable, et *Mustapha supérieur* qui, entouré de riches et riantes villas, possède une école normale de jeunes gens.

Sidi-Ferruch, 250 habitants, donne son nom à une petite presqu'île célèbre par le débarquement des Français en 1830.

---

[1] Élisée Reclus, *l'Afrique septentrionale.*

A trois kilomètres de là est le plateau de *Staouéli,* 700 habitants, où les troupes du dey furent défaites le 19 juin 1830. Le gouvernement a concédé en 1843 ce champ de bataille aux religieux trappistes, qui l'ont transformé en une ferme modèle de 1.200 hectares, et une colonie pénitentiaire.

Koléa ou *Coléa,* 4.300 habitants, est proche de la mer sur les collines du Sahel occidental et sur la rive gauche du Mazafran. Autrefois « ville sainte », sa mosquée est transformée en un hôpital militaire. Ses environs sont de véritables jardins.

Le Tombeau de la Chrétienne. A mi-chemin entre Koléa et Cherchell, dans la commune de Marengo, auprès du village de Montebello et des ruines phéniciennes de Tipaza, la colline la plus élevée du Sahel porte un antique monument très curieux : c'est le Tombeau dit de la Chrétienne, en arabe *Koubba* ou *Kabor-er-Roumia,* sur lequel les archéologues ont beaucoup discuté. Malgré son nom vulgaire, cet énorme édifice ne renferme point la dépouille mortelle d'une servante du Christ; c'est plutôt la sépulture d'anciens rois de Maurétanie. On suppose qu'il fut bâti par Juba II sur le modèle du *Medracen,* le tombeau des rois numides qui s'élève dans la province de Constantine.

Le Tombeau de la Chrétienne est un édifice conique de 32 mètres de haut, dont le soubassement carré a 63 mètres sur chaque face ; le périmètre de la base du monument est orné de 60 demi-colonnes ioniques engagées; il est partagé en quatre parties égales par quatre portes décoratives d'une hauteur de 6 mètres 20 centimètres. Au-dessus commence une série de 33 degrés hauts chacun de 58 centimètres qui, en rétrécissant graduellement leur plan circulaire, donnent à l'édifice l'apparence d'un cône tronqué. L'intérieur de ce monument est disposé en caveaux reliés par des couloirs et des galeries mesurant 170 mètres de longueur totale.

Cherchell, 3.600 habitants, l'*Iol* des Carthaginois, la *Julia Cæsarea* des Romains, devint sous Juba le Jeune la capitale de la Mauritanie césarienne. Aussi y trouve-t-on des ruines d'hippodromes, de théâtres et d'aqueducs romains ; ce n'est aujourd'hui qu'un port assez médiocre.

Tenez, 2.700 habitants, *Cartennæ colonia,* petite ville fortifiée avec un port; c'est l'entrepôt naturel de la région du Dahra et d'Orléansville.

Orléansville, 3.000 habitants, est une jolie petite cité moderne bâtie à 140 mètres d'altitude sur la rive gauche du Chéliff, et sur l'emplacement du *Castellum Tingitanum* des Romains; c'est un marché de blé et de laines, mais le climat y est peu agréable pour les Européens.

Tombeau de la Chrétienne.

Miliana, la *Malliana* romaine, 6.500 habitants, est une cité militaire bâtie à 740 mètres sur le flanc méridional du Zaccar et dominant la rive droite du Chéliff. En 1840, une garnison française de 1.200 hommes, bloquée par Abd-el-Kader, y périt presque entièrement de privations et de maladie. Ses environs abondent en vignobles et en fruits renommés, en mines de fer, de plomb et en carrières de marbre. Plus loin, *Affreville* lui sert de station de chemin de fer, tandis qu'au nord-est se trouve l'établissement thermal de *Hammam-Rirha,* le plus fréquenté de l'Algérie.

Teniet-el-Haâd, 1.400 habitants, est un marché arabe et un poste militaire commandant le massif de l'Ouaransénis.

« Teniet-el-Haâd, « le Col du Dimanche, » est ainsi nommé du jour où se tient son marché hebdomadaire; la hauteur du seuil que domine le village est de 1.145 mètres. Les Arabes y sont proportionnellement plus nombreux qu'à Miliana, et une petite colonie nègre occupe près de Teniet deux groupes de masures appelées « Tombouctou » le Supérieur et l'Inférieur. Le « Col du Dimanche » est célèbre dans le monde des botanistes par ses admirables forêts de chênes et de cèdres qui recouvrent les deux versants du djebel Endat; des sources ferrugineuses d'une grande richesse jaillissent dans la forêt. Au sud s'étend le plateau du Sersou, jadis couvert de bois et ruisselant de fontaines, maintenant sans verdure et coupé de ravins dans lesquels coulent des eaux sauvages, détruisant au lieu de féconder. Le Sersou est une des régions de l'Algérie où se voient le plus de monuments préhistoriques, tombelles, enceintes, pierres levées; une ancienne ville, à une quarantaine de kilomètres au sud-ouest de Teniet, occupe une surface plus grande que la cité d'Alger. Parmi les monuments étranges de cette région, le plus curieux consiste en alignements de pierres disposées de manière à former un immense lézard de 80 mètres de longueur. On retrouve ainsi dans l'ancien monde un exemple de ces monuments symboliques, dont les *mound-builders* de l'Ohio aimaient à orner leurs plaines. » (Élisée Reclus.)

Boghar, 400 habitants, à 970 mètres, le *Castellum mauritanum* des Romains, l'un des arsenaux d'Abd-el-Kader, est encore une place forte qui surplombe de 400 mètres le défilé du Chéliff moyen. Un grand marché se tient au village de Boghari, situé sur la rive droite du fleuve.

Médéa, 12.000 habitants, à 920 mètres sur une croupe du mont Nador, est l'ancienne capitale du beylik de Titeri. Son climat est sain et son territoire fertile en blé, asperges et vins déjà renommés.

Au nord de cette ville se trouve le djebel *Mouzaïa,* surmonté de la koubba d'un saint musulman qui, d'après la légende, « fendit d'un coup de hache le défilé où il fit naître la Chiffa pour arroser le pays. » Ce djebel donne son nom au col ou *ténia de la Mouzaïa*, célèbre par de sanglants combats en 1840-41 ; au village de *Mouzaïa-les-Mines*, qui possède des gisements de cuivre sur le versant sud, et à la commune de *Mouzaïa-Ville*, 1.700 habitants, sur le versant nord, non loin de Blida.

Blida, 13.000 habitants, ville modernisée, gracieusement assise au milieu de sites délicieux, dans un pays fertile surtout en oranges et mandarines, est un point stratégique et commercial très important ; de plus elle a des minoteries et des distilleries considérables. A douze kilomètres sud on admire les superbes gorges de la Chiffa, immense déchirure de l'Atlas entre les monts de Mouzaïa et des Béni-Salah.

Boufarik, 6.500 habitants, dans une position jadis fort insalubre au milieu de la magnifique plaine de la Métidja, possède un marché agricole très fréquenté. Dans la même plaine, beaucoup de villages agricoles florissants portent des noms français bien connus. De l'ouest à l'est, signalons Marengo et Montebello déjà cités, Joinville, station de Blida, Montpensier, Aumale, Rovigo, Alma, Saint-Pierre et Saint-Paul, près de Fondouk, etc.

Dellys, 3.600 habitants, le *Rusucurus* des Carthaginois, n'a qu'un port médiocre sur la côte de Kabylie ; elle possède l'école des Arts et métiers pour l'Algérie.

Tizi-Ouzou, 2.500 habitants, en arabe *Fedj-el-Guendoul,* « le col des Genêts épineux, » fut le point le plus avancé de l'occupation romaine et turque dans le Djurjura. Depuis 1858, c'est un poste militaire français et en même temps une ville florissante.

Le *Fort-National,* 200 habitants, primitivement Fort-Napoléon, est une place de guerre construite en 1857, à 916 mètres, au centre de la Kabylie. C'est « une épine plantée dans l'œil de la grande Kabylie », disent les indigènes, qui tentèrent de s'en emparer en 1871.

Au pied du Fort-National, *Aït-Lhassen,* 4.000 habitants,

est le plus grand village de la Kabylie et des Béni-Yemsi qui sont les plus industrieux des Kabyles; ils fabriquent de beaux bijoux et des fusils à crosse incrustée de corail.

Palestro, 500 habitants, sur l'Isser oriental, rappelle ici, non une victoire comme en Italie, mais un désastre pendant l'insurrection de 1871. En aval de ce bourg, « l'Isser s'enfonce dans une gorge où il n'y a place que pour lui : la route d'Alger à Constantine, qui suit la rivière, a été conquise à la mine dans la dureté du roc, immense paroi crayeuse d'où glissent des cascades. Çà et là, sur les corniches, dans les fissures et les brisures, des herbes s'accrochent, et aussi des broussailles et des arbustes où les singes dégringolent quand ils viennent boire au courant de l'Isser. De ce défilé superbe la rivière passe dans une vallée féconde, pleine de colonies nouvelles. » (O. RECLUS.)

Aumale, 4.500 habitants, est une ville de guerre fondée en 1846, à 850 mètres au pied du djebel Dira, sur l'emplacement de l'*Auzia* romaine; elle garde la sortie de la grande Kabylie vers le plateau algérien.

Bou-Saada, « le lieu du Bonheur, » compte 5.000 habitants; elle commande le sud du même plateau et forme le centre commercial de la région de l'Hodna.

Laghouat ou *El-Aghouat,* 3.800 habitants, sur l'oued Djeddi, à 777 mètres, est devenu depuis 1852 le chef-lieu du Sahara algérien; son marché, aujourd'hui très fréquenté, a ruiné celui de *Tadjemot,* dont les habitants fabriquent des burnous et des haïks renommés, et celui d'*Aïn-Madhy,* la métropole religieuse de l'ordre des Tidjâniya.

En plein désert, *Ghardaïa,* 10.000 habitants, est la cité principale de la tribu des Béni-Mzab ou Mozabites, dont les oasis comptent 180.000 palmiers entourés de magnifiques jardins.

Ouargla, 2.000 habitants, dans la vallée de l'oued Mya, est un centre d'oasis qui contiennent 300.000 dattiers et sont peuplés de nègres laborieux. Mais beaucoup de leurs puits ont été détruits par les Mozabites, et le marché d'Ouargla est en décadence.

Enfin *El-Goléa,* 1.600 habitants, est à la limite méridionale de l'influence française, c'est-à-dire à plus de 900 kilomètres d'Alger. Visitée en 1873 par le colonel de Galiffet, elle nous paye un tribut, mais n'a pas de garnison française. C'est

Vue de Ghardaïa.

une oasis de 16.000 palmiers des Chaamba, pillards ou convoyeurs qui parcourent toute la contrée au sud d'Ouargla, jusque vers le Soudan. C'est aussi à 400 kilomètres environ au sud-est d'El-Goléa et d'Ouargla qu'eut lieu, en 1884, le massacre, par les Touaregs, de la mission française commandée par le colonel Flatters, et dont nous avons parlé dans la notice historique.

V. — Province de Constantine

Constantine †, 33.500 habitants, est une place très forte, autrefois imprenable. Assise sur un promontoire rocheux de 600 mètres d'altitude moyenne, elle est entourée presque entièrement par un abîme profond de 200 mètres, au fond

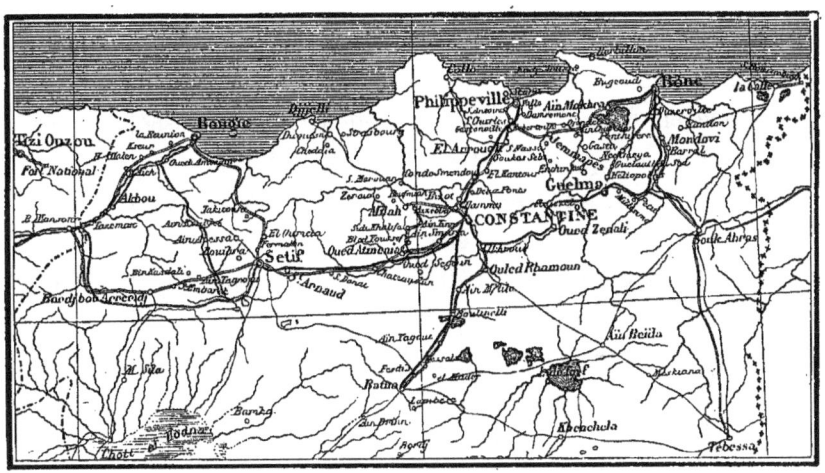

Province de Constantine.

duquel le Rummel roule ses eaux jaunâtres en passant sous quatre voûtes naturelles et en formant de belles cascades.

Constantine répond à l'antique *Cirta,* la capitale de la Numidie dont il reste de belles antiquités, entre autres un pont romain, un arc de triomphe et le palais du bey. C'est là que régnèrent Massinissa et Jugurtha. Ruinée en 311, cette ville fut rebâtie par Constantin, dont elle porte le nom. Les Français la prirent d'assaut en 1837; ils l'avaient vainement assiégée l'année précédente.

Les industries européennes les plus remarquables sont la minoterie et la fabrication des pâtes alimentaires; l'industrie indigène consiste surtout dans la tannerie, la cordonnerie et la fabrication des burnous. Cette ville, le principal marché aux grains de l'Afrique française, a pour port d'embarquement Philippeville.

« Avant de s'engager dans l'étroite gorge qui a donné sa force militaire à la « cité aérienne », le Rummel ou « rivière des Sables », s'est uni au Bou-Merzoug, la « rivière qui féconde ». Le passage est soudain de la vallée lumineuse à la noire allée de roches. Le torrent, brusquement rétréci, passe à côté d'un établissement thermal niché dans une anfractuosité de la roche, puis sous l'arcade du « pont du Diable », et s'enfuit en rapides dans la gorge sinueuse. Des bords de l'abîme, on ne voit pas le courant d'eau, caché par les détours du ravin : les assises saillantes des rochers qui se correspondent d'une falaise à l'autre et que des couloirs verticaux rayent de distance en distance, empêchent le regard de descendre jusqu'au fond du gouffre où tournoient les hirondelles.

« Cinq ponts unissaient autrefois les deux lèvres de l'abîme : de quatre d'entre eux il ne reste que des fragments informes ; le cinquième, bâti à l'angle oriental du rocher de Constantine, a toujours été reconstruit, et sous sa grande arcade de fer, jetée récemment à 105 mètres de hauteur par les ingénieurs français, se superposent des pans de murs de toutes les époques, depuis les temps d'Antonin le Pieux. Immédiatement au-dessous du pont, le Rummel disparaît sous une voûte de rochers ; le ravin n'est plus qu'un val déchiré et percé de puisards, du fond desquels monte le murmure des cascades ; à 300 mètres plus loin, le torrent émerge de ces noires galeries, et, de part et d'autre, les falaises descendent verticalement jusqu'au fond de la cluse ; seule une arcade isolée, ogive naturelle d'une étonnante régularité de forme, unit encore les deux parois opposées. C'est là que la déchirure du sol offre son caractère le plus grandiose : les murailles, diversement colorées et çà et là surplombantes, se dressent à plus de 200 mètres de hauteur, portant quelques constructions au sommet ; là-haut se trouvaient jadis les « trois pierres » placées sur le kef Chekora ou « rocher du Sac », du haut duquel le pacha faisait précipiter, cousus dans un sac, les victimes ou les esclaves dont il voulait se défaire. En bas, le torrent se divise en plusieurs bras entre les pierres, puis, arrivé à l'issue de la gorge, plonge par trois ressauts successifs dans la vallée inférieure, cirque immense de verdure, parsemé de moulins et de maisonnettes et rayé de routes blanches descendant en brusques lacets. Des cascades du Rummel, on peut s'aventurer jusqu'à une certaine distance dans le défilé, mais l'odeur qui s'en échappe est méphitique. La cause en est exprimée par le proverbe souvent cité : « Ailleurs, les corbeaux fientent sur les hommes ; « à Constantine, les hommes fientent sur les corbeaux ; » et c'est ainsi que le ravin a été transformé en égoût...

« Les maisons se pressent sur le grand bloc de pierre, au-dessus de la gorge profonde et silencieuse du Rummel. Au nord sont les constructions militaires, les casernes, l'hôpital, l'arsenal et la kasbah proprement dite. Au sud de la kasbah, s'entrecroisent les rues régulières du quartier européen ; les Juifs habitent, à l'est, un labyrinthe de rues inégales ; vers le centre, se groupent les Mozabites ; au sud, dans la ville basse, grouillent les Arabes, dans un dédale de ruelles et de cours, où les Européens ne s'aventurent d'ordinaire qu'accompagnés d'un guide. Trop à l'étroit dans leur quartier, les Arabes ont débordé de la ville et couvert de leurs cabanes pittoresques un talus situé près de la porte occidentale. L'édifice le plus curieux et l'une des demeures mauresques les plus intéressantes de l'Algérie, est le palais du dernier bey, Ahmed, occupé maintenant par l'état-major de la garnison française : vu du dehors, c'est un ensemble de masures ; mais à l'intérieur il a de riches colonnades ornées de sculptures, de faïences, même de fresques, et ses beaux jardins contrastent délicieusement avec le mouvement et le bruit des rues environnantes [1]. »

Sétif, 5.800 habitants, à 1.085 mètres d'altitude, est une ville stratégique et commerçante qui garde l'entrée de la Kabylie ; elle fut fondée par les Français en 1839, sur l'emplacement de la *Sitifis* romaine, capitale de la Mauritanie

---

[1] Élisée Reclus, *Afrique septentrionale*.

sitifienne. Ses environs, qui sont fertiles en céréales, furent incendiés en 1871 par les Kabyles insurgés.

Msila, 2.800 habitants, dans le Hodna, au sud-ouest de Sétif, fabrique de la sellerie, des haïks et des burnous.

Bordj-bou-Arreridj, 1.200 habitants, à l'ouest de Sétif, dans la haute et fertile plaine de la Medjana, commande le défilé des *Portes de Fer* ou Bibans, dont les gorges, célèbres par

Constantine.

leur profondeur, furent franchies en 1839 par le duc d'Orléans. Ses environs sont peut-être l'endroit du monde le plus riche en menhirs, que l'on appelle Es-Snam ou les Idoles ; on en compte par milliers, et l'un d'eux a 16 mètres de hauteur sur 11 d'épaisseur.

Reprenons au nord le long de la côte de la province de Constantine.

Bougie, 5.100 habitants, au fond occidental du golfe de même nom, à trois kilomètres nord de l'embouchure du Sahel, possède un bon port bien abrité par la presqu'île du mont

Gouraya et fait un commerce assez important. Cette cité kabyle est entourée d'un nombre considérable d'orangers, de grenadiers et de figuiers. Elle a donné son nom à une sorte de chandelle qu'elle fabrique depuis longtemps.

Bougie, de *Bedjaïa,* nom d'une tribu, la *Saldæ* des Romains, fut la capitale d'un royaume vandale, puis berbère, et eut peut-être alors 50.000 habitants.

Djidjelli, 3.000 habitants, l'*Igilgili* des Carthaginois, qui creusèrent dans le roc les tombeaux que l'on y voit encore, devint colonie romaine, puis ville épiscopale chrétienne. Nid de corsaires au commencement de ce siècle, française depuis 1839, elle a été détruite le 22 août 1856 par un tremblement de terre; son port est peu abrité et d'un accès difficile.

Collo, 1.300 habitants, le *Collops magnus* des Romains, est située au sud-est du large massif des Sébarou-Bougiarone; son port de pêche est petit, mais sûr; ses environs possèdent des minières importantes et de vastes forêts.

Philippeville, 14.000 habitants, fut construite en 1838 par le maréchal Valée au bord de la mer, sur l'emplacement de la *Rusicada* romaine. Son port artificiel, d'entrée périlleuse, sert d'entrepôt pour une grande partie du commerce avec Constantine et la province. — A quatre kilomètres nord-ouest de Philippeville, se trouve la crique de *Stora* (1.100 habitants), qui a été longtemps l'unique port de la baie; quoique peu sûr, c'est encore là que les navires se réfugient par les gros temps.

Bône, 20.000 habitants, voisine des ruines de l'ancienne Hippone, est l'*Annaba* ou « ville des jujubiers » des Kabyles; elle est située au pied de l'Edough, à deux kilomètres nord de l'embouchure de la Seybouse, sur la côte occidentale d'une large baie, avec un port amélioré par de récents travaux; son territoire est riche en oliviers, en forêts et en mines de fer; elle fait un commerce actif surtout en tabac, en corail et en grains. Elle est entourée d'un mur crénelé et défendue par le fort Génois, qui couronne le cap de Garde.

La Calle, 3.600 habitants, se dresse sur un rocher isolé et relié au continent par une plage de sable; c'est le centre des pêcheries de corail si importantes depuis François Ier. A l'ouest de la Calle, se voit la tour du *Bastion de France* ou vieille Calle, construite en 1561, près du canal qui déverse le trop-plein du lac Mélah.

Guelma, 4.000 habitants, la *Calama* des Romains, est une petite ville prospère, située sur un plateau fertile et boisé, à deux kilomètres sud de la Seybouse. C'est un des plus

Un des châteaux de Bougie.

importants marchés de bestiaux, principalement de bœufs exportés en France. On y trouve des ruines romaines.

A quinze kilomètres ouest de Guelma, sur les ruines de l'antique *Aquæ Tibiliranæ,* se voient les célèbres sources thermales d'*Hammam-Meskoutine,* dont le nom signifie les Bains enchantés ou maudits. Ces sources, d'une température de 80 à 95 degrés et donnant plus de 80.000 litres d'eau par heure, sont situées au milieu de sites pittoresques, décrits ci-après.

Les Bains maudits. — « ... De loin déjà on reconnaît l'emplacement des eaux aux masses de vapeur qui s'élèvent au-dessus d'elles. Elles surgissent actuellement avec le plus d'abondance à l'extrémité d'un plateau où elles forment dix bouillons, dont l'un s'élève à quelques décimètres au-dessus du sol. Contenant en dissolution des sels calcaires blancs qui se déposent à mesure qu'elles se refroidissent, elles construisent elles-mêmes, en descendant les pentes, la roche sur laquelle elles tombent en cascade. Les formes de ce travertin (c'est le nom que les géologues donnent aux roches constituées ainsi par les eaux minérales) sont aussi variées qu'élégantes. Leur blancheur éblouissante ou leur couleur d'un brun rougeâtre donne à l'eau qui les baigne, tantôt une teinte d'un bleu clair, quand le fond est blanc, tantôt une coloration brune lorsqu'elle repose sur du travertin coloré par l'oxyde de fer ou par des matières tinctoriales employées par les Arabes. Quand la pente n'est pas trop forte, l'eau déposant de tous les côtés les sels dont elle est chargée, il en résulte qu'elle se forme à elle-même de petites digues de quelques centimètres de hauteur. De là, des bassins à rebords circulaires plus ou moins ondulés, étagés l'un au-dessus de l'autre; l'eau tombe d'un bassin dans l'autre en faisant autour de petites cascades, ou en glissant sur le travertin déjà formé.

« Dans les endroits à forte pente, la formation des cuvettes étagées devenant impossible, l'eau, en glissant sur la pierre, l'enduit d'une couche de travertin représentant des draperies, des surfaces mamelonnées, et, quand le rocher surplombe, de véritables stalactites de forme conique, de la pointe desquelles coule sans cesse le filet d'eau générateur. La cascade se divise ensuite en plusieurs ruisseaux qui se jettent dans le Chedakra, dont le fond est tapissé de conferves d'un beau vert, et où vivent, malgré la haute température, de petites grenouilles et des poissons.

« Quand on approche des bains d'Hammam-Meskoutine, on aperçoit au haut du plateau une surface d'un hectare environ de superficie sur laquelle s'élèvent plus de cent petits cônes formés par les eaux jaillissantes retombant sur elles-mêmes. Les uns ont une large base, les autres semblent des aiguilles. Il y en a de toutes grandeurs, depuis quelques décimètres jusqu'à quatre à cinq mètres; les uns sont isolés, les autres disposés par groupes, ou même soudés entre eux deux à deux. La végétation s'est emparée de quelques-uns, et souvent au sommet un petit olivier sauvage ou un pistachier-térébinthe pousse comme dans un pot de fleurs. Rien de plus

Bains maudits.

bizarre et de plus inexplicable, au premier abord, que ces cônes réguliers s'élevant brusquement à la surface du sol, et, comme on l'a vu, rien de plus facile à comprendre si on se donne la peine d'analyser le phénomène.

« Mais l'imagination superstitieuse des anciens a cru voir dans ces élévations des personnages fantastiques subitement changés en pierre par une malédiction due à leurs crimes. De là, le nom de « bains des Maudits ».

« L'art pourrait, en guidant ces sources, les forcer à élever les constructions les plus compliquées, et même à mouler des vases, des statues, des bas-reliefs, comme on le fait aux eaux de Saint-Allyre, à Clermont en Auvergne. L'abondance de la source africaine est un élément qui manque à celles de l'Europe ; on estime, en effet, son débit à 80.000 litres d'eau à l'heure. Il peut se comparer à celui des eaux de Louèche en Suisse, et d'Aix en Savoie.

« ... Les sources d'Hammam-Meskoutine ont changé de place. Lorsqu'elles sortaient au haut du plateau où elles ont formé les cent cônes dont nous avons parlé, elles n'étaient probablement pas utilisées ; mais des piscines et un aqueduc situés à l'est de la cascade montrent que les Romains n'ont pas plus négligé les richesses thermales de la Numidie que celles de la Gaule et de la Germanie. Actuellement il existe près de ces sources un grand hôpital militaire. Plusieurs bouillons, situés à l'est et au-dessous de la cascade, sont couverts de baraques où l'on prend des bains de vapeur, et l'Arabe même y construit son gourbi de feuillage, quand le médecin *roumi* (français) lui persuade qu'il trouvera dans ces eaux un remède aux rhumatismes qu'il contracte en couchant en plein air dans ses haltes nocturnes [1]. »

Soukarras ou *Souk-Ahras*, « marché aux nippes, » 4.350 habitants, bâtie sur l'emplacement de l'ancienne Thagaste, patrie de saint Augustin, est située sur le chemin de fer de Constantine à Tunis ; son commerce est très prospère ; elle a de beaux vignobles.

Tébessa, 1.900 habitants, près de la frontière tunisienne, est bâtie à 1.088 mètres au milieu des nombreuses ruines de l'ancienne *Theveste*. On y remarque l'arc de triomphe dédié à Septime-Sévère, le temple de Minerve, aujourd'hui église catholique, et les débris d'une basilique. La plupart de ses maisons sont construites en pierres romaines, et la

[1] X., *Magasin pittoresque*.

monnaie romaine y avait encore cours à l'arrivée des Français en 1842.

Batna, 3.800 habitants, dont le nom arabe signifie « bivouac », est une position militaire importante au pied du massif de l'Aurès, à 1.020 mètres d'altitude; c'est aussi un centre d'échanges entre le Tell et le Sahara. Elle a des rues larges, bordées de platanes, un jardin public, un musée archéologique, et, à cinq kilomètres nord-ouest, une belle forêt de cèdres.

Lambèse, 500 habitants, est un village et une maison centrale de correction établis à dix kilomètres sud-est de Batna, au milieu de remarquables ruines de l'ancienne *Lambessa* ou *Lambœsis,* la capitale militaire de la Numidie romaine. « Il est pour l'antiquité classique, dit M. Piesse, des lieux bien autrement célèbres que *Lambœsis,* mais on trouverait difficilement une ruine plus riche et d'un aspect plus intéressant. On a dans Pompéi la ville enfouie sous les cendres et surprise dans toutes les occupations de la vie; Lambœsis nous montre la ville abandonnée de ses habitants et dont le temps seul a rongé les pierres au milieu d'une imposante solitude. Découverte de treize cents autels et tombeaux, de cinq belles mosaïques et d'inscriptions innombrables; voie romaine bordée de tombeaux; *prætorium* long de 28 mètres, large de 20, haut de 15 (c'est là qu'est logé le musée, riche déjà de vingt statues et de plus de deux cents autres antiquités); quatre portes (il y a environ cent ans, un voyageur en compta, y compris les arcs de triomphe, une quarantaine, dont quinze en bon état); restes d'un aqueduc conduisant à la colonie la source d'Aïn-Boubena; ruines d'un temple d'Esculape élevé par les ordres de Marc-Aurèle et de Lucius Vérus; ruines d'un temple de la Victoire; cirque de 104 mètres de diamètre avec quatorze portes; tombeau de Flavius Maximus, préfet de la troisième légion, monument carré de 6 mètres de haut, terminé en pyramide; rues dallées conservant l'empreinte laissée par les roues des chars, etc.: l'inventaire et la description de ces ruines exceptionnelles demanderaient un volume. » (JOANNE.)

Le *Medracen,* le *Kobor Madrous* ou tombeau de Madrous

des Arabes, est un monument analogue au tombeau de la Chrétienne dont on a parlé plus haut; mais il est plus ancien et de moindres proportions. Il se trouve à gauche de la route de Constantine à Batna, sur un plateau mamelonné, triste et nu, non loin du lac salé de Djendeli. Sa ressemblance avec le monument de la Chrétienne nous dispense de le

El-Kantara.

décrire. On le considère comme ayant été bâti pour servir de tombeau à Massinissa, roi des Numides, et à ses descendants.

El-Kantara, 2.200 habitants. « Au sud-ouest de Batna, la route du désert et le chemin de fer en construction se dirigent vers le col d'El-Biar (1.090 mètres), c'est-à-dire « des Puits », où commence, d'abord insensible, la descente vers le Sahara; un petit ruisseau, l'oued El-Kantara, qui descend brusquement par une succession de cascatelles d'une hauteur de plus de 300 mètres, coule à côté de la route. A droite, à gauche, se dressent des rochers calcaires, coupés de failles, hérissés de dents, offrant à peine çà et là, dans leurs anfractuosités, un peu de terre végétale où pousse un arbrisseau. Soudain les falaises s'écartent, le ruisseau se précipite en cascade, traversé par un pont romain d'une arche qui a donné à la vallée le nom d'El-Kantara : c'est le « Pont » par excellence, celui qui relie le Tell au Sahara. De tous les sites de l'Algérie, si riche pourtant en beaux paysages, nul n'est plus fameux : là est le contraste le plus net entre les plateaux rocheux et les oasis; l'Orient se montre soudain par une « porte d'or ». D'un côté est la région de l'hiver, de l'autre celle de l'été; en haut est le Tell, en bas le Sahara; sur un versant, la montagne est noire et couleur de pluie; sur l'autre, rose et couleur de beau temps. A ses pieds on voit s'ouvrir une vallée où l'eau serpente à l'ombre de palmiers; trois groupes de maisonnettes, formant ensemble le village d'El-Kantara, se montrent dans les clairières de l'oasis, tout différents de ceux qu'on a vus dans la région septentrionale : les demeures et les jardins, même les troupeaux et les hommes, tout a changé d'aspect, et c'est une autre lumière qui éclaire ces tableaux. Toutefois ce n'est pas d'El-Kantara que l'on peut contempler l'immense horizon du désert : il faut encore dépasser le vaste et fertile bassin d'El-Outaïa, sa montagne de sel et les thermes de Font-Chaude, appelés Hammam-el-Salehin ou « Bains des Saints » par les indigènes et situés à six kilomètres de Biskra; puis gravir un seuil, le col de Sfa, pour voir s'étendre au sud la mer des sables tachetée des archipels d'oasis : c'est là que s'ouvre la « Porte du Désert », Foum-es-Sahara, et que l'on voit la plaine immense se dérouler jusqu'à la ligne rouge ou violette, noire parfois, de l'horizon des sables. L'illusion est complète : cette barre lointaine, on dirait l'océan [1] ! »

Biskra, 7.100 habitants, l'*Ad Piscinam* des Romains, « la Reine » du pays des Ziban ou du Zab, est un poste militaire avec une redoute appelée fort Saint-Germain, au pied méridio-

---

[1] Élisée RECLUS, *l'Afrique septentrionale.*

nal de l'Aurès; son marché est très prospère, elle fabrique des burnous, des haïks et de beaux tapis. L'oasis de Biskra renferme 130.000 dattiers, qui ont là plus qu'ailleurs ce qu'ils demandent : les pieds dans l'eau et la tête dans le feu; ses 5.000 oliviers datent, dit-on, des Romains.

Tougourt.

Dans la villa Landon, tout près de Biskra, s'épanouissent toutes les merveilles de la végétation tropicale : ficus, bananiers, bambous, cocotiers, caféiers, cannes à sucre, eucalyptus, etc. etc. On y admire en toutes saisons les fleurs les plus belles et les plus rares.

Le Zab renferme d'autres oasis, notamment celle de *Zaatcha*, dont les habitants révoltés furent exterminés par les Français, en 1849, après un siège héroïque; et celle de *Sidi-Okba*, célèbre par son pèlerinage au tombeau de Sidi-Okba, le fondateur musulman de Kairouan, qui fut tué en 682 par les Berbères.

Tougourt, 6.000 habitants, chef-lieu de l'oued Rhir et ancienne capitale des Rouara, ville de briques séchées au soleil, est située dans un groupe d'oasis renfermant 160.000 palmiers, qu'arrosent 200 puits artésiens prenant les eaux de l'Igharghar souterrain.

A l'est de Tougourt, l'oued *Souf,* peuplé de Berbères Souafa, est un autre groupe d'oasis, moins bien arrosé et aussi brûlant que le précédent. Au delà est la région d'El-Areg ou des dunes, que parcourent les maraudeurs Chaamba; c'est le désert dans ce qu'il a de plus aride, c'est aussi actuellement la limite naturelle de nos possessions algériennes et tunisiennes tout à la fois.

CHAPITRE IV

GÉOGRAPHIE ÉCONOMIQUE

AGRICULTURE. — L'Algérie est essentiellement propre à l'agriculture. La nature argilo-calcaire ou limoneuse de ses plaines et de ses vallées; le sol accidenté du Tell, qui donne dans chaque canton, parfois dans chaque commune, des terrains à des niveaux différents, appropriés aux plantes des pays froids, chauds ou tempérés; sa température, relativement chaude; des pluies suffisantes, et surtout son climat varié, permettent d'obtenir en Algérie toutes les cultures non seulement de l'Europe indistinctement, mais encore celles de l'Asie, de l'Amérique, de l'Australie, à part celles qui demandent un climat tropical et des pluies régulières.

Aux produits si variés du Tell, où 3.000.000 d'hectares sont cultivés, il faut ajouter les ressources spéciales du Sahara et même celles des hauts Plateaux, dont on commence une exploitation très productive.

Environ deux cents puits artésiens français, creusés dans la plaine du Hodna et dans les bas-fonds sahariens, ont multiplié les oasis et les champs fertilisés par l'irrigation au moyen d'eau jaillissante.

LES PUITS SAHARIENS. — « De toute antiquité les Sahariens ont accepté la lutte contre le climat et travaillé à « ressusciter la terre », à faire refleurir le sol aride. Bien avant que l'on ne forât des puits artésiens en Artois, on en creusait dans l'Afrique septentrionale. L'indigène attribue la création des sources jaillissantes au souverain mythique des premiers âges, Dou'l-Korneïn, le prince aux « deux Cornes », que la légende confond souvent avec Alexandre devenu le fils de Jupiter Ammon. Aux premiers âges, Dou'l-Korneïn perçait le roc avec une tarière pour faire surgir les sources nouvelles, car il connaît « la fontaine de la vie »; il est immortel, « toujours vert, » comme l'oasis qu'il a fait naître. Mais il n'apparaît plus aux hommes du désert, et son œuvre ne fut continuée que par les descendants de ses premiers disciples, formant la corporation spéciale des *ghethas* ou plongeurs. Aidés du concours volontaire et gratuit de la tribu, les foreurs de puits choisissent l'endroit où ils prévoient le jaillissement de l'eau souterraine, puis, après avoir fait fumer un peu d'encens aux génies de la mer inférieure, ils creusent la vasque superficielle et le trou cylindrique où s'amassent les eaux corrompues du sous-sol. Attachés à des cordes en fibres de palme, ils se font descendre au fond du puits et remplissent leurs couffins de terre et de sable, de débris rocheux, suivant la nature des assises, et boisent en poutrelles de palmiers les parois ébouleuses; ils arrivent ainsi à une profondeur dépassant 50, 60 et même 75 mètres dans quelques puits, jusqu'à la dernière couche, généralement composée de pierre dure. Si l'eau qu'ils entendent couler au-dessous d'eux brise son couvercle de roche par quelque fissure latérale, ils peuvent être engloutis soudain; mais d'ordinaire ils prévoient le danger et se font remonter à temps, après avoir brisé la pierre d'un dernier coup de pioche ou sous le poids d'une lourde masse qu'ils laissent tomber de haut. Ces noirs fontainiers du Sahara peuvent rester cinq minutes sous l'eau.

« La science a modifié les procédés primitifs, et depuis 1856, les tarières et autres outils européens ont remplacé les couffins des plongeurs. Sans avoir à descendre dans le puits de forage, l'ingénieur français Jus put atteindre, à 60 mètres de profondeur, le Bahr-Tahtani ou la « Mer inférieure », qui coule sous le lit desséché de l'oued Rhir, et la première fontaine ainsi creusée reçut des marabouts le nom de « Source « de la Paix », en souvenir du traité d'amitié juré désormais entre les Sahariens et les Français, créateurs des eaux vives; les mères y baignèrent leurs enfants pour leur porter bonheur. Les Français, disaient les indigènes, avaient retrouvé « la « tarière du prince aux deux Cornes, la clef des eaux sou- « terraines cachée par les magiciens [1]. »

Végétaux. — Les *céréales* sont le principal produit de l'Algérie, aujourd'hui comme du temps où celle-ci était l'un des greniers de Rome. On récolte plus de 25.000.000 d'hectolitres de grains de toute espèce.

L'*orge,* préférée pour les chevaux, au lieu de l'avoine qui serait trop échauffante, est alimentaire même pour l'homme; elle s'exporte surtout pour les pays à bière; son produit tient le premier rang, avec 10 millions d'hectolitres.

Vient ensuite le blé dur, avec lequel on fabrique le couscoussou (5 millions d'hectolitres), puis le blé tendre (1 million d'hectolitres) importé d'Europe et plus délicat. Le maïs, exigeant un sol humide, est assez peu cultivé : on le remplace par le sorgho.

Les *légumineuses :* fèves, lentilles, pois chiches et autres, sont très cultivées par les indigènes. La pomme de terre et surtout les légumes des jardins de la plaine d'Alger s'exportent comme primeurs pour Paris et la France.

La *vigne* est en grand progrès aujourd'hui dans les districts

---

[1] Élisée Reclus, *l'Afrique septentrionale.*

d'Alger, Médéa, Miliana, Oran, Bône, pour la fabrication du vin, dont l'usage est interdit par Mahomet : aussi les indigènes ne la cultivaient-ils que pour le raisin. On compte 45.000 hectares de vignobles produisant 800.000 hectolitres de vin.

L'*olivier* prospère surtout dans la Kabylie et dans les environs de Tlemcen ; l'oranger, le citronnier, à Blida ; le figuier est très commun ; le *dattier* des oasis, qui veut être cultivé « le pied dans l'eau et la tête dans le feu », donne à lui seul la moitié de la nourriture du désert, outre que son bois sert à la charpente, ses fibres au tissage des nattes ; son fruit donne le vin dit de palmier. Un hectare de dattiers produit vingt fois plus qu'un hectare de céréales.

Parmi les plantes industrielles, la culture du *tabac* est en progrès, d'autant plus qu'elle n'est pas soumise à la régie comme en France ; le lin est aussi très usité. Le *coton* croît très bien dans les plaines du Sig et de l'Habra, mais il ne peut actuellement soutenir la concurrence étrangère ; en revanche l'alfa, ou *spita tenacissima,* sorte de graminée haute d'un mètre, croissant en abondance sur les plateaux, est en ce moment exploité en grand pour la fabrication du papier, des cordages, tresses, sacs, tapisseries et tissus résistants. L'alfa, la sparte et le diss, autres graminées textiles, couvrent plus de 10 millions d'hectares ; les pousses tendres sont mangées par le bétail des nomades.

Les forêts, bois et broussailles ont une étendue de 2.500.000 hectares et couvrent généralement une partie de chacun des massifs montagneux de l'Atlas tellien, particulièrement l'Aurès. Les principales essences sont le chêne-liège (275.000 hectares), plus abondant en Algérie que partout ailleurs ; le chêne vert, le chêne zéen et le pin d'Alep ; en moindre quantité, le cèdre, le thuya et autres essences diverses. — Il est juste de mentionner encore l'eucalyptus, importé d'Australie et que l'on plante dans les endroits marécageux que l'on veut assainir.

Animaux. — Le bétail, l'une des grandes richesses de l'Algérie, compte plus de 11.000.000 de têtes, dont les dix-neuf vingtièmes appartiennent aux indigènes et vivent aux pâturages. Les espèces sont généralement rustiques et de taille médiocre.

Les *bêtes à cornes* (1.200.000) sont petites, mais sobres et robustes ; les bœufs servent au labour. Les *moutons* sont grands, solides, mais ne donnent qu'une laine commune ; au nombre de 7.000.000, ils errent dans les steppes et les plaines du sud, qui pourraient en nourrir trois fois plus. Les *chèvres*, relativement nombreuses (2.500.000), comptent pour un tiers dans les troupeaux et nuisent trop souvent aux forêts et broussailles ; elles donnent surtout le lait ; on a introduit la chèvre d'Angora à long poil. Les porcs, maudits par le Prophète, commencent seulement à trouver droit de cité depuis l'occupation française.

Les *chevaux* algériens sont peu nombreux (150.000) ; ils appartiennent aux races barbe et arabe dont la réputation, pour cette dernière surtout, est universelle et méritée : rien n'égale pour la course la valeur de la jument arabe, petite, de membrure fine, souple et vigoureuse, d'une sobriété, d'un courage et d'une douceur extraordinaires. On compte 350.000 ânes et mulets.

Les *chameaux*, ces « vaisseaux du désert », de l'espèce à une bosse appelée dromadaire, sont au nombre de 220.000 ; ils rendent toutes sortes de services comme bêtes de somme, à lait et à viande. Le chameau de charge porte en moyenne 150 kilogrammes, et le chameau coureur ou méhari fait jusqu'à 30 lieues par jour.

La *volaille* est assez nombreuse. On essaye l'élève de l'autruche et du ver à soie ; les abeilles de la Kabylie donnent de bons produits.

Parmi les *animaux sauvages,* le lion et la panthère deviennent plus rares ; l'hyène et surtout le chacal se trouvent nombreux jusque dans le Tell ; le renard fenec, les antilopes, les gazelles et les autruches, principalement dans le Sahara.

Industrie. — L'Algérie est moins industrielle qu'agricole, ce qui s'explique par le défaut de bras et par la facilité d'obtenir d'Europe les produits manufacturés : on se contente donc d'exploiter les matières premières que l'on destine à l'exportation.

Sauf le combustible, qui paraît être rare, l'Algérie est riche en mines de toute espèce. Le *fer* y abonde. On exploite du fer magnétique très propre à la fabrication de l'acier, dans le massif de Bône, surtout à Mokta-el-Hadid, aux mines d'Aïn-Mokra, de Boû-Hamra, etc.; de l'hématite rouge à Çouma près de Boufarik; à Gouraya dans le Zakkar-Gharbi, dans la montagne des Béni-Saf et près d'Oran.

Le *plomb argentifère* s'exploite à Gar-Rouban et au djebel Filhaoucen, près de Lalla-Maghnia; à Kef-oum-Teboul, près de la Calle, et au cap Cavallo, près de Djidjelli; le *cuivre,* à Mouzaïa-les-Mines, à Aïn-Barbar (Constantine), et à Ghil-oum-Djin, près de Batna; l'*antimoine* et le *zinc* près de Guelma; le *mercure* à Taghil et près de Philippeville.

Le *sel* est extrêmement abondant et s'extrait de diverses manières : des eaux marines dans la saline d'Arzeu et la sebkha d'Oran, des mines de sel gemme de Guerab, près d'Aïn-Témouchent, des lacs salés ou chotts des hauts Plateaux et du rocher de sel d'Outaïa (Batna).

Il faut citer encore le *marbre* onyx d'Aïn-Tekbalek, sur l'Isser occidental, le marbre blanc et statuaire de Filfila, près Philippeville; l'*argile plastique* de Kabylie; les *eaux minérales* d'Aïn-Merdja (Tafna), les Bains de la Reine, près d'Oran; les *hammam* (bains) Melouan, de la vallée de l'Harrach, et Meskoutine, près de Guelma.

Les principaux produits fabriqués sont : l'*huile d'olive,* à Tlemcen, Bône, Guelma, Philippeville; les *farines,* à Constantine, Aumale, Blida, Alger; les *pâtes* alimentaires, les *cuirs* maroquinés à Constantine et à Tlemcen; les *tapis* à Mascara, à Constantine; les *lainages* à Biskra, les *couteaux* et les *armes* en Kabylie, les *bijoux* à Alger, les *vêtements* brodés par les femmes des tribus du désert.

COMMERCE. — Le commerce intérieur de province à province est relativement peu considérable, car chaque province a des produits similaires; le trafic se fait essentiellement entre le pays et l'extérieur.

Il ne dispose d'aucun canal, d'aucune rivière navigable. En 1830, il n'existait aucune autre route que les sentiers de caravane, mais l'administration française a depuis lors créé 12.000 kilomètres de chemins, dont 3.000 kilomètres de routes nationales classées, desservies par des voitures publiques. Non seulement elles relient entre elles les villes du Tell, mais une route va d'Alger à Laghouat, une autre de Constantine à Biskra, et une troisième de Constantine à Tébessa vers l'intérieur du pays.

Les chemins de fer se construisent activement; 2.000 kilomètres de lignes sont exploitées. Une ligne longitudinale met en communication directe Oran avec Alger, Constantine et Tunis (sauf une interruption momentanée en Kabylie). Des lignes transversales ou perpendiculaires à la côte vont d'Oran à Sidi-Bel-Abbès, d'Arzeu à Saïda et Mécheria sur le plateau (pour l'exploitation de l'alfa) de Philippeville à Constantine et Batna, de Bône à Guelma et Tébessa.

Des lignes télégraphiques (10.000 kilomètres) relient toutes les villes du Tell et s'avancent jusqu'aux confins du Sahara. Le réseau algérien est raccordé avec le réseau français par les câbles sous-marins d'Alger et de Bône à Marseille.

Le commerce extérieur de l'Algérie comprend le trafic par mer avec l'Europe d'une part, et par terre avec les contrées limitrophes d'autre part. Il est peu considérable avec le Maroc et la Tunisie, dont les produits sont analogues, de même qu'avec le Sahara, dont les caravanes se sont détournées vers le Maroc et le Tripoli, depuis notre occupation. Ce commerce par terre consiste en importation de peaux, laines, dattes, gommes, plumes d'autruches et plantes médicinales, que nous troquons contre du numéraire, du sucre, du savon, des tissus, des armes, des articles de quincaillerie et de mercerie.

Le commerce extérieur par mer est, au contraire, en progrès très appréciable. D'une valeur de 8 millions en 1830, il montait en 1850 à 94 millions, dont 73 à l'importation et 21 à l'exportation, en 1870 à 300 millions, dont 175 à l'importation et 125 à l'exportation; en 1884, il a atteint 485 millions, dont 342 à l'importation et 143 à l'exportation.

Les pays avec lesquels l'Algérie fait le plus d'échanges sont, pour l'importation : la France, pour les 4/5; l'Angleterre, pour 1/8; l'Espagne, pour 1/12; puis la Norvège, l'Italie, les Pays-Bas, la Belgique et les États barbaresques.

L'importation consiste en tissus, surtout de coton et de laine, vêtements et autres objets manufacturés ; puis viennent les vins, le sucre, le café, la houille, la fonte et divers objets en fer.

L'exportation consiste en produits agricoles : céréales et farines, légumes de primeurs pour Paris, bestiaux, peaux, laines, poissons de mer, graines oléagineuses et huile, liège et bouchons, alfa et divers textiles, minerais de fer et autres, marbre et sel.

Le trafic extérieur se fait presque entièrement par les ports d'Alger et d'Oran (chacun pour 35 0/0), Philippeville (16 0/0), Bône (10 0/0); viennent ensuite, par ordre d'importance, les ports d'Arzeu, Mostaganem, Bougie, Nemours, Beni-Saf, la Calle, Dellys, Djidjelli et Cherchell.

Ils sont surtout en relation avec Marseille et les autres ports français.

Le mouvement des ports algériens est de 4 millions de tonnes, transportées par 9.000 navires, entrés ou sortis, naviguant pour les deux tiers sous pavillon français, pour un quart sous pavillon anglais, les autres sous pavillons espagnol, italien, norvégien, etc.

La marine marchande spéciale de la colonie jauge 40,000 tonneaux.

Alger communique presque chaque jour par vapeur avec Marseille, soit directement, soit en faisant escale à Port-Vendres ou à Cette. Oran et Philippeville sont aussi en relation régulière principalement avec Marseille.

Ces ports sont desservis par les paquebots des trois compagnies : Transatlantique, Touach et Messageries maritimes.

ÉTYMOLOGIES DES MOTS ARABES ET BERBÈRES

USITÉS DANS LA GÉOGRAPHIE DU NORD DE L'AFRIQUE [1]

ABD, au pluriel, *abid*, serviteur. Ex. : Abd-Allah, serviteur de Dieu.

ABIAD, *Abiod*, au féminin *Béida*, blanc. Ex. : Oued-el-Abiod, la rivière blanche.

ASSIF, *Hassi, Haci*, B., puits.

ADRAR, pluriel *Idraren*, B., montagne.

AGADIR, pluriel *Igadiren*, B., rocher, forteresse.

AHMAR, fém. *Hamra*, rouge.

Aïn, pluriel *Aïoun*, eau, source, fontaine. Ex. : Aïn-Témouchent, source aux chacals.

Aït, B., descendance, famille ; synonyme de *Beni* et *Oulad*, en arabe. Ex. : Aït-Lhassen.

AKHDAR, fém. *Khadra*, vert.

AKBA, montée, coteau.

AKBOU, *Koubba*, coupole, mausolée.

AKHAL, noir.

AKSA, lointain. Ex. : Maghreb-el-Aksa, l'occident lointain (le Maroc).

ALMA, B., prairie.

AMAN, B., eau, source ; en arabe, grâce, pardon ;

ARAB, *arb, arbi*, les Arabes.

ARBA, le mercredi ou 4ᵉ jour : Souk-el-Arba, marché du mercredi.

AREG, *arig*, sing. *arga*, dunes de sable.

ASFAR, fém. *safra, sefra*, jaune.

AZIB, B., cabane, ferme.

AZRAG, *azreg*, fém. *zerga*, bleu.

AZROU, B., roche.

BAB, pluriel, *bibân, abouad*, porte, entrée.

BAGDAD, plaine nue.

BAHAR, *Bahr*, mer, lac, marais.

BÉIDA, blanche.

BELAD, *blad, beled, bled*, terre, pays, champs : Beled-el-Djérid, le pays des Palmes ; Bled-es-Soudan, pays des Noirs ; Bled-el-Anaba, ville ou pays des Jujubiers (Bône) ; Blida, la petite ville.

BEN, pluriel, *beni*, fils, tribus berbères : Beni-Mansour, fils du Victorieux.

BIR, pluriel, *biar, abiar, abar*, puits.

BOGHAR, *bou-ghar*, caverne.

BORDJ, corruption du latin *burgus*, bourg, château ou fort.

BOU, *abou*, père : Bordj-bou-el-Arreridj, château du père au plumet ; signifie aussi la position, la possession : Bou-farik, l'endroit du blé hâtif ; Oued-bou-merzoug, rivière de la fertilité.

CHAABA, *chabet, chab*, ravin, gorge.

CHAÏR, orge : Oued-chaïr, vallée de l'orge.

CHAREB, *cherb*, crête.

CHEBKA, *cherbket*, filet de pêcheur, réseau de montagnes.

CHEIKH, chef, vénérable.

CHERCHAR, cascade.

CHERGUI, pl. *cheraga*, oriental : Chott-el-Chergui, le chott de l'est.

CHIFFA, rivière.

CHOTT, *schott*, pl. *chtout, chotout*, rivage, par extension, lac salin qui se dessèche en été : Chott-el-Djérid, le lac des Palmes.

DAHRA, nord, opposé à *Guebla*, sud.

DAR, pl. *diar, diour*, maison, station.

DAYA, *dhaya*, prairie humide, bas-fond, mare.

DHAR, *dahr*, dos, versant, cime.

DIRA, comme Adrar.

DJEBEL, montagne : Djebel-Chegga, monts des crevasses.

DJEDI, sable : Oued-Djedi, rivière du sable.

DJEMA, *Djemmaa*, réunion, conseil, et par extension, mosquée (lieu de la réunion) et vendredi (jour de réunion dans la mosquée) ; école.

DJEMEL, chameau, joli.

DJEZIRA, pl. *Djezaïr*, île, presqu'île : Al-Djezaïr, les îlots (Alger).

DJOUN, baie, golfe.

DJURDJURA, *jurjura*, glouglou, cascade ?

DOUAR, groupes de tentes, village.

DRAA, *Dra*, bras, colline allongée : Dra-el-Mizan, bras de la balance.

DRINN, graminée à grain comestible.

EGHRIS, *Egris*, plaine, de *Gheris*, troupeaux.

EL, article *le, la. L* se change en *n, r, t, s*, lorsque le mot suivant commence par ces lettres : Abd-er-Rhaman.

FAHS, campagne, champ.

FEDJ, pl. *Fedjoudj*, passage, col.

FOGARA, puits à galerie ou canal souterrain.

FONDOUK, caravansérail, auberge. Village près d'Alger.

FOUM, bouche, entrée, défilé.

G. La lettre G dans les mots berbères surtout est gutturale et se remplace souvent par R. Ex. : Rhir pour Ghir, Rhadamès pour Ghadamès.

GALAA, *Kalaa*, forteresse : Coléa.

GARA, pl. *Gour*, butte dans la plaine.

GARAA, *Guérah*, bas-fond, étang.

GHAR, pl. *Ghirân*, grotte, caverne : Boghar.

GHARBI, *rharbi*, occidental : Chott-el-Gharbi.

GHARIA, forteresse.

GHÉDIR, *r'dir*, trou plein d'eau.

GHOURD, dune : Ghourd-es-Sba, la dune du Lion.

GOUM, contingent de cavaliers pour une expédition.

GUEBLI, méridional.

---

[1] Cette liste est dressée d'après Maltebrun, le général Parmentier, M. Duveyrier, M. Cherbonneau (*Revue de Géographie*), et M. Élisée Reclus (*l'Afrique septentrionale*). On y adopte ordinairement l'orthographe des documents officiels sur l'Algérie ; mais il est bon d'observer que l'on n'est pas d'accord sur la manière de transcrire les sons arabes par des lettres françaises et que de nombreuses variations locales existent. Pour être bref, nous ne donnons ici que les définitions, avec des exemples pour quelques noms seulement : la lecture des chapitres de l'Algérie et de la Tunisie fournit l'occasion d'y trouver des applications nombreuses. La lettre B marque les mots d'origine berbère.

GUERN, *Korn*, pointe, pic.
GUETAR, source lente.
HAAD, dimanche : Teniet-el-Hâad.
HADJAR, pierre, roche.
HADJ, pl. *Hadjadj*, pèlerin de la Mecque.
HAÏK, ample vêtement.
HALLOUF, sanglier.
HAMADA, plateau rocailleux et désert, causse.
HAMMA, source thermale; *hammam*, pl. *hammamat*, bain, source, thermes : Hammam-Meskoutine,bain des Maudits.
HANOUT, pl. *Haounit*, les tombeaux.
HAOUCH, ferme.
HARROUCH, broussaille.
HASSI, pl. *Hassian*, puits dans le sable.
HODNA, la brassée, ce qui est contenu dans le bras, plateau encaissé.
ICH, *yich*, B., corne, cime.
IDELÈS, le diss, sorte de graminée : Dellys ?
IN, B., c'est la prép. dans : In Salah, le pays de Salah.
KALAA, forteresse.
KAHIL, noirâtre.
KANTARA, *Gantra*, pluriel *Guentra*, pont.
KASBAH, *kasbat*, citadelle.
KOBOR, tombeau.
KÉBIR, grand : Oued-el-Kébir.
KÉDIM, ancien.
KEF, *kaf*, pl. *kifân*, rocher.
KHALIFA, calife, lieutenant, suppléant.
KHAMIS, le 5e jour de la semaine, jeudi.
KHANG, *kheneg*, gorge, col.
KHARBA, *kherba*, *kroub*, masure.
KNATIR, arcades ou aqueduc.
KHOU, pl. *Khouan*, frère, confrères.
KOUBBA, coupole, tombeau élevé à un marabout.
KSAR, pl. *ksour*, château, bourg fortifié, plus ordinairement village entouré de murs.
LALLA ou *lella*, B., dame vénérée, sainte.
MA, pl. *miah*, *amia*, eau.
MABROUK, béni.
MACTA, *mockta*, carrière, tranchée, gué.

MADER, B., plaine, confluent.
MAFRAG, séparation.
MAGHREB, *Mogreb*, occident; à l'ouest de l'Égypte, pour les Arabes.
MAGROUM, carrefour des chemins.
MAHALLA, campement.
MAÏZ, pl. *maza*, chèvre.
MALÉH, *melah, milh*, sel, salé.
MANSOUR, fém. *mansoura*, victorieux.
MARABOUT, *merbout*, sing. *mérabtine*, dévoué, lié à quelqu'un, sacré.
MARSA, *mersa, mers*, port, havre, ancrage.
MASCAR, *maascar*, le camp : Mascara.
MATMOR, silo, grenier.
MECHERA, chemin de l'abreuvoir, gué.
MECHOUAR, salle du conseil.
MECHTA, quartier d'hiver.
MEDINA, *medinet*, pl. *modon*, ville, et aussi terrier, clapier.
MEDJAZ, gué, passage.
MEHARI, pl. *mehara*, chameau de selle.
MELGHIR, spongieux.
MERDJ, pl. *Moroudj*, pré marécageux, herbage.
MERZOUG, *messaouad*, *mimoun*, prospère, heureux.
MEZAR, lieu de pèlerinage.
MIA, *miyâ*, cent : Oued-Mia, rivière aux cent bras.
MILIANI, abondante, remplie.
MITIDJA, la Couronnée, l'Entourée (de montagnes?)
MOUZAÏA, enflée, gonflée.
MSID, endroit giboyeux.
MSILA, le torrent.
NAAM, autruche.
NADOR, tour de guet, vigie.
NAR, cours d'eau.
NAKHLA, pl. *nakhal*, palmier, palmeraie.
NAMOUS, moustiques.
NEBKA, colline de sable, dune.
NEZAA, *nza*, tumulus, endroit d'un crime.
OGLA, réunion de plusieurs puits.
OUAD, *oued, ouadi*, pl. *ouidan*, rivière, torrent; par extension, lit à sec ou dépression, vallée, fosse.
OULED, *oulad, oualad*, les fils de...
OULDJA, champ du labour.

OUM, *oumm*, mère; en topographie, lieu, même sens que *bou*.
OURTI, B., de *hortus*, jardin.
OUSTH, centre, milieu.
OUTA, *outaya*, la grande plaine.
RAS, *raz*, pl. *rous*, tête, cap, chef : Seba-Rous, sept caps.
RIF, pl. *riouf*, rivage, lieux cultivés.
REG, sol ferme, plat.
REMEL, *roumel*, sable.
ROUM, *roumi*, fém. *roumia*, les Romains, et par extension, les Chrétiens.
SAADA, *sada*, fém. *saïda*, bonheur.
SAFRA, fém. de *Asfar*, jaune.
SAFSAF, saule, tremble.
SAGUIA, canal d'irrigation.
SAHARA, plaine vaste et improductive.
SAHEL, rive, littoral.
SEBKHA, dépression ou lac salé.
SENN, dent, cime aiguë.
SERA, *serra*, cime, crête.
SERIR, *seghir*, petit.
SIDI, *si*, seigneur, sieur.
SIF, sabre, crête de dune.
SMALA, réunion de la famille, des serviteurs et des troupeaux.
SOUK, marché et bazar.
SOUF, B., même sens que *oued*.
SOUMINA, minaret, tour.
SOUR, rempart, mur d'enceinte.
SUNNITE, de *sunna*, tradition.
TABIA, clos, enclos.
TADRART, B., montagne.
TALA, source, fontaine.
TALEB, pl. *tolba*, lettré.
TARF, extrémité, promontoire.
TAYEB, fém. *taïba*, bon.
TELL, *tel*, de *tellus*, colline, terre productive, par opposition à la plaine déserte.
TENIA, *teniet*, col, défilé.
TESSALA, broussailles.
TIT, B., source.
TIZI, B., col : Tizi-Ouzou, col des genêts.
TRIK, chemin, route.
TOUTA, mûrier.
ZAOUÏA, école, centre religieux.
ZEMLA, dune allongée.
ZERIBA, de *zerb*, haie.
ZERZOUR, étourneau.

TUNISIE

CHAPITRE I

NOTICE HISTORIQUE

Nous ne pourrions mieux résumer l'histoire ancienne de la Tunisie qu'en empruntant les lignes ci-après, dues à Mgr Lavigerie, actuellement cardinal-archevêque d'Alger et de Carthage.

« Ce petit royaume de Tunis, dit le savant prélat, appartenait, dès l'origine, à l'ensemble des contrées de l'Afrique du Nord, connues sous la dénomination générale de Libye. C'est le nom que leur donnent nos saints Livres et, après eux, Hérodote, le père de l'histoire profane. Les Libyens ou *Laabim* étaient, d'après la Genèse, les descendants de Cham.

« Une race préhistorique a laissé des traces de son passage en Tunisie dans les monuments mégalithiques qui se retrouvent, du reste, en grand nombre, dans toutes les régions qui s'étendent depuis la Cyrénaïque jusqu'au détroit de Gibraltar.

« D'après les traditions locales recueillies par Salluste, des armées confuses de Perses et de Mèdes se jetèrent, plus tard, sur le pays, après avoir traversé le nord de l'Arabie et celui de l'Égypte, où les habitants ne leur permirent pas de s'établir. Poussées par l'entraînement de la conquête jusqu'au delà du détroit de Gibraltar, mais arrêtées par les belliqueuses populations des Gaules, elles revinrent sur leurs pas et s'établirent définitivement dans l'Afrique du Nord, entraînant sans doute avec elles une partie des populations qu'elles avaient d'abord vaincues. C'est ce qui explique, avec l'usage des Carthaginois de lever partout des légions de mercenaires, et avec l'invasion ultérieure des Vandales, la présence parmi nos populations africaines de types nombreux des races du nord.

« D'autres peuplades, chassées de la Palestine et de la Syrie,

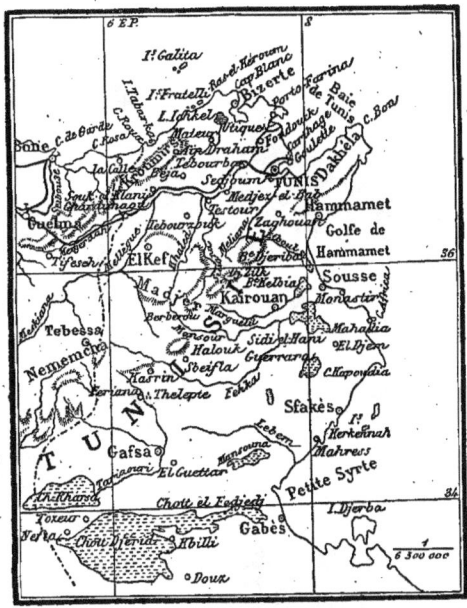

Carte de la Tunisie.

suivirent la même route qui fut, pendant des siècles, celle des grandes migrations de l'Asie occidentale, et se mêlèrent aux premiers vainqueurs. Enfin, chose peut-être trop peu remarquée et qui explique néanmoins quelques faits des temps postérieurs et même de l'époque contemporaine, des troupes nombreuses d'Israélites vinrent, toujours en suivant la même voie, à l'époque des désastres de la Judée, habiter un certain nombre des points de l'Afrique, où elles formaient des tribus séparées. Elles ont, en partie, subsisté jusqu'à nos jours. La ville de Tunis compte en ce moment 35.000 juifs indigènes. Il s'en trouve, assure-t-on, plus de cent mille dans la

Tunis.

Tunisie, où leur influence s'accroît chaque jour, comme en Algérie, par la puissance de l'or.

« Pendant que l'intérieur se trouvait ainsi occupé par des tribus, les unes sédentaires, les autres nomades, selon leurs diverses origines, le littoral devenait le siège de comptoirs puissants, formés par Tyr et les villes maritimes de ces mêmes régions de l'Asie d'où étaient venues autrefois les populations de l'intérieur. C'est ce que mettent, chaque jour, davantage en lumière les études poursuivies avec persévérance depuis notre occupation algérienne. Cela explique aussi comment les nombreux comptoirs phéniciens de la Tunisie : Leptis, Abrotonum, Meninx, Cercinna, Thenœ, Thapsus, Adrumète, Aspis, Neapolis, Nepheris, Tunis, Utique et enfin le plus célèbre de tous, Carthage, ont si facilement trouvé à établir autour d'eux leurs relations commerciales et à se créer des alliés.

« L'histoire politique de Carthage est trop connue pour qu'il soit besoin de la rappeler à nos lecteurs.

« Ils savent qu'elle s'assujettit, par son commerce et ses alliances, toutes les côtes et la plus grande partie de la Tunisie actuelle. Inutile de rappeler comment cette république, qui dominait par son admirable situation maritime le reste de l'Afrique et les îles de la Méditerranée, excita la jalousie et les craintes de Rome, comment celle-ci livra à sa rivale le duel gigantesque où elle faillit périr et qui se termina par les victoires de Scipion et la ruine de la patrie d'Annibal.

« Je remarquerai seulement que ce long travail des siècles avait un but providentiel, et que l'Afrique du Nord se trouva ainsi réunie au monde romain au moment précis où celui-ci allait recevoir l'Évangile et le répandre par les envoyés de Pierre et de ses successeurs.

« Il faudrait maintenant, avant de parler de nos souvenirs chrétiens, dire ce qu'elle était au point de vue religieux et moral, lorsque l'Évangile y fut prêché. C'est là, en effet, un des aperçus qui peuvent et doivent intéresser le plus, des lecteurs chrétiens, car il n'est autre chose que la constatation du travail de Dieu, pour ramener à lui les âmes et les nations perdues. Mais, ici encore, je ne puis, vous le comprenez, qu'indiquer les sommets des choses.

« Tertullien montre, dans les écrits substantiels et forts où il flagelle les erreurs et les vices de son temps, que l'état des croyances et celui des mœurs étaient, à Carthage, comme la résultante des éléments divers que chacune des invasions successives dont j'ai parlé avait portés avec elle.

« Il y constate tout d'abord l'idée de Dieu, qu'il a, le premier, appelé éloquemment le cri d'une âme naturellement chrétienne. On la retrouve jusque dans les monuments mégalithiques des plus anciens habitants de nos contrées.

« Tyr porta naturellement et maintint à Carthage ses superstitions et ses dieux. C'étaient ceux-là mêmes dont il est parlé, sous des noms divers, dans les saints Livres, à propos des Phéniciens : Baal ou Moloch, le Saturne des Romains, Astarté ou Tanith, la déesse ou Vénus céleste. Mais rien de cruel comme le culte rendu à ces divinités. On immolait à Saturne, et peut-être aussi à Tanith, des victimes humaines et surtout des enfants. « C'était en le sachant et de sang-froid, dit Plutarque, que les Carthaginois immolaient leurs propres enfants. Ceux qui n'en avaient pas, achetaient les enfants des pauvres et les égorgeaient comme de tendres agneaux ; la mère assistait au sacrifice, sans jeter une larme ni pousser un soupir ; le moindre signe d'attendrissement lui faisait perdre le prix du sacrifice, et elle ne sauvait pas son enfant. Cependant, autour de la statue, était placée une foule nombreuse de musiciens qui jouaient de la flûte et d'autres instruments, pour empêcher qu'on entendît les cris de ces malheureuses créatures. »

« Rome, après sa conquête, apporta tous ses dieux avec leurs infamies, qui firent revivre celles de Baal et d'Astarté sous les noms de Saturne et de Vénus. Telle était la situation religieuse de la région de Carthage au premier siècle de notre ère.

« Une tradition, conservée par de graves écrivains des premiers siècles, veut que saint Pierre lui-même soit venu visiter l'Afrique et y porter les prémices de la foi. Nous l'apprenons de Flavius Dexter, évêque de Barcelone, contemporain de saint Jérôme qui en a fait l'éloge et auquel il a dédié son livre *De viris illustribus*. On lit dans sa chronique : « Année « de Jésus-Christ, 50. Pierre, en qualité de vicaire du Christ, « se rendit en Espagne... *De là, il partit pour l'Afrique et* « *l'Égypte.* »

« Les ménologes grecs y font venir la Samaritaine, en compagnie de son fils Joseph ; ils auraient habité Carthage, y prêchant le Christ.

« Quoi qu'il en soit de ces traditions, il est certain que, dès le milieu du second siècle, il se tint à Carthage un concile où se trouvaient réunis jusqu'à soixante-dix évêques. »

Mgr Lavigerie passe en revue l'histoire de l'établissement du christianisme à travers les persécutions des empereurs romains d'abord, puis des Vandales ariens (ve siècle) et des Arabes musulmans (viie siècle). Ensuite il fait à ce propos une énumération des lieux et des faits historiques qui intéressent non seulement la religion, mais qui sont pour ainsi dire les antécédents de l'occupation française de cette partie de l'Afrique. C'est pourquoi nous la reproduisons, tout en abrégeant les détails :

« Ce court résumé de tant de foi, de catastrophes, d'héroïsme, suffit à montrer combien notre terre tunisienne doit être vénérable au monde chrétien. Je l'ai déjà dit, je le répète, Carthage et le territoire qui va dépendre d'elle sont comme un immense reliquaire, longtemps oublié et profané sans doute, mais où tout garde le souvenir, la poussière, le sang des serviteurs de Dieu, et qu'il est de notre devoir de remettre en honneur. Les chrétiens d'Europe qui viennent en Tunisie, et jusqu'à nos officiers et nos soldats, le comprennent déjà pour Carthage et ne peuvent contempler sans émotion, du haut de Byrsa, l'ancienne acropole, notre Saint-Louis actuel, les ruines qui les entourent et qui toutes rappellent les noms, les vertus, le martyre des saints.

« Et déjà, à Byrsa même, où étaient le palais du proconsul, son prétoire, les prisons publiques, quels souvenirs touchants et incomparables ! C'est là qu'avant la fin du second siècle, furent enfermés et comparurent ces martyrs Scillitains qui, les premiers, firent entendre à leurs juges sur la terre d'Afrique le langage de la liberté des âmes. C'est là encore,

Tunisienne et son enfant.

que saint Cyprien comparut une première fois au même tribunal, et fit entendre ces belles paroles : « Je suis chrétien et « évêque ; je ne connais point d'autres dieux que le seul vrai « Dieu qui a créé le ciel, la terre et la mer et tout ce qu'ils

« renferment. » C'est là que Perpétue et Félicité furent enfermées avec leurs compagnons, se montrant au-dessus des faiblesses de la nature.

« Non loin de Byrsa, voici l'amphithéâtre où les chrétiens étaient livrés aux bêtes, où saint Augustin s'assit tout brûlant de cette passion du sang et des spectacles dont il parle dans ses *Confessions*. Sur la voie des Mappales, est le lieu de la sépulture de saint Cyprien. A quelques jets de pierre, en se rapprochant de la ville, les anciens cimetières chrétiens, ces *areæ* dont parle Tertullien, où les fidèles célébraient leur culte au temps des persécutions. Près des anciens remparts, on voit la place où s'étaient réunis les quatre cents évêques catholiques qu'Hunéric avait mandés à Carthage sous prétexte de discuter de la foi avec ses ariens, et qu'il envoya tous en un même jour en exil, après en avoir fait écraser plusieurs sous les pieds de ses chevaux. Dans l'intérieur de la cité, et presque toutes ensevelies dans le sol, les ruines des basiliques où se tinrent tant de conciles, lumières du monde chrétien. Enfin, près de la Place neuve, au haut des grands escaliers conduisant des quais aux plus beaux quartiers de Carthage, l'emplacement des Thermes de Gargilius, où Augustin, Possidius, Alype, soutinrent victorieusement la foi catholique contre les Donatistes, sous la présidence du tribun Marcellin, qui devait payer de son sang son courage et sa droiture.

« Mais je ne parle que de Carthage, alors qu'un si grand nombre d'autres églises réclameraient leur place dans ce tableau.

« Il faut savoir, et ce chiffre montre l'immensité de l'œuvre de réparation qui nous est confiée, qu'il n'y avait pas moins de *trois cent cinquante-trois évêchés,* dont les noms sont encore connus dans la seule Tunisie actuelle.

« *Tabarka,* la première qui se rencontre sur le rivage de la mer, en dehors des limites actuelles de l'Algérie, rappelle les trois martyrs dont Victor de Vite a raconté les luttes et la mort bienheureuse.

« *Hippone-Zaryte*, la Bizerte actuelle, a sa sainte Restitute, dont la légende ressemble à celle de plusieurs saints d'Afrique.

« *Utique* et sa masse blanche, *Massa candida :* cette masse de trois cents martyrs dont les corps furent plongés dans la chaux vive, blancs par leur innocence, autant que par leur sépulcre, comme le dit saint Augustin dans le discours qu'il a consacré à leur mémoire.

« *Tunis,* avec sa sainte Olive, la vierge palermitaine, ravie de force à sa patrie et martyrisée sous les tyrans qui ne purent ébranler sa foi.

« *Maxula,* la Rhadès actuelle, célèbre par les héros auxquels les martyrologes ont donné son nom, *martyres maxulitani,* par corruption *Massylitani.*

« *Kourba,* la Curubis antique, illustre par l'exil de saint Cyprien, et où il eut la vision fameuse qui lui annonçait son martyre.

« *Hadrumète,* la Sousse actuelle, que l'on peut vraiment appeler, elle aussi, la terre des saints. C'est de là que sortirent saint Mavilus, saint Vérule, saint Victorien avec vingt-deux autres martyrs et les plus illustres de tous, saint Boniface et sainte Thècle.

« *Ruspe* et l'*île de Cercina* où saint Fulgence, accablé d'années et de fatigues, voulut se retirer dans la solitude et où il avait construit un monastère pour se préparer au dernier combat, ce combat où il ne demandait à Dieu que deux choses : « la patience en ce monde durant les souffrances de son agonie et la miséricorde dans l'autre. »

« *Gafsa,* le poste le plus avancé qui soit aujourd'hui occupé par nos troupes, patrie des six martyrs Boniface, Rogatus, Libérat, Rusticus, Septimus et Maxime.

« *Thuburbo,* la Tebourba actuelle, avec ses martyrs nombreux, et surtout son saint Servus qui souffrit un martyre inouï, impossible à décrire.

« *Sicca,* le Kef actuel, patrie d'Arnobe, où, par l'ordre d'Hunéric, fut réunie la troupe généreuse des 4.966 martyrs qui furent chassés dans les déserts au milieu des nomades, dans des conditions de cruauté d'une part, d'héroïsme de l'autre, qui ne sauraient être assez célébrées.

« Que de noms, néanmoins, j'aurais à citer encore ! *Uzalès*, près d'Utique, et ses deux martyrs Félix et Gennadius ; *Thimisa*, avec saint Félix ; *Theudalès*, avec son saint évêque Habetdeus, durant la persécution vandale ; *Membressa*, avec ses quarante-trois martyrs, parmi lesquels Ammon, puis Émilien, Didyme, Pœmus et Lassa ; *Vaga*, la Béja actuelle et les martyrs qui portent son nom ; *Culcitanum*, avec sa nombreuse troupe de confesseurs de la foi et son intrépide sainte Victoire ; *Abbenza*, et son évêque, saint Valérien, victime de la persécution de Genséric ; *Thimida-Regia*, avec les saints de son nom ; *Carpi* et ses nombreux martyrs mis à mort par les Donatistes ; *Perada*, et son évêque, saint Germain, et trois héroïques femmes, les saintes Dionysia, Dativa et Léontia ; *Vita* et son évêque saint Papinien ; *Sufès*, la Sbiba actuelle, avec ses soixante martyrs ; *Nepte*, la Nefta moderne, avec saint Lactus, son évêque ; *Tambaica*, avec ses deux frères que la foi unit dans un même triomphe.

« Mais c'est assez parler des temps anciens du christianisme. Dans les longs jours de mort qui suivirent l'invasion musulmane, que de noms nous aurions à mentionner, depuis ceux des disciples de saint François jusqu'aux fils de saint Vincent de Paul et aux religieux de la Trinité et de la Merci !

« Enfin, dans des temps plus rapprochés de nous, comment oublier deux figures chères au monde, plus chères encore à la France, saint Louis et saint Vincent de Paul ; le premier, sanctifiant par sa mort les ruines de Carthage, en 1270 ; le second, illustrant par sa captivité et le miracle de sa charité la ville musulmane de Tunis. Saint Louis adressant à Dieu cette parole : « Qui me donnera de voir la foi chrétienne « prêchée à Tunis ! » Saint Vincent de Paul convertissant un renégat et le ramenant en France avec lui comme un trophée.[1] »

Saint Vincent de Paul lui-même, dans une lettre à M. de Commet, avocat au présidial d'Acqs (Dax), raconte sa prise par les corsaires et sa captivité à Tunis. Ce récit dont le

---

[1] Mgr LAVIGERIE, *Annales de la Propagation de la foi*, avril-mai 1885.

style, sinon l'orthographe, a été conservé, peint bien les mœurs de cette époque du xviie siècle et mérite de trouver sa place ici.

Saint Vincent de Paul a Tunis. — « Étant sur le point de partir de Marseille par terre, je fus persuadé par un gentilhomme avec qui j'étais logé de m'embarquer avec lui jusqu'à Narbonne, vu la faveur du temps qui était. Ce que je fis pour plutôt y être et pour épargner, ou, pour mieux dire, pour n'y jamais être et tout perdre. Le vent nous fut aussi favorable qu'il fallait pour nous rendre ce jour à Narbonne (qui était faire cinquante lieues), si Dieu n'eût permis que trois brigantins turcs qui côtoyaient le golfe de Lyon, pour attraper les barques qui venaient de Beaucaire, où il y avait une foire que l'on estime être des plus belles de la chrétienté, ne nous eussent donné la chasse et attaqués si vivement, que deux ou trois des nôtres étant tués et tout le reste blessé, et même moi qui eus un coup de flèche qui me servira d'horloge tout le reste de ma vie, n'eussions été contraints de nous rendre à ces félons et pires que tigres. Les premiers éclats de leur rage furent de hacher notre pilote en mille pièces, pour avoir perdu un des principaux des leurs, outre quatre ou cinq forçats que les nôtres leur tuèrent. Ce fait, ils nous enchaînèrent après nous avoir grossièrement pansés, et poursuivirent leur pointe faisant mille voleries, donnant néanmoins liberté à ceux qui se rendaient sans combattre, après les avoir volés. Et enfin, chargés de marchandises, au bout de sept ou huit jours, ils prirent la route de Barbarie, tanière et spélonque de voleurs sans aveu du Grand Turc, où, étant arrivés, ils nous exposèrent en vente, avec procès-verbal de notre capture, qu'ils disaient avoir été faite dans un navire espagnol, parce que, sans ce mensonge, nous aurions été délivrés par le consul que le roi tient là, pour rendre libre le commerce aux Français. Leur procédure à notre vente fut qu'après qu'ils nous eurent dépouillés, ils nous baillèrent à chacun une paire de braies, un hoqueton de lin avec une bonnette, et nous promenèrent par la ville de Tunis, où ils étaient venus pour nous vendre. Nous ayant fait faire cinq ou six tours par la ville, la chaîne au col, ils nous ramenèrent au bateau, afin que les marchands vinssent voir qui pouvait manger et qui non, et pour montrer que nos plaies n'étaient point mortelles. Ce fait, ils nous ramenèrent à la place où les marchands nous vinrent visiter tout de même que l'on fait à l'achat d'un cheval ou d'un bœuf, nous faisant ouvrir la bouche pour voir nos dents, palpant nos côtes, sondant nos plaies et nous faisant cheminer le pas, trotter et courir, puis tenir des fardeaux, et puis lutter pour voir la force d'un chacun, et mille autres sortes de brutalités.

« Je fus vendu à un pêcheur, qui fut contraint de se défaire bientôt de moi, pour n'avoir rien de si contraire que la mer, et depuis, par le pêcheur à un vieillard, médecin spagirique, souverain tireur de quintessences, homme fort humain et traitable, lequel, à ce qu'il me disait, avait travaillé cinquante ans à la recherche de la pierre philosophale.

« ... Mon occupation était de tenir le feu à dix ou douze fourneaux, en quoi, Dieu merci, je n'avais plus de peine que de plaisir. Il m'aimait fort et se plaisait de me discourir de l'alchimie et puis de sa loi, à laquelle il faisait tous ses efforts de m'attirer, me promettant force richesses et tout son savoir. Dieu opéra toujours en moi une croyance de délivrance par les assidues prières que je lui faisais, et à la Vierge Marie, par la seule intercession de laquelle je crois fermement avoir été délivré...

« Je fus donc avec ce vieillard, depuis le mois de septembre 1605 jusqu'au mois d'août prochain, qu'il fut pris et mené au grand sultan pour travailler pour lui, mais en vain, car il mourut de regret par les chemins. Il me laissa à son neveu, vrai anthropomorphite, qui me revendit bientôt après la mort de son oncle, parce qu'il ouït dire comme M. de Brèves, ambassadeur pour le roi en Turquie, venait avec bonnes et expresses patentes du grand Turc, pour recouvrer tous les esclaves chrétiens. Un renégat de Nice en Savoie, ennemi de nature, m'acheta et m'emmena à son *temat,* ainsi s'appelle le bien que l'on tient comme métayer du Grand-Seigneur; car là le peuple n'est rien, tout est au sultan. Le temat de celui-ci était dans la montagne, où le pays est extrêmement chaud et désert. L'une des trois femmes qu'il avait était grecque chrétienne, mais schismatique; une autre était turque, qui servit d'instrument à la miséricorde de Dieu pour retirer son mari de l'apostasie, le remettre au giron de l'Église et me délivrer de son esclavage. Curieuse qu'elle était de savoir notre façon de vivre, elle me venait voir tous les jours aux champs où je fossoyais, et, un jour, elle me commanda de chanter louanges à mon Dieu. Le ressouvenir du *Quomodo cantabimus in terra aliena* des enfants d'Israël captifs en Babylone, me fit commencer, avec la larme à l'œil, le psaume *Super flumina Babylonis,* et puis le *Salve Regina,* et plusieurs autres choses, en quoi elle prenait tant de plaisir, que c'était merveille. Elle ne manqua point de dire à son mari, le soir, qu'il avait eu tort de quitter sa religion, qu'elle estimait extrêmement bonne, pour un récit que je lui avait fait de notre Dieu et quelques louanges que j'avais chantées en sa présence; en quoi, disait-elle, elle avait eu un si divin plaisir, qu'elle ne croyait point que le paradis de ses pères et celui qu'elle espérait un jour fût si glorieux, ni accompagné de tant de joie, que le plaisir qu'elle avait pendant que je louais mon Dieu, concluant qu'il y avait quelque merveille...

« Son mari me dit, dès le lendemain, qu'il ne tenait qu'à une commodité que nous ne nous sauvassions en France, mais qu'il y donnerait tel remède dans peu de temps, que Dieu y serait loué. Ce peu de jours furent dix mois qu'il m'entretint dans ces vaines, mais à la fin exécutées espérances, au bout desquels nous nous sauvâmes avec un petit esquif, et nous nous rendîmes, le 28 juin, à Aigues-Mortes[1]. »

« La captivité de saint Vincent de Paul avait duré ainsi près de deux ans, du 26 ou 27 juillet 1605 au 28 juin 1607. De retour en France, il n'oublia jamais la contrée où il avait gémi comme esclave, et, au milieu des grandes et immortelles œuvres qu'il entreprit plus tard pour le soulagement de l'hu-

---

[1] Saint Vincent de Paul, *Lettre à M. de Commet, avocat au présidial d'Acqs* (*Dax*).

manité souffrante, il songea également à secourir de toutes ses forces les malheureux chrétiens qui étaient captifs en Tunisie...

« En retour d'un pareil bienfait, et, afin d'honorer une pareille mémoire, Mgr Lavigerie a choisi cet apôtre par excellence de la charité pour en faire le patron de la cathédrale provisoire qu'il a fondée à Tunis, et celui de cette ville elle-même où, pauvre esclave, cet humble enfant des Landes avait jadis porté des fers, et où les chrétiens l'invoquent maintenant comme leur céleste protecteur[1]. »

Reprenons la suite des événements jusqu'à la conquête française.

Après les Carthaginois, les Romains, les Vandales, les Byzantins, la Tunisie tombe au pouvoir des Arabes, et Okba établit sa capitale à Kairouan (670). Plusieurs dynasties musulmanes se succèdent et toutes font la guerre aux chrétiens. En 1270, saint Louis vint attaquer Tunis, devenue la capitale du royaume; il campe sur les ruines de Carthage et y meurt de la peste : mais ce qui nous paraît pour lors un désastre est plutôt le premier germe de l'influence française dans le pays, car les Arabes eux-mêmes ont toujours eu notre saint roi en vénération, tellement que lors de l'érection de sa statue sur le plateau de Byrsa en 1841, les indigènes ont voulu la traîner eux-mêmes jusqu'au sommet de la colline.

En 1390, Charles VI, aidé des Génois, fit contre Tunis une expédition qui échoua. En 1535, Charles-Quint s'en empara, mais bientôt Barberousse la reprit et la soumit ainsi qu'Alger aux Turcs, les derniers possesseurs avant nous. En 1685, nous obtenons du bey Mohammed un traité connu sous le nom de *Capitulation,* en vertu duquel les sujets chrétiens peuvent recourir à la protection des consuls français. En 1770, Louis XV fait punir certains actes de piraterie par le bombardement de Bizerte, Porto-Farina et Monastir. En 1816, le bey Mahmoud abolit l'esclavage des chrétiens. En 1871, la Porte ottomane accorde l'émancipation au bey de Tunis,

---

[1] Victor GUÉRIN, *la France catholique.*

lequel toutefois doit recevoir l'investiture du Sultan et frapper monnaie en son nom. Deux ans après, 1873, le bey Mohammed-Sadok signe un traité qui met la Tunisie sous le protectorat anglais ; c'en était fait de notre influence dans ce pays,

Quartier général du général Logerot à Manouba.

sans le désistement de l'Angleterre, pendant que l'affaire des Khroumirs nous donnait occasion de nous en emparer.

En effet, en 1881, par suite de quelques faits de maraudage des Khroumirs qui infestaient la frontière algérienne, des démêlés s'engagèrent entre la France et le bey. Celui-ci ne voulant ou ne pouvant réprimer les méfaits imputés à ses sujets, une expédition française, sous les ordres du général

Forgemol, pénètre dans le pays khroumir, puis se porte sur Tunis, dont le bey, après en avoir appelé en vain aux grandes puissances, doit signer le traité du Bardo qui met son pays sous le protectorat de la France (12 mai). Toutefois les Arabes des tribus du sud se soulevèrent pour leur indépendance, et il fallut les bombardements de Sousse, de Sfakès, la prise de Kairouan et de Gafsa pour les soumettre. L'Europe, y compris l'Angleterre elle-même, accepta les faits accomplis : la Turquie et l'Italie seules protestèrent vainement.

Par le traité du Bardo, du 12 mai 1881, la France garantit au bey de Tunis l'intégrité de son territoire et de ses droits de souverain. Le bey s'engage à n'avoir de relations avec les autres puissances que par l'intermédiaire diplomatique de la République française.

CHAPITRE II

GÉOGRAPHIE PHYSIQUE

La Tunisie est bornée au nord et à l'est par la Méditerranée, au sud par le désert tripolitain, et à l'ouest par l'Algérie.

LITTORAL. — Le littoral de la Tunisie est plus mouvementé, plus échancré que celui de l'Algérie. La baie de Bizerte et les trois larges golfes de Tunis, de Hammamet et de Gabès, joints à la presqu'île de Dakhéla, aux îles Kerkennah et Djerba, le caractérisent plus avantageusement.

Du cap Roux algérien aux caps Raz-el-Keroum et Raz-el-Abiad ou cap Blanc, le littoral élevé, rocheux, bordé d'écueils, est la continuation de la côte algérienne.

On y remarque l'île de Tabarka, surmontée d'un fort, les îles Fratelli ou des Frères, et, plus au large, les îles Galita.

Le cap Blanc abrite l'excellent port de Bizerte, dont la baie communique par un étroit goulet avec le lac de Bizerte, enfermé dans les montagnes. On projette d'en faire un port militaire qui serait un second Toulon français.

Plus à l'est, entre le cap Sidi-Ali ou Farina, d'une part, le cap Bon, d'autre part, et au sud des îles Zembra, s'ouvre le beau golfe de Tunis, large de 70 kilomètres et profond de 50.

La Medjerda, le plus puissant cours d'eau de la Tunisie, s'y termine au nord-ouest dans la lagune de Porto-Farina. Le cap Carthage, qui conserve des ruines de l'ancienne rivale de Rome, marque un étranglement du golfe dont la partie avancée prend le nom de rade de la Goulette. Celle-ci reçoit la Méliana et communique par un étroit goulet ou chenal avec la lagune au fond de laquelle se trouve Tunis. Cette lagune n'est pas accessible aux grands navires, aussi la Goulette est-elle l'avant-port de Tunis, à laquelle elle est reliée par un chemin de fer.

Au sud-est de Tunis, se dessine la presqu'île rectangulaire et montueuse de Dakhéla terminée par le cap Bon. Au delà, la côte orientale est généralement basse, sablonneuse et baigne dans une mer peu profonde dont les ensablements interdisent l'accès des ports aux grands navires. Le large golfe d'Hammamet renferme le port de même nom, celui de Sousse et celui de Monastir.

Du cap Dimas et du cap Afrika au cap Kapoudiah, la côte est semée d'écueils, puis redevient sablonneuse avec le port de Sfakès, qui fut pris par les Français en 1881, après un débarquement laborieux. Des îles Kerkennah, situées en face de Sfakès, à l'île Djerba, s'ouvre le golfe de Gabès, la *Syrta minor* des anciens, au fond de laquelle dort la petite ville de Gabès, l'ancienne Tacape, en attendant que le canal projeté par Roudaire établisse la communication avec la mer des chotts. La grande île Djerba, populeuse et fertile, ferme l'entrée d'une lagune formée par deux presqu'îles sablonneuses ; viennent ensuite les deux lagunes de Mellaha et de Biban au delà desquelles commence la côte inhospitalière de la Tripolitaine.

OROGRAPHIE. — Qui connaît l'Algérie, son massif tellien, son plateau, son Sahara, ses chotts, ses oueds, rivières sans eau ou mal alimentées, connaît aussi la Tunisie qui n'est que le prolongement oriental de la région algérienne.

Sur le littoral septentrional se trouve le massif devenu célèbre des Khroumirs, avec le djebel Ghorra, haut de 1.200 mètres à la frontière, puis une série d'autres chaînons moins élevés qui achèvent l'Atlas tellien et viennent mourir au cap Blanc et au cap Farina. Ils déversent leurs eaux dans la mer au nord, ou dans la Medjerda au sud.

Sur la droite de ce fleuve et à la limite du plateau s'étend une chaîne montagneuse saharienne plus importante qui se détache de l'Aurès algérien. Le massif du Madjer atteint 1.445 mètres au mont Mékhila ou Halouk, et 1.204 mètres au mont Berberou. Le djebel Zilk, haut de 1.363 mètres, est au nord de Kairouan, et un sommet de 1.343 mètres domine la ville de Zaghouan. Cette chaîne se continue par les collines du Dakhéla et va finir l'Atlas saharien au cap Bon.

Au sud-est de Kairouan, des groupes de collines rocheuses et sablonneuses se trouvent éparses au milieu des oueds et des chotts qui caractérisent le Sahara tunisien.

Hydrographie. — La Tunisie ne présente qu'un seul versant incliné vers l'est. Il est arrosé par le Tin, la Medjerda, la Méliana, l'Etboul et l'oued Lébem.

Le Tin baigne Mateur et finit dans le lac Ichkel.

La *Medjerda*, seul fleuve tunisien digne de ce nom, appartient par ses sources à l'Algérie : elle descend du massif de Soukharras, passe au sud du massif des Khroumirs où elle baigne Ghardimaou et Souk-el-Klanis, stations du chemin de fer; elle reçoit par sa rive droite l'oued Mellègue, affluent algérien, puis l'oued Kaled ou fleuve Jaune (O. Safran), et l'oued Siliana, du plateau tunisien; après avoir baigné Testour, elle tourne au nord-est en traversant une belle plaine où elle arrose Mejez-el-Bab, Tebourba, Fondouck et les ruines d'Utique; puis elle se divise en deux branches pour finir dans la lagune de Porto-Farina, après un cours de 300 kilomètres dont 240 dans la Tunisie.

L'oued Mellègue, affluent de la Medjerda, est plus long 280 kilomètres) que la partie supérieure du fleuve. Il naît dans le massif des Nememcha et aux confins de l'Aurès, sous le nom d'oued Meskiana; puis il parcourt une région pleine de ruines antiques, y reçoit l'Aïn-Safra, et baigne à droite le plateau qui porte la ville sainte du Kef.

La Méliana coule du sud-ouest au nord-est comme la Medjerda et se jette dans la baie de la Goulette.

Une caravane dans le Sahara.

LES CHOTTS ET LEURS BASSINS. — La Tunisie est riche en chotts ou lacs, mais la plupart sont salés et presque sans eau.

Il faut citer du nord au sud la guérah Ichkel, voisin du lac maritime de Bizerte; la sebkha Sedjoum au sud-ouest de Tunis et en face de la lagune de cette ville; la baie Djériba, qui reçoit l'Etboul; la Kelbia, où débouche l'oued Marguélil qui passe à Kairouan; la sebkha Sidi-el-Hani, plus étendue, au sud-est de la même ville, et servant de débouché aux oueds Mansour et Fekka; puis le Guerrara et le Mansouna, sans tributaires, enfin les grands chotts Rharsa et Djérid.

Le chott Rharsa est la continuation du chott algérien Melrhir; il reçoit en Tunisie l'oued Tariaouri qui passe à Gafsa.

Le Djérid est le plus grand lac de toute l'Afrique septentrionale; son niveau est inférieur à celui de la Méditerranée, et il est compris dans le projet de la mer saharienne du capitaine Roudaire, dont nous parlerons ci-après.

RÉGIONS PHYSIQUES. — Comme en Algérie, on peut distinguer en Tunisie le Tell, le Plateau et le Sahara; mais les deux premières divisions se confondent en une seule région, le Tell, moins élevée, quoique montagneuse et accidentée; d'un climat chaud, mais supportable, elle est susceptible de redevenir productive et peuplée comme elle l'était du temps des Carthaginois et des Romains.

Le Sahara tunisien participe aux caractères du grand désert quant à son climat torride, à la sécheresse et à la stérilité de son sol; toutefois la proximité de la mer et un accès plus facile permettent d'espérer dans l'avenir un progrès relatif.

Le *climat* et les *productions* naturelles de la Tunisie sont analogues à ce que nous connaissons de l'Algérie. Il est donc inutile d'insister ici sur ce point.

LA MER DES CHOTTS. — C'est la dépression occupée par les chotts Melrhir, Rharsa et Djérid, dont le niveau paraît être inférieur de 10 à 27 mètres à celui de l'Océan, que le capitaine Roudaire a proposé de transformer en une mer dite des chotts ou « mer saharienne ». On y amènerait l'eau de la Méditerranée par un canal de 20 kilomètres, creusé depuis le fond du golfe de Gabès jusqu'à la pointe du chott el-Fedjedj, partie orientale du grand chott Djérid. En y comprenant les chotts eux-mêmes, la mer saharienne n'aurait pas l'immense étendue qu'on lui supposait d'abord, lorsqu'on croyait qu'une grande partie du Sahara était inondable; elle atteindrait à peine 12 à 15.000 kilomètres carrés, soit l'étendue de deux départements français avec une longueur de 70 lieues; la nappe d'eau ainsi formée aurait eu, croyait-on, une influence salutaire sur le climat de la région, outre qu'elle aurait facilité l'accès des districts méridionaux de notre grande colonie africaine.

Mais par suite d'une étude plus approfondie, une commission officielle a déclaré que l'exécution de ce projet serait aussi peu pratique que sans résultat avantageux. Non seulement les dépenses, évaluées à plus d'un milliard, seraient hors de proportion avec les revenus, mais l'inondation causerait la ruine des oasis aujourd'hui existantes, et convertirait en marécages insalubres des régions actuellement fertiles et habitées.

Quoi qu'il en soit, ce projet de mer saharienne, bien que patronné par M. de Lesseps, est ajourné pour un temps illimité, ce qui n'a pas empêché l'illustre ingénieur de proposer la création d'un Port-Roudaire, près de Gabès, en souvenir du promoteur de l'idée, mort il y a quelque temps, et le creusement de nombreux puits pour multiplier les oasis dans la région des chotts.

CHAPITRE III

GÉOGRAPHIE POLITIQUE

ETHNOGRAPHIE. — La population de la Tunisie, longtemps évaluée à 2 millions et plus, atteint à peine 1.500.000 habitants, et ce chiffre est encore trop élevé eu égard à celui de l'Algérie.

La superficie est d'environ 120.000 kilomètres carrés, ce qui donnerait une densité de population de 12 habitants par kilomètre carré.

Les Tunisiens sont surtout des Berbères, race dominante et primitive, mêlés à des Arabes, race conquérante; celle-ci a imposé sa langue, sa civilisation et sa religion, c'est-à-dire le mahométisme.

Il y a au moins 75.000 israélites dans les villes, dont 25.000 à Tunis; en outre, 25.000 catholiques : Maltais, Français, Italiens; 400 Grecs et 200 protestants anglais.

Les Tunisiens. — D'une lettre datée de Tunis (1882) nous extrayons la description ethnographique suivante : « J'ai vu tout d'abord des spécimens fort remarquables et fort malpropres de l'armée tunisienne; de l'artillerie de siège en blouse et en pantalon de grosse toile bise; des officiers à hausse-col et à la tunique râpée et à ceinture d'or, les pieds nus dans des pantoufles de cuir; des sentinelles en cafetan de drap noir en loques, armées de fusils à piston encrassés de rouille; des marchands accroupis derrière des malles chargées des produits du pays : poulets, pastèques, petits pains sans levain, figues, amandes, gâteaux arabes, sucreries, ceintures, burnous, fez, babouches, pipes, tabac, et que sais-je? Des hommes superbes, fièrement drapés dans des burnous blancs, le turban blanc correctement entouré de rouge, le yatagan à la ceinture; des portefaix arabes, maltais ou nègres, à pieds nus et à guenilles; des juives obèses, vêtues d'une chemise et d'un caleçon, qui se rétrécit du jarret à la cheville : vieilles, jeunes, mégères ou femmes superbes au type biblique, blanches comme du lait, jaunes comme un coing ou noires comme la suie... J'ai admiré les petits chevaux du pays, à la fière encolure, aux jarrets de gazelle, aux yeux pleins de feu, d'une élégance complète, conduits par une simple corde attachée au licol, attelés à des charrettes ou montés par des Maures aux membres énormes et à l'abdomen proéminent. J'ai vu des ânes bâtés et chargés à une hauteur dépassant leur taille et de petits chameaux marchant gravement dans le sable des chemins. Je n'ai fait que traverser tout cela, mais j'ai eu le temps de me débattre contre les surprises du change de la monnaie du pays et d'apprendre, à mes dépens, que le prix demandé équivaut toujours au tiers ou au quart de la valeur et du prix accepté après débat [1]. »

Les Khroumirs. — La notoriété qui s'est attachée un instant au nom de cette peuplade mérite qu'on s'y arrête quelque temps.

« Les Khroumirs et les Ouchetteta, tribus peu industrieuses,

---

[1] G. R., *Revue de géographie*, 1882.

mais adonnées à l'élève du bétail, appartiennent à la race autochthone du nord de l'Afrique : ce sont des Berbères, et ils parlent, sauf quelques expressions locales, le dialecte usité parmi les populations de l'Aurès, c'est-à-dire le chaouia. Autant les villages de nos Kabyles du Jurjura se présentent sous un aspect pittoresque et riant, autant le massif habité par les Khroumirs et les Ouchetteta offre un aspect misérable avec ses cabanes en branchages et ses huttes de pierres et de boue, recouvertes d'une charpente primitive sur laquelle sont assemblées des plaques de liège. Les chefs seuls possèdent une maison construite en pierres et en mortier de terre; encore partagent-ils cette demeure avec toute la domesticité animale : l'âne ou le mulet, la vache, la chèvre ou le bouc. L'unique chambre de l'habitation est divisée en parties inégales par un petit mur, qui s'élève à un mètre au-dessus du sol. La portion la plus vaste est réservée à la famille, tandis que l'autre, transformée en écurie, est occupée par les bestiaux. A l'entrée de chaque agglomération (pourrait-on dire village?) est établi une sorte d'édifice public, que l'on appelle *djemaa* « lieu d'assemblée ». C'est là qu'on se réunit à certaines heures pour discuter les questions d'intérêt commun [1] ».

Ces détails font comprendre que la conquête tunisienne ne pouvait être longue ni difficile. La Tunisie, d'ailleurs, n'a pas eu d'Abd-el-Kader à nous opposer.

GOUVERNEMENT. — Bien que soumise à la France, la Tunisie reste une monarchie héréditaire ou *beylik*, que l'on désigne aussi indifféremment sous le nom de régence. Le souverain ou bey de Tunis est un prince de la famille de Ben Ali-Tourki, originaire de Candie, qui occupe le trône depuis 1691; le bey actuel est Mohammed-el-Sadok, et son héritier présomptif, son frère Sidi-Ali.

L'hérédité se fait d'après la loi turque, où la couronne passe à l'aîné de la famille, frère ou fils.

Le représentant du gouvernement français en Tunisie porte depuis 1885 le titre de *Résident général* et relève du

---

[1] Auguste CHERBONNEAU, *Revue de géographie*.

ministre des affaires étrangères. Il a sous ses ordres les commandants des troupes de terre et de mer et tous les services administratifs concernant les Européens et les indigènes.

Toutefois les indigènes sont régis selon le mode ancien : ils forment 41 tribus, groupées en 22 ouatans ou caïdats (gouvernés par des caïds), dont la fonction propre est de rendre justice, et 31 tribus nomades ou mixtes (sédentaires et nomades), à la tête desquelles sont aussi des caïds nommés par le bey. Sous les caïds sont les khalifas (lieutenants), et les cheiks ou maires des communes et villages. Le code civil pour eux est le coran.

« En conservant à la Tunisie son autonomie administrative, ses fonctionnaires nationaux, son budget, ses ressources propres, non seulement il résulte pour la métropole une économie considérable (évaluée à plus de 30 millions), mais on fait acte de bonne politique, et c'est de cette façon que l'Angleterre a pu créer de vastes et florissantes colonies qui ne sont nullement à charge à la métropole. Sinon, à force de s'ingérer maladroitement dans tous les détails d'une administration minutieuse et jalouse, on froisse les intérêts locaux, les mœurs et habitudes nationales, et on se crée mille difficultés qui ont été cause jusqu'ici du peu de développement de nos colonies. » (Discours de M. Cambon, résident-général à Tunis, 1885.)

Au point de vue militaire, la Tunisie forme deux divisions (Tunis et Sousse), subdivisées en six brigades : Tunis, Aïn-Draham, El-Kef, Sousse, Gafsa, Gabès.

Nonobstant le peu de chrétiens, le pape Léon XIII a relevé le siège archiépiscopal de Carthage, dont le titulaire est en même temps archevêque d'Alger.

VILLES PRINCIPALES. — A part Tunis, la régence ne renferme pas de ville considérable, et l'on est souvent peu fixé sur les chiffres de population. Souvent l'on attribue à une bourgade la totalité des habitants de tout un canton ; il en est ainsi particulièrement dans les oasis lorsqu'ils renferment plusieurs villages épars mais régis par une même municipalité.

Tunis, grande ville de 130.000 habitants, le *Tunes* ou *Tunesium* des anciens, doit son importance à la destruction de Carthage par les Arabes au VIIe siècle. Cette nouvelle capitale de l'Afrique propre ou de la Tunisie actuelle est assise à seize kilomètres de la Méditerranée, au fond d'une vaste lagune nommée *El-Bahira* ou *Boghaz*, qui communique avec la mer par l'étroit canal de la Goulette. Adossée à une ceinture de collines, entourée d'une enceinte bastionnée que domine une

Entrée du port de la Goulette.

kasbah ou citadelle; pourvue de palais, de mosquées, de minarets, Tunis présente à distance un aspect pittoresque; mais comme dans toutes les villes orientales, des rues étroites, sales et non pavées en rendent l'intérieur désagréable pour les Européens. Ceux-ci préfèrent habiter le nouveau « quartier franc », qui se forme au bas de la ville, autour des quais et des gares de chemins de fer. Dans les environs, le *Bardo* est un immense palais où le bey passait autrefois la belle saison.

Tunis est commerçante. Elle exporte dans tout l'Orient, des armes blanches de luxe, des bijoux, des vêtements brodés, des selles, des babouches, des tapis, des essences précieuses; c'est le principal centre d'exportation de l'alfa et de l'huile d'olive de la contrée.

Les quais sont reliés par un chemin de fer au port de la *Goulette*, situé au débouché de la lagune tunisienne.

La Goulette, en italien la *Goletta*, « la gorge, » est ainsi nommée à cause de l'étroitesse du canal qui donne accès dans la lagune. C'est une ville de 3.000 habitants, renfermant un arsenal, des chantiers, des bassins, de grands magasins et un phare superbe. C'est aussi la principale forteresse du pays, qui fut prise par Charles-Quint en 1535.

A trois kilomètres nord de la Goulette sont les restes de l'opulente Carthage.

CARTHAGE. — « On sait que, restaurée 860 ans avant Jésus-Christ, elle devint par la ruine de Tyr la première puissance maritime du monde ; plus tard détruite par les Romains, puis colonisée par Auguste, elle jeta encore quelque éclat sous le christianisme ; mais enfin, après avoir été la capitale des Vandales en Afrique, elle tomba, vers la fin du VIIe siècle, sous les coups des Arabes pour ne plus se relever.

Que reste t-il de l'ancienne Carthage?

« Cinq villages construits au milieu de ses ruines et avec ses ruines mêmes. La *Marsa*, sur l'emplacement de l'ancienne Mégara, le quartier des grands. C'est aujourd'hui l'habitation du bey régnant, des princes tunisiens, celle des consuls durant la moitié de l'année. *Sidi-Bou-Saïd*, sur le cap qui porte encore le nom de Carthage. La *Malga*, autour des anciennes citernes d'Adrien, dans l'ancien quartier des Mappales. *Douar-el-Schott*, le « village du lac », à l'extrémité de l'ancienne Tœnia, qui borde le lac de Tunis et donnait accès dans la ville. C'est par là que Scipion s'en empara. Enfin, *Sidi-Daoud*, sur l'emplacement même de la triple enceinte qui fermait Carthage du côté de la terre. Le reste est parsemé de maisons de plaisance, les unes sur le bord de la mer, les autres sur les collines.

« Aucun souvenir chrétien n'y était en honneur, lorsque nous sommes entrés en Tunisie, sauf le monument national de Saint-Louis, élevé, il y a près d'un demi-siècle, sur un terrain cédé à la France. Aujourd'hui, les choses prennent un aspect nouveau. Saint-Louis, qui était dans le plus triste abandon, a vu se dresser, sur le sommet de Byrsa, des édifices magnifiques. Deux communautés se trouvent établies à son ombre : le séminaire diocésain de Carthage et la maison d'étude des missionnaires d'Alger. Dans le quartier de Mégara, sont établis le palais de l'archevêque, la maison des ecclésiastiques qui lui sont attachés, une chapelle dédiée à saint Cyprien, une chapelle paroissiale pour les catholiques qui commencent à se fixer à l'entour; une maison pour les Sœurs qui font l'école aux enfants de tous cultes et soignent les pauvres et les malades; près des anciens ports, l'hôpital militaire du Kram, avec sa chapelle et ses Sœurs; sur le sommet de Byrsa, les travaux de la cathédrale définitive déjà commencés, à côté de la petite église Saint-Louis, desservie par les Missionnaires et qui en tient provisoirement lieu. Près de l'ancien temple de Junon ou Vénus céleste, témoin de tant de cruautés et d'infamies, j'ai fait construire une chapelle dédiée à Marie, et j'en ai fait un centre de pèlerinage pour la portion la plus pieuse de notre population catholique, pour les Maltais. Deux orphelinats, l'un pour les garçons, l'autre pour les filles des Européens, sont préparés. Enfin, un couvent de Carmélites françaises, maltaises et italiennes, réalise la grande pensée de fraternité nationale qui est dans les vœux de tous et surtout dans les miens [1]. »

KAIROUAN, 15.000 habitants, au milieu d'une vaste plaine dont une partie est remplie de marais salés, est un grand centre commercial et le rendez-vous général des caravanes du Soudan. C'est une ville sainte des musulmans, dont l'entrée était sévèrement interdite aux chrétiens; mais, en 1881, elle dut ouvrir ses portes à l'armée française. Fondée en 670 par les Arabes, elle fut longtemps la capitale de l'Afrique septentrionale; elle est remarquable par ses nombreuses mosquées. Son industrie consiste dans la fabrication des tapis, des articles de sellerie brodée d'or, des babouches d'un travail admirable.

« Kairouan, bien déchue de son ancienne splendeur, est

---

[1] D'après Mgr LAVIGERIE, *Annales de la Propagation de la foi*.

dans une enceinte en briques de 3.125 mètres de développement, de 10 mètres de hauteur, avec meurtrières et créneaux, flanquée, de 20 mètres en 20 mètres, de tours rondes ou de tourelles. Cinq portes s'ouvrent dans ce mur, autour duquel Kairouan se prolonge par ses faubourgs de *Kablia* (du sud) et de *Djiblia* (de la montagne), par cinq autres faubourgs, des cimetières, des ruines et des décombres. Les constructions religieuses y abondent. La mosquée principale, qui jouit dans tout le monde musulman d'une célébrité proverbiale, est un bel édifice dont l'origine remonte à la fondation de la ville et qui date dans sa forme actuelle de 827; récemment encore, aucun *roumi* (chrétien) ne pouvait y pénétrer, et d'ailleurs la ville même était interdite aux non croyants, si bien que très peu d'Européens y sont entrés avant 1881, trois ou quatre seulement. La mosquée a été construite en pierres de taille provenant de *Suffetula* (Sbeïtla) : c'est un immense quadrilatère de 140 mètres de côté, environné d'un mur d'enceinte haut de 8 mètres, épais de 6, flanqué d'énormes contreforts, percé de plusieurs portes et dominé par une grande tour carrée, très large à sa base et couronnée de trois étages en retrait les uns sur les autres; on l'aperçoit de fort loin. L'intérieur est une véritable forêt de magnifiques colonnes en onyx, porphyre et marbre blanc veiné de rose, chefs-d'œuvre de la sculpture romaine, supportant avec leurs chapiteaux corinthiens la voûte plate ornée d'arabesques en stuc et en plâtre; il y en a plusieurs centaines, tirées des temples romains qui abondaient dans cette contrée; une superstition défend aux musulmans d'en calculer le nombre sous peine de perdre la vue. Une même croyance veut que toute personne en état de péché soit incapable de passer entre deux colonnes qui proviennent d'une église chrétienne de l'époque romaine[1]. »

Un escalier de 129 marches monte à la plate-forme du minaret d'où l'on découvre un magnifique panorama.

Après avoir donné ces détails sur Tunis, Carthage et Kai-

---

[1] O. Niel et Vivien de Saint-Martin, *Dictionnaire géographique*.

Mosquée de Kairouan.

rouan, passons rapidement en revue les autres lieux remarquables de la régence, en procédant de l'ouest au nord, à l'est et au sud.

El-Kef, « le Rocher, » 5.000 habitants, bâtie à 800 mètres d'altitude, sur un escarpement du bassin du Mellègue, est la principale ville militaire et commerçante de la Tunisie occidentale. C'est la *Sicca venera* romaine.

Au nord de la Medjerda, il faut signaler *Béja,* 4.000 habi-

Bizerte.

tants, la *Vacca* antique, ville forte et marché de céréales; — *Aïn-Draham,* poste militaire récemment établi pour la surveillance des tribus Khroumirs; — *Tabarka,* sur la côte inhospitalière des Khroumirs, en face de l'îlot de même nom, avec une rade où débarquèrent les Français en 1881; — *Mateur,* 3.000 habitants, centre agricole, au sud de Bizerte.

Bizerte, 5.000 habitants, est l'ancienne *Hippo-Zaritus* des Phéniciens, jadis puissante et célèbre par ses pirates. Ville la plus septentrionale de la Tunisie, elle est située au sud-est du cap Blanc, sur un goulet ensablé qui conduit de la mer à un lac intérieur, le *lac de Bizerte.* On projette d'y créer un vaste port militaire, un second Toulon, capable de tenir en échec la puissance de Malte.

Porto-Farina, sur une baie dont le goulet est obstrué par les alluvions de la Medjerda, a perdu son importance maritime d'autrefois, et n'a pas un millier d'habitants. Il en est de même de la célèbre *Utique*, dont il ne reste que l'emplacement sur la rive gauche de la Medjerda.

Au sud de la fertile et populeuse presqu'île de Dakhéla, *Hammamet*, ville maritime, mais sans port, de 2.500 habitants, est appelée la « cité des Pigeons », à cause d'innombrables

Sousse.

oiseaux de ce genre qui nichent dans les montagnes voisines.

Sousse ou *Sousâ*, 8.000 habitants, n'a qu'une rade d'atterrissement d'assez difficile accès, mais qui sert de port à Kairouan à laquelle elle est reliée par un chemin de fer; elle se distingue par les millions d'oliviers de ses jardins et sa grande exportation d'huile pour Marseille. Ville forte d'origine phénicienne, c'est l'*Hadrumetum* des Romains; elle subit de nombreux sièges, et fut bombardée en 1881.

Monastir ou *Mistir*, 7,000 habitants, n'a jamais eu de monastère chrétien, comme son nom semblerait l'indiquer. C'est un port fréquenté, quoique ensablé, et cette ville passe pour la plus propre de la Tunisie.

Mahadia, cité du « Mahdi ou guide », 6.000 habitants, est assise sur un rocher en mer, non loin de l'ancienne *Thapsus* où César écrasa les Pompéiens. Ce fut la capitale des premiers califes fatimites et, au moyen âge, le port le plus fréquenté par les chrétiens qui l'appelaient Africa. Elle s'adonne surtout à la pêche de la sardine.

A trois lieues au sud-ouest de Mahadia, on va admirer, près du village d'*El-Djem,* les ruines de *Thysdrus,* comprenant l'un des plus grands et des mieux conservés de tous les amphi-

Monastir.

théâtres élevés par les Romains. Cet énorme édifice occupe le sommet d'une colline de 185 mètres d'altitude et s'aperçoit de trois lieues à la ronde; de forme elliptique, il mesure à l'intérieur 150 mètres dans son grand axe. Il fut fondé probablement par Gordien l'Ancien, qui avait été proclamé empereur dans la ville de Thysdrus. Nul endroit n'était mieux choisi pour la célébration des fêtes; plusieurs fois aussi cette construction géante servit de forteresse, et la fameuse prêtresse Kahina s'y défendit contre les envahisseurs arabes en l'an 689. C'est encore dans l'amphithéâtre d'El-Djem, que les chefs et les délégués des tribus méridionales de la Tunisie décidèrent, en 1881, le soulèvement général contre les Français.

Sfakès ou *Sfax*, l'ancienne *Taphrura*, est une jolie et industrieuse ville de 15.000 âmes, ayant une rade sûre quoique peu profonde. C'est, après Tunis, le principal centre du commerce de la régence avec l'Europe. Elle fut prise par les Français en 1881. — Les îles Kerkena, en face de Sfakès, comptent 10.000 habitants.

Gabès, au fond du golfe de ce nom, n'est point une ville, mais un groupe de villages peuplés de 10.000 habitants dissé-

Amphithéâtre d'El-Djem.

minés au milieu de magnifiques jardins justement renommés; elle est le débouché des produits de la riche plaine d'El-Arad.

Gabès ou Cabès, l'ancienne *Ta-Capé,* donne son nom au golfe de Gabès, la petite Syrte ou *Syrta minor* des anciens.

Gafsa ou *Capsa,* 4.000 habitants, est située dans le Djérid ou pays des Palmes, sur un tributaire du chott Rharsa. Ville considérable sous les Numides et les Romains, elle est encore aujourd'hui une station importante des caravanes et une bonne position militaire, occupée par les Français depuis 1880.

Nefta et *Toseur,* situés entre les chotts Rharsa et Djérid, sont deux groupes de villages de 8 à 10.000 habitants, situés dans deux des plus belles oasis du Sahara. Ce sont des centres politiques et religieux, en même temps que des marchés agricoles.

Kbilli et *Douz*, au sud du Schott, sont des lieux d'échanges entre les Tunisiens et les Tripolitains.

L'île *Djerba* ou *Gerbi*, située dans le fond du golfe de Gabès, est la plus grande île africaine de la Méditerranée. C'est la légendaire *Meninx*, l'île des « *Lotophages* » ou des mangeurs de lotus, plante qui y croît partout à l'état sauvage. Elle renferme de curieux monuments romains, tels que l'arc de triomphe de Marc-Aurèle, et une bizarre pyramide élevée par les Turcs et renfermant les têtes des Espagnols tués dans un combat en 1558. L'île, dont la superficie est de 640 kilomètres carrés, est habitée par 40.000 berbères qui passent pour les plus industrieux jardiniers, tisserands et pêcheurs de toute l'Afrique septentrionale.

Tout le terroir de Djerba est divisé en enclos ou jardins renfermant la demeure du cultivateur, et le puits au moyen duquel on supplée par l'irrigation au manque absolu d'eau courante : on y cultive surtout le raisin, l'olive, la figue, la grenade et aussi le blé, l'orge et les légumes.

Les tisserands fabriquent des tissus de laine et de soie; ils confectionnent des haïks ou vêtements, qu'ils vont vendre à Tunis et jusque dans le Sahara.

Pêcheurs et marins, les « Djerabois » exportent au loin les éponges ainsi que le poisson qu'ils ont salé et séché, mais l'antique pêche du mollusque, sorte de *buccin*, qui produit la pourpre est aujourd'hui négligée.

L'île, divisée en cinq « houmet » ou quartiers, n'a pas de villes, mais de gros villages où se tiennent les marchés; le principal est l'Houmet-Souk, au nord. Les côtes sont défendues par de vieux forts du moyen âge, en très mauvais état, « et il arrive souvent, dit M. Duveyrier, que le nombre des artilleurs est inférieur à celui des pièces rouillées qu'ils auraient à servir en cas d'attaque. »

INDUSTRIE ET COMMERCE. — Comme tous les pays musulmans, la Tunisie ne possède ni agriculture ni industrie progressives. Toutefois le sol, quoique mal cultivé, produit l'orge, le froment, le dourah, l'olive, dans le Tell et à Sousse; l'indigo de Nefta, la pistache de Sfakès, le caroubier, le jujubier, surtout les dattes renommées du *Beled-el-Djérid*. L'agriculture pastorale élève de beaux chevaux de race barbe, des mulets excellents, des chameaux, des bœufs de petite taille et des moutons à grosse queue.

Il y a des mines de différents métaux, mais inexploitées; le sel et la soude sont communs dans les chotts.

L'industrie se contente de la fabrication d'objets usuels, d'articles de ménage, auxquels il faut joindre les armes et les vêtements de luxe, les calottes rouges ou fez, les soieries et tapis, les peaux maroquinées.

Le commerce intérieur, assez actif, ne dispose pas de routes carrossables, mais on commence à en tracer. Déjà un chemin de fer relie Tunis à l'Algérie par la vallée de la Medjerda; d'autres vont de Tunis à Carthage; et à la Goulette une ligne est projetée qui réunira la capitale à Sousse, laquelle fut pendant la guerre reliée à Kairouan par un chemin de fer à voie étroite.

Des lignes télégraphiques (1.000 kilomètres), exploitées par la France, traversent le pays, et un câble sous-marin en rattache le réseau à Alger par Bône et à la France par Malte, la Sardaigne et la Corse.

Le commerce extérieur, assez important, s'élève à plus de 80 millions de francs; il se fait d'une part avec le Sahara par caravanes, dont le rendez-vous principal est Kairouan; d'autre part, par mer avec l'Italie, Malte, la France.

Il exporte des céréales : blé et orge, de l'huile d'olive, des fruits : figues et dattes, de la soude, des peaux, du corail. Il importe pour le pays et pour l'intérieur de l'Afrique, des cotonnades anglaises, des soieries françaises, des verroteries de Venise, des couteaux, de la poudre. — Le triste commerce des esclaves nègres pour les pays turcs est prohibé depuis assez longtemps.

Les principaux ports sont : Tunis, dont la position commerciale est excellente et qui fait les 5/6 du trafic; — Bizerte, Porto-Farina, Hammamet, Sousse, Sfakès, Gabès, que nous rangeons par ordre de position géographique. — Le mouvement des ports est de 300.000 tonnes seulement, et la marine marchande locale ne jauge que 3.000 tonnes.

C'est peu pour un pays aussi avantageusement doté; mais il est permis de prévoir pour la Tunisie, devenue française, un avenir plus prospère que pour l'Algérie elle-même.

SÉNÉGAL

ET

COMPTOIRS DE GUINÉE

CHAPITRE I

NOTICE HISTORIQUE

Le Sénégal est la plus ancienne de nos colonies.

A ce titre nous croyons intéressant d'emprunter à M. Gaffarel quelques détails concernant les explorations des Normands français sur les côtes occidentales d'Afrique, à partir du XIVe siècle.

« En novembre 1364, les Dieppois équipèrent deux navires, du port d'environ cent tonnes chacun, qui firent voile vers les Canaries, arrivèrent vers Noël au cap Vert, et mouillèrent à *Rio-Fresca,* devant la baie qui conserve encore le nom de *Baie de France.* Les noirs de la côte, auxquels les blancs étaient restés jusqu'alors inconnus, accouraient pour les voir, mais ne voulaient pas entrer dans les vaisseaux.

« Lorsqu'enfin ils s'aperçurent que nos compatriotes ne demandaient qu'à ouvrir avec eux des relations amicales, et leur montraient quantité d'objets inconnus qu'ils semblaient disposés à échanger, peu à peu ils renoncèrent à leurs défiances, et apportèrent de l'ivoire, de l'ambre gris et du poivre, qu'ils troquèrent contre les bagatelles dieppoises dont la vue les avait tentés. Les Dieppois, qui désiraient pousser plus avant, leur firent comprendre par signes qu'ils reviendraient l'année suivante, et les engagèrent à amasser pour leur retour d'autres productions indigènes. Ils découvrirent ensuite le *Cap Vert*, auquel ils donnèrent ce nom à cause de l'éternelle verdure qui l'ombrage, et arrivèrent à *Boulaubel*, ou *Sierra-Leone* comme le nommèrent depuis les Portugais.

« Ils s'arrêtèrent ensuite à l'embouchure d'un fleuve, auprès duquel ils trouvèrent un village d'indigènes qu'ils nommèrent

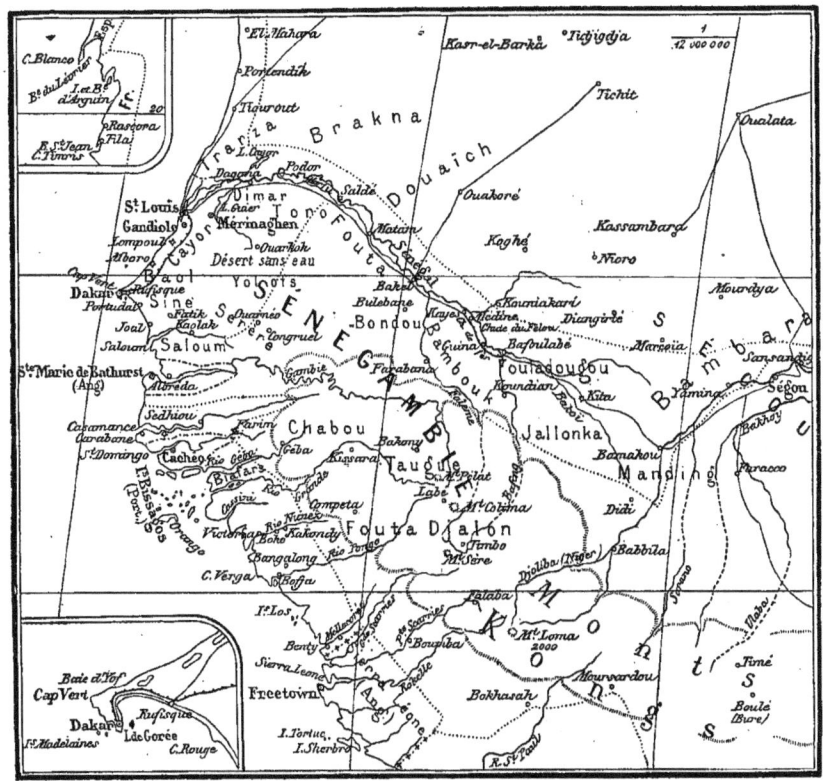

Carte de la Sénégambie française.

le *Petit-Dieppe*, à cause de la ressemblance du port et du village situé entre deux coteaux, avec le Dieppe français. Ils achevèrent d'y charger leurs navires d'ivoire et de poivre, et, à la fin de mai 1365, après six mois de voyage, ils étaient de retour en France avec une riche et précieuse cargaison.

« Les profits du voyage et l'espoir de les augmenter encore excitèrent l'émulation des Normands. En septembre 1365, quelques marchands de Rouen s'associèrent avec ceux de Dieppe, et, au lieu de deux vaisseaux, en firent partir quatre.

Les deux premiers avaient mission d'explorer les côtes depuis le cap Vert jusqu'au Petit-Dieppe, et d'y charger des marchandises. Les deux autres devaient pousser plus avant, et découvrir de nouveaux pays à explorer. Ce second voyage fut également heureux. Au bout de sept mois les deux premiers navires étaient de retour à Dieppe avec beaucoup de cuirs, de poivre et d'ivoire. Des deux autres navires chargés d'explorer de nouveaux pays, le premier s'arrêta sur la côte qu'on nomme aujourd'hui *Côte du Poivre,* et dans un village appelé *Grand Sestre* auquel les matelots donnèrent le nom de *Paris.* Ce navire ramassa si vite une telle quantité de cette précieuse denrée qu'il ne voulut pas s'exposer à compromettre une aussi riche cargaison en poursuivant son voyage, et revint à Dieppe. Le quatrième navire longea la *Côte des Dents* et arriva à celle *de l'Or.* L'or était en poudre. Les indigènes en ramassent encore de nos jours dans les cours d'eau qui descendent des monts Kongs.

« La nouvelle de ces découvertes, la facilité des échanges, la certitude de s'enrichir à peu de frais excitèrent les Dieppois. En peu de temps, de véritables comptoirs, des *loges*, comme nous dirions aujourd'hui, s'élevèrent sur toute la côte de Guinée. Les indigènes, attirés vers nos compatriotes par la facilité de leurs mœurs, par leur entrain sympathique, par leur absence de morgue, apportaient en abondance à ces loges l'ivoire, la poudre d'or, le poivre, les plumes d'autruche, les peaux de bêtes féroces, que les Normands vendaient en France à des prix exorbitants. Peu à peu des relations régulières s'établissaient. Les indigènes apprenaient même notre langue, et accueillaient avec empressement tous ceux de nos compatriotes qui n'hésitaient pas à s'enfoncer dans l'intérieur du pays...

« En 1380, quelques armateurs de Dieppe et de Rouen, voyant que la concurrence diminuait leurs profits, résolurent un nouveau voyage d'exploration. En décembre, le navire qui portait le beau nom de la *Notre-Dame de Bon-Voyage,* était déjà sur la Côte-d'Or : neuf mois après il était de retour à Dieppe, chargé de poudre d'or. La voie était ouverte. Il ne restait qu'à s'y engager résolûment.

« Le 28 septembre 1381, trois navires partaient de Dieppe pour le nouveau comptoir de la *Mine*. On a conservé leurs noms : *la Vierge*, *le Saint-Nicolas* et *l'Espérance*. *La Vierge* s'arrêta à la Mine. *Le Saint-Nicolas* s'avança plus au sud jusqu'au cap Corse, et *l'Espérance* ouvrit des loges à Fantin, Sabon, Tormentin et Akara. En juillet 1382, les trois navires étaient de retour en France, et les capitaines vantèrent tellement à leurs armateurs les richesses du pays et la douceur de ses habitants, que ceux-ci résolurent d'y fonder une véritable colonie, et d'en faire le centre de leurs opérations commerciales.

« En 1383, trois vaisseaux partirent donc pour la Mine. Ils portaient des matériaux de construction, des instruments de travail et des semences. Ces trois vaisseaux s'acquittèrent heureusement de leur mission, et quand ils revinrent en France dix mois après, plus richement chargés qu'ils ne l'avaient encore été, ils laissaient derrière eux une partie de leurs équipages. Ce fut le premier établissement de nos compatriotes sur ce continent, où, depuis, l'influence française n'a cessé et ne cessera pas, espérons-le, de grandir. La colonie de la Mine prit tout de suite de grandes proportions. De nombreux vaisseaux s'y rendirent; il fallut bâtir pour les nouveaux arrivants une église et un fort.

« Cette prospérité ne fut pas de longue durée. Les terribles guerres des Armagnacs et des Bourguignons désolèrent notre pays, et les Anglais profitèrent de nos discordes pour envahir nos provinces.

« L'heure était mal choisie pour fonder une France africaine, alors que notre patrie était foulée par l'étranger, que la Normandie devenait un des principaux théâtres de la guerre, et que les Anglais, maîtres de Rouen, de Dieppe, de Honfleur et des autres ports, arrêtaient tout commerce. Nos armateurs normands essayèrent bien quelque temps de soutenir ces lointains comptoirs ; mais ce fut peine perdue : dès 1413, la Mine était abandonnée, toutes nos autres loges l'étaient déjà depuis quelques années. Peu à peu on renonça aux voyages sur les côtes d'Afrique. Le souvenir même de ces aventureuses expéditions se perdit, surtout lorsqu'une autre nation, le Portugal substitua son influence à la nôtre sur les tribus indigènes, et, plus jaloux de ses droits que nous ne l'avons jamais été des nôtres, non seulement chassa nos négociants des marchés dont ils avaient longtemps été les seuls maîtres, mais

Titi, chef de Bamakou, et Dionké, chef de Sikoro.

encore nous enleva, par devant l'histoire et la postérité, la gloire de l'avoir précédée dans ces régions[1]. »

Quoi qu'il en soit de ces faits trop éloignés de nous, notre histoire certaine au Sénégal ne remonte qu'à 1626, où une compagnie de marchands de Dieppe et de Rouen se forma pour créer ou pour soutenir les comptoirs français établis sur

---

[1] P. GAFFAREL, doyen de la faculté de Dijon, extrait de l'*Explorateur*.

le littoral de la Guinée. Ces établissements passèrent en 1664 à la Compagnie des Indes orientales fondée par Colbert, plus tard à diverses associations commerciales et enfin à la *Compagnie des Indes occidentales,* qui seule eut quelque prospérité.

Gorée, Rufisque, Portudal et Joal, sur la côte au sud du cap Vert, furent enlevés à la Hollande en 1677, et le fort de Podor, sur le Sénégal, fut construit en 1743. Les Anglais occupèrent deux fois la colonie, de 1763 à 1783 et de 1809 à 1814.

Le poste de Médine.

Sous la restauration, des essais de culture restèrent infructueux, et le progrès colonial ne commença qu'en 1854, avec l'administration vigoureuse et intelligente du commandant, plus tard général Faidherbe. Celui-ci dota Saint-Louis d'institutions libérales et financières, et d'écoles dirigées, soit par des laïques, soit par des congrégations religieuses; il créa des forts sur le Sénégal pour maintenir les indigènes et conclut avec ceux-ci des traités de paix.

En 1857, le terrible El-Hadji-Omar, le fanatique musulman fondateur de l'empire de Ségou-Sikoro, sur le Niger, menaça d'envahir la colonie et vint attaquer le fort de Médine, sur le

Le fort de Bamakou.

cours moyen du Sénégal ; après un siège de trois mois, soutenu héroïquement par le métis légendaire Paul Holl et une poignée de nos braves soldats, la place fut secourue par Faidherbe.

La puissance de la France en jeta un plus vif éclat et son influence s'étendit par la soumission du royaume de Brakna, l'annexion du Dimar, du Toro et de toute la côte entre Saint-Louis et Dakar (1861). Bientôt après, les habitants de la Casamance, du Rio-Nunez et du Rio-Pongo devenaient nos tributaires.

Des explorations vers le Niger commencèrent avec MM. Mage et Quintin qui pénétrèrent jusqu'à Ségou-Sikoro, en 1866. M. Soleillet y arriva à son tour en 1878.

L'année suivante, les Chambres votèrent des crédits pour le chemin de fer de jonction du Sénégal au Niger ; mais une faible partie seulement de la ligne a pu être terminée en 1884, à cause surtout de l'insalubrité du climat qui décima les travailleurs. Les 50 kilomètres exécutés ont coûté plus de 30 millions de francs, et cette dépense hors de proportion avec le résultat probable, a fait ajourner l'achèvement du projet.

Le capitaine Galiéni construisit en 1879 le fort de Bafoulabé ; l'année suivante il s'avança jusqu'au Niger et obtint d'Ahmadou, roi de Ségou, un traité de paix. Ce traité accorde aux Français le droit exclusif de fonder des comptoirs dans son royaume ; établit notre protectorat « sur tout le haut Niger, depuis ses sources jusqu'à Tombouctou... », pour autant, bien entendu, qu'Ahmadou soit lui-même en réalité le souverain de toute cette région.

De son côté, le colonel Borgnis-Desbordes alla construire, en 1881, le fort et le camp retranché de Kita, à 1.250 kilomètres de Saint-Louis ; il eut à combattre Samory, puissant chef des Malinkés, et parvint en 1883 à Bamakou, où un fort fut construit pour marquer la prise de possession française de la région. Une canonnière à vapeur lancée sur le Niger, y promène déjà le pavillon tricolore que les riverains apprennent à connaître et qui, sous peu, espérons-le, parviendra jusqu'à

Kabara, port de Tombouctou, le grand centre commercial et politique du Soudan occidental.

L'objectif de la politique française doit être de relier un jour la colonie du Sénégal à celle de l'Algérie, par l'établissement de rapports commerciaux, peut-être même par la construction d'un chemin de fer qui assurerait notre influence sur toute l'Afrique du nord-ouest. Si nous savons agir avec prudence et ténacité, en utilisant toutes les forces que donnent le commerce et la religion, par les négociants et les missionnaires, aussi bien qu'une diplomatie habile, peut-être qu'avant un demi-siècle l'influence française dominera sans conteste sur toutes les parties occidentales du Soudan et du Sahara. Jointes à l'Algérie et à la Tunisie, elles nous donneraient ainsi un empire colonial franco-africain, aussi vaste que la moitié de l'Europe.

CHAPITRE II

GÉOGRAPHIE PHYSIQUE

La colonie française du Sénégal, ainsi appelée du fleuve principal qui l'arrose, est située dans l'Afrique occidentale, entre le Sahara au nord, le Soudan à l'est, la Guinée au sud et l'Atlantique à l'ouest.

Le *Sénégal* français proprement dit ne comprend que le littoral et le versant de gauche du fleuve, sur une superficie de 200.000 kilomètres carrés; mais avec ses dépendances, poussées aujourd'hui jusqu'au cap Blanco du Sahara au nord, la Mellacorée au sud et le Niger à l'est, notre *possession sénégalienne*, ou plutôt *sénégambienne*, comprend 12 degrés en latitude (du 9e au 21e en latitude nord) et 12 à 13 degrés en longitude (du 7e au 20e en longitude ouest de Paris), ce qui donne une superficie double de celle de la France, soit 1.000.000 de kilomètres carrés.

En d'autres termes, toute la région appelée Sénégambie, à part quelques enclaves anglaises et portugaises, subissant notre influence exclusive, peut être considérée et étudiée comme colonie française.

Le littoral. — Le littoral présente un développement de plus de 1.300 kilomètres : le cap Vert le divise en deux parties d'égale longueur, mais de caractères bien différents.

Du cap Blanco jusqu'à Saint-Louis, même jusqu'au cap Vert, c'est la côte saharienne, basse, bordée de dunes, d'étangs ou lagunes ; elle est généralement droite, sans échancrure, sans port, sauf le chenal du Sénégal d'un accès rendu très difficile par une double ligne de brisants et de bancs de sable qui borde tout le littoral.

Toutefois, on remarque au nord dans la partie saharienne, la baie du Lévrier, formée par la presqu'île aujourd'hui espagnole du cap Blanco ; puis la baie poissonneuse d'Arguin avec l'île de ce nom, la baie Saint-Jean et le cap Timris. Cette côte est inexploitée, si ce n'est par les pêcheurs canariens, et les anciens comptoirs français de Portendik et d'Arguin ont disparu.

Le cap Vert, *cabo Verde* des Portugais, le plus occidental du continent africain, termine une presqu'île remarquable par sa nature basaltique autant que par sa forme triangulaire. Cette presqu'île circonscrit la baie de Gorée, renfermant l'îlot également basaltique de même nom.

Du cap Vert au fleuve Mellacorée, la côte sénégambienne est fortement échancrée par une douzaine d'estuaires, larges, déchiquetés eux-mêmes, séparés par des presqu'îles et des caps nombreux. Bien qu'obstrués par des bancs de sable, ils donnent accès à la navigation dans des fleuves côtiers dont les principaux sont la Gambie et le Rio-Grande.

Orographie. — Le Sénégal renferme plus de plaines que de véritables montagnes.

La région montagneuse du sud-est se rattache au système dit des monts *Kongs* qui couvrent l'intérieur de la Guinée septentrionale et dont le point central paraît être le mont Loma, 2.000 mètres, aux sources du Djoliba-Niger. Le massif du *Fouta-Djalon* et du *Taugue,* d'où descendent tous les fleuves de la région sénégambienne, paraît élevé de 3.000 à 4.000 mètres ; parmi les sommets qui conservent des neiges permanentes, on signale les monts Sère, Colima et Pélat, situés à l'ouest de Timbo, aux sources du Bafing et de la Falémé. Des chaînons rayonnants séparent les cours supérieurs du Niger, du Sénégal et de chacune des rivières dites du Sud.

Les plaines, plus ou moins fertiles et boisées, dominent sur le littoral et s'étendent sur toute la partie nord-ouest, entre les cours inférieurs de la Gambie et du Sénégal. Au nord de ce dernier fleuve jusqu'au Niger, c'est la plaine du Sahara avec ses déserts caractéristiques et ses rares oasis.

HYDROGRAPHIE. — Les principaux fleuves de la Sénégambie sont le Sénégal et la Gambie, le Rio-Géba, le Rio-Grande, le Rio-Nunez, le Pongo, la Mellacorée et les deux Scarcies.

Des comptoirs français sont établis sur chacun de ces fleuves ou rivières maritimes, dont les embouchures sont des estuaires, sauf pour le Sénégal qui se termine en une sorte de delta incomplêt.

Le *Sénégal* est formé à Bafoulabé de deux grands affluents : le Bafing ou « rivière Noire », et le Bakoï ou « rivière Blanche ». Le Bafing, qui paraît être la branche principale, descend du Fouta-Djalon, passe près de Timbo, et parcourt une vallée bordée d'escarpements à l'ouest, plus plate à l'est. Le Bakoï naît au pays peu élevé de Manding, à quelques lieues seulement de Bamakou et du Niger ; il coule vers le nord-ouest en recevant plusieurs affluents des pays du Jallonka, du Fouladougou, de Kita, et rejoint le Bafing à Bafoulabé.

En aval de ce confluent, le Sénégal forme dans le Bambouk une série de chutes dont la première est le saut de Guina, et la dernière, la chute du Felou, que l'on dit haute de 20 à 30 mètres et large de plus de 400 mètres. Il ne devient navigable qu'à Médine ou plutôt à Kayes ; plus bas, il reçoit à droite la Falémé, son principal affluent, qui sépare le Bambouk du Bondou et baigne Bakel, où il s'étend en une belle nappe de 600 mètres de largeur; puis, sur la limite du Fouta et du Toro, il traverse une vaste plaine où il baigne Matam, Saldé et Podor; il se divise en deux bras ou marigots qui enveloppent de longues îles boisées dont la principale est l'île de Morfil, cette « île de l'Ivoire », où les indigènes chassaient autrefois l'éléphant.

En aval de Podor, après avoir formé de nombreux méandres, le fleuve communique avec deux lacs, le *Cayor* au nord, et le *Guier* au sud, qu'il remplit de ses eaux dans la saison des pluies et qu'il draine, au contraire, au temps de la sécheresse. Dans la plaine marécageuse et boisée du Oualo il passe à Richardtoll et se divise de nouveau en nombreux marigots ou bras de deltas dont les plus septentrionaux, arrêtés aujourd'hui par la barre sablonneuse du littoral, courent vers le sud. Le bras principal qui baigne l'île de Saint-Louis, atteint une lagune dirigée du nord au sud et s'en échappe à travers la dune par une coupure qui, variant de position, se trouve actuellement à 15 kilomètres au sud de la capitale.

La longueur du Sénégal est évaluée à 1.600 kilomètres depuis les sources du Bafing, et à 1.250 kilomètres depuis Bafoulabé. Son altitude est de plus de 2.000 mètres à sa source, 143 mètres au confluent, à Bafoulabé, et 50 à Médine.

Navigable depuis Kayes (1.000 kilomètres) au temps des grandes eaux et depuis Podor (250 kilomètres) en toute saison, le Sénégal est la voie commerciale naturelle entre la côte et le bassin du Niger. Malheureusement les barres sablonneuses de son embouchure, les chutes de sa partie supérieure, les variations irrégulières de son niveau, provoquées par les pluies de l'hivernage, nuisent à sa navigation qui n'est pratiquable en tout temps qu'aux bâtiments calant moins d'un mètre.

Le *Saloum* n'est qu'une petite rivière, mais il se jette dans un estuaire très vaste, rempli d'îles ; il traverse le petit royaume de Saloum.

La *Gambie*, moins longue que le Sénégal (900 kilomètres), a une embouchure en estuaire plus large (5 à 10 kilomètres) et plus navigable. Elle descend du massif de Taugue, qu'elle contourne par le nord pour courir vers l'ouest; elle traverse une large et fertile vallée en arrosant divers comptoirs anglais, entre autres Albréda au nord, Sainte-Marie-de-Bathurst au sud de son embouchure.

La *Casamance* a peu. d'étendue; elle baigne les postes français de Sedhiou et de Carabane.

Le *San-Domingo* ou *Cachéo*, le *Rio-Géba* et le *Rio-Grande* (Grande-Rivière) forment des estuaires navigables sur les bords desquels les Portugais ont établi des factoreries; en face se trouvent les îles Bissagos, peuplées de métis portugais qui excellent dans le commerce et le cabotage.

Le *Rio-Nunez*, le *Rio-Pongo* et la *Mellacorée* traversent des régions fertiles qui renferment de nombreux comptoirs français.

Les deux rivières *Scarcies* sont sous le protectorat de l'Angleterre et marquent la limite de la florissante colonie nègre de Freetown, dont le chef-lieu de même nom se trouve à l'embouchure de la Rokelle.

Le *Niger*, fleuve du pays des Noirs, forme actuellement la limite orientale des possessions françaises du Sénégal. Né au massif du Loma, dans la chaîne des Kongs et à l'est du Fouta-Djalon qui lui envoie des affluents encore peu connus, il se dirige vers le nord-est sous le nom de *Djoliba*, traverse le pays des Mandingues, y baigne le nouveau fort français de Bamakou, Ségou-Sikoro, la capitale du Ségou, et Sansandig. — Plus au nord il reçoit à droite de puissants affluents, se divise en plusieurs bras qui enferment de vastes îles dans le Bourgou, et traverse d'immenses marécages que l'on désigne parfois sous le nom de lac Dibbie ou Debou. Arrivé à Kabara, en face de Timbouctou, le grand marché soudanien, le Niger décrit vers l'est et le sud-est une courbe remarquable analogue à celle du Congo, mais en sens inverse, ce qui le ramène vers le golfe de Guinée dont il semblait d'abord vouloir s'éloigner.

Le cours inférieur et le delta du Niger appartiennent aujourd'hui aux Anglais, comme son cours supérieur est destiné à devenir français. Ce fleuve immense, long de plus de

4.500 kilomètres, sera ainsi l'artère principale du commerce et de la civilisation vers le Soudan occidental et le Sahara central.

Climat. — Contrée intertropicale, le Sénégal a le climat torride, surtout dans les déserts du nord, mais avec des atténuations considérables sur le littoral, dues à l'influence du courant froid marin qui suit la côte du nord au sud.

Baobab au Sénégal.

A Saint-Louis, les écarts de température varient de 20 à 28 degrés seulement, température moyenne; tandis qu'à Médine ou à Bakel, le thermomètre monte de 25 degrés en hiver jusqu'à 65 degrés en été, même à l'ombre, lorsque souffle l'harmattan ou vent du nord-est venant du Sahara.

Il n'y a que deux saisons : l'*hivernage,* saison des pluies et des fièvres, la plus funeste aux Européens, elle dure de juin à novembre; et la *saison sèche,* plus chaude, mais moins malsaine, qui dure de décembre à juin, et compte à peine quelques jours de pluie en six mois.

Grâce à son altitude plus considérable, le massif montagneux du centre jouit d'un climat plus tempéré, dont la colonisation européenne profitera peut-être un jour.

En hiver, des *tornades* ou vents tournoyants et nuageux, accompagnés de coups de tonnerre, souvent aussi d'averses abondantes, sévissent fréquemment sur le littoral, et des *raz de marée* dévastent la côte en mai et juin.

Productions. — Sans parler ici des produits commerciaux, le Sénégal abonde en végétaux et animaux qui atteignent souvent une grande taille. Qu'il nous suffise de citer parmi les premiers, l'immense baobab, le tamarinier, l'acacia, le gommier, l'adansonia, le palmier, le bombar ou fromager, le chi ou arbre à beurre, de beaux bois de teinture et de construction; parmi les seconds, les singes, le lion, le léopard, l'éléphant, l'hippopotame, le crocodile, les perroquets, l'autruche, le marabout ou cigogne à sac. Les fourmis blanches ou termites et les moustiques sont les fléaux de la contrée.

L'or, l'argent, le fer, le cuivre existent, mais sont peu exploités. Le sel est assez commun.

CHAPITRE III

GÉOGRAPHIE POLITIQUE

Ethnographie. — La population coloniale ne comprend guère que 2.000 Européens et 200.000 noirs, administrés par nous et répandus sur un territoire vaguement évalué à 40 ou 50.000 kilomètres carrés; mais dans ces derniers temps, plus de 2.000.000 de noirs et autres indigènes ont été placés sous notre protectorat et vivent soit sédentaires, soit nomades, sur une étendue de 3 à 400.000 kilomètres carrés. Peu à peu notre influence s'établit sur le reste de la Sénégambie.

On distingue les Européens, les Maures et les Noirs. Parmi les Européens, il y a à peine 300 commerçants, la plupart Français, résidant à Saint-Louis ou à Gorée; les autres sont des employés civils et militaires qui ne séjournent qu'un temps plus ou moins long, à cause de l'insalubrité du climat.

Guerrier peul.

Les Maures, de race berbère, musulmans et fanatiques, sont les Trarza et les Douaïch, qui parcourent en nomades le désert de la rive droite du fleuve, qu'ils n'ont que trop souvent traversé pour faire des razzias au milieu des peuplades noires de la rive gauche.

Parmi les noirs on classe les *Peuls,* les *Ouolofs,* les *Mandingues,* les *Toucouleurs,* etc.

Les *Peuls,* appelés aussi Foulahs, Foulbés ou Fellatahs,

sont plutôt de race brune ou éthiopienne; industrieux et pasteurs, mahométans et conquérants, ils habitent le Fouta du bas Sénégal et le massif du Fouta-Djalon.

Les *Ouolofs,* Yolofs ou Djolofs, sont de vrais nègres, au teint noir, nez épaté, lèvres épaisses, mais de belle stature; ils habitent la plaine au sud de Saint-Louis.

Berger peul.

Les *Mandingues,* Mandings ou Malinkés, et leurs frères les *Bambaras,* sont intelligents, cultivateurs, aptes au négoce et fétichistes; ils peuplent les régions centrales et les bords du Niger.

On appelle *Toucouleurs* les tribus métisses de Peuls et de nègres; musulmans, rusés, fanatiques et turbulents, ils ont créé souvent de grands embarras à la colonisation du pays.

Les indigènes sont en général groupés en villages avec un

chef élu, et en petites souverainetés ou royaumes. Il y a parmi eux des hommes libres et des esclaves. Les guerriers, qui sont en honneur, se partagent la dépouille des vaincus. On trouve même des anthropophages dans le sud-ouest.

Les peuplades du Sénégal. — « Quoique depuis bien des années en contact avec les Européens, les indigènes du Sénégal ont jusqu'à présent conservé leurs mœurs et leurs

Femme peule.

coutumes primitives, avec leurs dialectes différant tous les uns des autres. Ils sont orgueilleux, fourbes, astucieux et paresseux au superlatif; leur vie est celle de l'animal; pour eux le suprême bonheur, l'idéal de l'existence, est de manger et de dormir. Ils n'ont aucune industrie et cultivent juste à peu près ce qu'il faut pour subvenir aux besoins de l'année...

« ... Toutes ces peuplades ont pour les Européens une répulsion mêlée de mépris; elles nous détestent profondément...

« ... L'esclavage existe dans toutes ces contrées; dès qu'on est un peu au courant des mœurs indigènes, on distingue tout de suite deux classes différentes de captifs. La première comprend le captif de case, l'ami plutôt que l'esclave du maître, dont il a même très souvent la confiance; il n'est jamais vendu, sauf dans le cas de force majeure; en un mot, il est considéré comme faisant presque partie de la famille. Quant aux captifs ordinaires, ceux-là sont plus à plaindre, car ils sont parfois soumis à des traitements rigoureux. Appartenant aujourd'hui à celui-ci, demain à celui-là, ils sont vendus suivant les caprices du maître...

« ... Les noirs vivent dans des cases groupées en villages, grossièrement faites, basses et sans la moindre aération; leurs formes sont cylindriques, surmontées d'un toit en cône; quelques-unes dans le bas fleuve, presque toutes chez les Sarracolets et les Kassonkais, ont la partie cylindrique formée de pieux et de branches recouvertes de terre argileuse; tout le reste est en paille. Là dedans grouillent hommes, femmes, enfants, voire même certains animaux domestiques; on y couche, on y fait la cuisine, on y mange, tout cela dans un espace restreint et non aéré; les odeurs s'y accumulent, s'y concentrent; du poisson, de la viande séchée, ramassés quelquefois dans un coin, contribuent encore à rendre l'accès d'une case insupportable pour tout Européen. En dehors des nattes sur lesquelles ils couchent, du misérable coffre en bois dans lequel ils ramassent les vêtements, et de leurs calebasses qui, on peut le dire, servent à tous les usages, la case est complètement nue; le sol est aplati et uni, un espace vide plus ou moins grand est réservé devant l'entrée; quelquefois même un petit jardin y est attenant : on y cultive quelques légumes, comme giraumons, yombos ou patates douces, mais jamais on n'y voit de fleurs, non plus que d'arbres fruitiers. Tous ces villages sont généralement d'une saleté repoussante; ils n'offrent aucune symétrie, les cases sont construites les unes près des autres, se touchant même quelquefois, sans ordre; de petites ruelles étroites, malpropres, où se répandent les odeurs des cases, permettent de circuler d'un endroit à l'autre du village, en faisant mille tours et détours.

« Leurs costumes sont primitifs, ils se composent d'un pantalon ou *toubé* dont la ceinture est à coulisse, descendant à peu près jusqu'au genou, et d'un *boubou,* morceau d'étoffe qui va jusqu'aux chevilles, au milieu duquel on ménage un trou pour passer la tête; cousu de chaque côté, il laisse des ouvertures pour les bras... Les Yolofs et les Toucouleurs portent la tête complètement rasée; un couteau, un morceau de bouteille cassée, leur suffit pour cette opération. Même ainsi, sans avoir rien sur la tête qui les garantisse, ils affrontent les plus forts rayons du soleil. Les Sarracolets et les Kassonkais portent les cheveux sensiblement de la même manière, séparés en plusieurs mèches tressées; ils apportent un grand soin à leur coiffure, mais une fois installée, ils restent quinze jours ou trois semaines sans y toucher.

« Les femmes n'y mettent pas moins d'amour-propre, et si les coiffeurs ont besoin de patience, la personne qu'on coiffe ne doit pas en manquer. Lorsqu'une femme se fait coiffer, elle s'étend par terre tout de son long, la face contre le sol; la coiffeuse s'assied à la hauteur de la tête et commence le démêlage avec un outil que, sans exagérer, on peut appeler un râteau; pour faciliter l'opération et rendre les cheveux plus souples, on les enduit soit d'huile, soit de beurre; ce travail terminé, — et il ne dure pas moins de plusieurs heures, — les cheveux sont séparés en petites mèches, enroulées successivement chacune autour d'une paille; toutes ces pailles sont ensuite ramenées derrière la tête et liées ensemble. Là, s'arrête la première séance, et ce n'est qu'un jour ou deux après, lorsque les cheveux ont pu assez prendre le pli, qu'on enlève les pailles pour donner le dernier lissage [1]... »

Les principaux États ou royaumes du Sénégal sont, au nord : le Cayor, dont le chef porte le nom de Damel; le Oualo, le Dimar, le Fouta, le Bondou; à l'est, le Bambouk, le Jallonka, le Kita, le Manding; à l'ouest, le Baol, le Serère, le

---

[1] L. Muiron d'Arcenat, *Bulletin de la Société de Géographie.*

Saloum, le Chabou, le Narou, le Biafar, le Fouta-Djalon; ce dernier royaume soumis à notre protectorat en 1883, a pour capitale Timbo, aux sources du Bafing.

ADMINISTRATION. — La colonie est administrée par un gouverneur résidant à Saint-Louis. Un préfet apostolique est le chef du culte catholique.

Il n'y a que trois communes organisées, qui sont en même temps des paroisses : Saint-Louis, Gorée-Dakar, et Rufisque, elles sont administrées comme celles de France.

La colonie élit un conseil général et nomme un député au parlement français.

Ci-devant divisé en deux arrondissements dits de Saint-Louis et de Gorée, le Sénégal comprend aujourd'hui quatre arrondissements ou parties diversement administrées, savoir : ceux de Saint-Louis, du Haut-Fleuve, de Dakar et des Rivières du sud.

Signalons les villes ou les principaux centres de population de la colonie.

I. — *L'arrondissement de* SAINT-LOUIS, placé sous les ordres directs du gouverneur, comprend les cercles de Saint-Louis, Dagana, Podor et Saldé, sur le bas Sénégal.

Saint-Louis, 20.000 habitants, chef-lieu de la colonie et résidence du gouverneur, est bâtie sur un îlot sablonneux du fleuve Sénégal, à quinze kilomètres de son embouchure, mais à 500 mètres à peine de la mer, dont elle n'est séparée que par le petit bras du fleuve et une langue de terre appelée côte de Barbarie. Saint-Louis a été fondée en 1626 par la Compagnie française patronnée par le cardinal de Richelieu. Longtemps composée de simples cases de paille, presque entièrement remplacées par des maisons à galeries et à terrasses, bordant des rues bien alignées et bien entretenues, la ville de Saint-Louis possède aujourd'hui quelques beaux édifices publics; un pont de bateaux, long de 650 mètres, traverse le grand bras du fleuve pour atteindre à Bouëtville la gare du chemin de fer de Dakar; deux autres ponts sont jetés à Oé, sur le petit bras pour rattacher les deux faubourgs de Guet-Ndar (en ouolof Parc de Saint-Louis) et de Ndar-Tout (Petit-

Saint-Louis), bâtis sur la langue sablonneuse de Barbarie et peuplés principalement de pêcheurs.

Saint-Louis fait un commerce actif par le fleuve, et l'extension de la colonie vers le Niger lui ménage un avenir florissant, surtout si l'on exécute le projet d'un avant-port en face de la ville pour éviter le détour de l'embouchure. Malgré les difficultés de la barre, les navires y viennent débarquer, bord à quai, les marchandises européennes et remportent les

Le fort de Bakel.

gommes, les arachides, les peaux et les cuirs entreposés par les maisons de commerce.

La banlieue de Saint-Louis contient les villages de *Gandiole, Ndiago, Mérinaghen, Richardtoll,* etc.; une vingtaine de forts sont établis sur la route de Dakar et sur le bas fleuve.

Dagana, Podor et *Saldé,* sur le Sénégal, sont les chefs-lieux des cercles dépendant de l'arrondissement de Saint-Louis.

II. — *L'arrondissement du* HAUT-FLEUVE est administré militairement par un commandant qui réside à *Kayes* ou *les Cayes,* localité fondée en 1880, en aval de Médine. Il com-

La gare de Dakar.

prend depuis Matam plusieurs cercles dont les chefs-lieux sont *Bakel*, poste fortifié en 1820; *Médine,* qui rappelle le siège de 1857; *Bafoulabé,* au confluent du Bafing et du Bakoï; *Kita,* camp retranché établi en 1881 sur le plateau de ce nom; et *Bamakou,* ville du Bambara, sur le Niger, d'où l'influence et le commerce français vont descendre vers Timbouctou.

Des groupements d'habitations indigènes se forment autour de ces postes fortifiés qui assurent la tranquillité de la contrée.

III. — *L'arrondissement de* Dakar est administré par un fonctionnaire civil relevant du gouverneur. Peu étendu, il comprend les villes de Gorée, Dakar, Rufisque et Portudal.

Dakar, 2.000 habitants, fondée en 1857, pour suppléer à l'insuffisance du port de Gorée, est bâtie à l'intérieur d'une baie formée par la presqu'île du cap Vert, et sur un petit plateau d'une altitude de 18 mètres. Port sûr, défendu par un fortin; dépôt de charbon, tête de ligne du chemin de fer de Saint-Louis et avant-port de cette ville, point de ralliement de la division navale, relâche des paquebots des Messageries maritimes, Dakar est appelé à un avenir brillant, peut-être à supplanter Saint-Louis.

Gorée a été bâtie en 1365 par les négociants dieppois, sur un îlot de 36 hectares de superficie, situé à l'entrée de la baie de ce nom; elle est défendue par un castel qui domine la ville à 60 mètres de hauteur. Gorée a eu son époque d'importance et fut l'objet de plusieurs attaques navales; détrônée aujourd'hui par Dakar, sa population est tombée de 4.000 à 2.000 habitants.

Rufisque, du portugais Rio Fresca « rivière fraîche », est une ville très florissante de 5.000 habitants, située sur la côte du Baol. — *Portudal* et *Joal,* 2.000 habitants, sur la côte de Sine, paraissent avoir comme Rufisque une origine portugaise.

IV. — *L'arrondissement des* Rivières du Sud s'étend du Rio Saloum à la Mellacorée; il comprend tous les comptoirs établis au sud-ouest de la Sénégambie et est administré par un lieutenant-gouverneur.

Les principaux centres de commerce et de population sont les villages de *Kaolak,* sur le Saloum ; — *Sedhiou,* à 35 lieues de l'embouchure de la Casamance ; — *Carabane,* dans une île à l'embouchure du même fleuve ; — *Boké,* sur le Rio-Nunez ; — *Boffo,* sur le Rio-Pongo ; — *Benty,* sur la rive gauche de la Mellacorée, résidence du lieutenant-gouverneur et point extrême des possessions françaises.

INDUSTRIE. — Les indigènes de la Sénégambie vivent principalement de l'élève du bétail, de la pêche, de la culture du mil, du manioc, du riz, du maïs et de l'arachide. Celle-ci est une papilionacée dont les gousses, qui s'enfoncent en terre pour mûrir, donnent une huile abondante propre à divers usages.

Ils cultivent aussi l'indigo, le coton et tissent des bandelettes d'étoffe bleue dont ils font le pagne, sorte de vêtement assez rudimentaire.

Il y a parmi eux des forgerons, des potiers, des fabricants d'objets usuels, de bijoux, souvent artistement travaillés. Ils exploitent l'or, dans le Bambouk (pour un demi-million) et d'autres métaux.

« Diverses industries, répondant à certains besoins locaux, ne font pas défaut aux indigènes, et, en certains cas, aux Européens.

« Les industries de luxe telles que l'orfèvrerie et les tissus du pays, comptent des artisans habiles. En ce qui concerne la première, on pourrait presque dire que les bijoux fabriqués sortent des mains de véritables artistes, étant donné surtout l'outillage primitif employé. Le dessin est correct, les filigranes sont délicats et parfois ne laissent rien à désirer comme fini et comme goût.

« La fabrication des tissus du pays qui servent à la confection du *pagne,* partie principale du costume indigène, est entre les mains des tisserands noirs dont les métiers et l'installation ne le cèdent en rien aux outils primitifs des bijoutiers. Et cependant la chaîne et la trame sont irréprochables ; les passées avec des fils de différentes couleurs produisent des dessins d'une régularité parfaite. Le tissage se fait par bandelettes de deux mètres de longueur qui, réunies ensuite, forment le pagne.

« Bon nombre de pagnes sont tissés en fil de coton blanc sans mélange de fils de couleur, pour être ensuite teints en bleu avec l'indigo sénégalais.

« Les forgerons, et notamment les individus de race Lawbé, confectionnent les poignards, les fers de lance et le *hilaire,* le seul outil agricole employé. Le hilaire a la forme d'un croissant à bords tranchants et à cornes arrondies et rentrantes.

« Les cordonniers font non seulement la chaussure, les babouches ou bottes en cuir rouge ou jaune, mais encore les fourreaux de sabre, de poignards, les housses de selle, etc. [1] »

COMMERCE. — Le commerce intérieur se fait différemment selon les régions : sur le haut fleuve, on troque les produits du pays contre des marchandises importées; dans le Cayor, les arachides sont échangées contre espèces sonnantes ou contre du fer de Suède en barre; dans le Serrère, on troque contre de l'eau-de-vie; dans les rivières du Sud, contre des guinées ou tissus de coton, des fusils, de la poudre, du tabac, etc.

Le commerce de la colonie est assez florissant depuis une dizaine d'années. Le chemin de fer de Saint-Louis à Rufisque et Dakar, long de 263 kilomètres, rend déjà de grands services. Une autre ligne, à voie étroite, de 1 mètre de largeur, commencée en 1882, remonte le haut fleuve depuis Kayes, où finit la navigation régulière, et doit atteindre Bafoulabé, plus tard Bamakou.

Le commerce extérieur de la colonie s'est élevé de 25 millions en 1875 à 50 millions en 1883. Il se fait pour les 2/3 avec la métropole, surtout pour l'exportation.

Les marchandises importées proviennent de la France (12 millions de francs), de l'Angleterre (6 millions), de la Belgique (4 millions), de l'Allemagne (3 millions), et de l'Amérique (2 millions).

---

[1] Extrait des *Notices coloniales,* publiées par le ministère de la Marine.

Ce sont notamment des denrées alimentaires et des vins français, des armes et des tissus belges et anglais, des eaux-de-vie de Hambourg, du fer de Suède et du tabac d'Amérique.

Les exportations consistent surtout en *arachide*, pour une valeur rapidement croissante de 13 millions en 1880 à 20 millions en 1883 ; — en *gomme* d'acadie, pour 4 millions ; en caoutchouc, sésame, cire, peaux et plumes ; en outre, le café du Rio-Nunez, et le riz de la Casamance.

Saint-Louis et Gorée-Dakar sont deux ports d'importation et d'exportation ; Rufisque et la plupart des comptoirs font surtout l'exportation et la troque.

Le mouvement de la navigation a lieu particulièrement avec les ports de Bordeaux, Marseille, Londres, Liverpool, Cardiff, Hambourg et Boston.

Des services réguliers sont établis de Bordeaux et de Liverpool à Dakar. De petits vapeurs de l'État font les transports sur le fleuve jusqu'à Kayes. De Kayes à Bamakou, la correspondance par terre prend dix-sept jours. Des canonnières naviguent déjà sur le Niger. Les comptoirs des Rivières du Sud sont reliés par un service régulier de bateaux à vapeur.

Une ligne télégraphique rattache Saint-Louis à Bamakou, et un câble sous-marin établit par Ténériffe et Cadix la correspondance avec la mère patrie.

COTES DE GUINÉE

Historique. — Nul doute que les négociants français de Dieppe et de Rouen, en même temps que les Portugais, n'aient fréquenté les côtes de Guinée aussi bien que celles du Sénégal, dès le xive siècle; mais l'histoire est muette sur leurs exploits jusqu'en 1700, où la compagnie d'Afrique fonda, sur la rivière d'Assinie, un comptoir qui fut abandonné quelques jours après. C'est en 1843 seulement, que Louis-Philippe

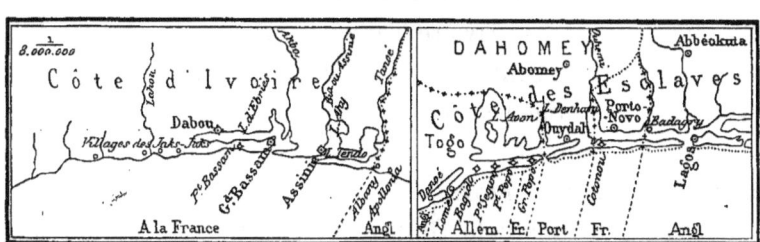

Carte des côtes de Guinée.

chargea le lieutenant, plus tard amiral Bouët-Willaumez, de prendre officiellement possession des territoires de *Grand-Bassam*, d'*Assinie* et du *Gabon*.

Le royaume de *Porto-Novo*, sur la côte des Esclaves, ne devint notre protégé qu'en 1864, et ne fut occupé militairement que vingt ans après.

Le *Grand-Popo* est situé sur la même côte, en face du Dahomey. Son territoire, ainsi que ceux du *Petit-Popo* et plusieurs autres, sont en ce moment l'objet de négociations entre les gouvernements français, allemand et portugais. On sait déjà que l'Allemagne a pris possession du Togo, situé entre le Popo et la colonie anglaise de la Côte-d'Or, et que les Portugais se sont établis officiellement sur la côte du Dahomey, de manière à resserrer nos comptoirs de la côte des Esclaves. Un coup d'œil jeté sur la carte ci-contre, fait comprendre la situation respective et l'enchevêtrement des possessions européennes dans ces parages.

I. — COTE D'IVOIRE

La partie de la côte d'Or ou, plus exactement, de la côte d'Ivoire appartenant à la France, présente un développement de plus de 300 kilomètres. Elle s'étend à l'ouest, jusqu'à la république de Libéria, sans démarcation bien déterminée; à l'est, elle confine aux possessions anglaises de la Côte-d'Or qui commencent à la rivière Tanoé. — Dabou, Grand-Bassam et Assinie, qui en sont les principaux comptoirs, ne consistent qu'en villages indigènes, auprès desquels on a établi un poste, ou enceinte entourée de palissades, et destinée à protéger les maisons de commerce.

Comme pour toute la Guinée en général, la côte d'Ivoire est basse, marécageuse, boisée et insalubre; elle consiste en une langue de terre sablonneuse, derrière laquelle court une série de lagunes où affluent les eaux de l'intérieur.

La lagune de Bassam, ou d'Ebriès, baigne à la fois *Grand-Bassam,* situé à l'est, à 4 kilomètres de la mer sur l'embouchure de l'Akba, *Petit-Bassam* au sud et *Dabou* au nord.

Assinie est située sur la rivière de même nom qui sert de débouché à la double lagune d'Ahy-Tendo, dans laquelle se jettent, à l'ouest, la rivière Bia ou Assinie, et à l'est, la rivière Tanoé, limite de la colonie.

L'exportation de la côte d'Ivoire consiste surtout en huile de palme, poudre d'or, cuirs, ivoire; elle se fait principalement par les indigènes Jaks-Jaks qui occupent le littoral et qui trafiquent de préférence avec les négociants anglais. L'importance du commerce français est si peu considérable, qu'en 1872 le gouvernement a livré Grand-Bassam à la maison Verdier de la Rochelle, et Assinie à la maison Swanzy de Londres, en réservant toutefois ses droits pour l'avenir.

Il y a même eu un projet d'échanger ces deux possessions

Poste du Grand-Bassam.

contre celles que l'Angleterre tient sur la Gambie, ce qui eût été peut-être plus avantageux pour chacune des deux parties, en évitant les occasions de conflits d'intérêts.

Les noirs. — « Deux grandes races, très distinctes, habitent la région voisine de nos établissements. La première, qui occupe le territoire d'Assinie, offre cette particularité exceptionnelle chez les races noires, que le fils hérite de son père.

« Dans la seconde, qui habite sur la côte d'Ivoire, nous retrouvons, comme chez les peuples du Gabon, l'hérédité transmise par la ligne des femmes; l'héritage du père passe au fils aîné de sa sœur, ou, à défaut de celui-ci, à son propre frère.

« La grande famille qui peuple la côte d'Or comprend : les Achantis, qui habitent l'intérieur, les Fantis et les Achantas. Les naturels d'Assinie sont des Wœssaws et des Denkeras; ils sont peu nombreux.

« Élancés, bien pris, ils ont une grande vigueur, mais leurs

Poste français d'Assinie.

traits sont grossiers, leur nez épaté et leurs lèvres lippues. Cependant, leur peau est le plus souvent très fine et d'un beau noir. Quelques-uns, par leur teinte cuivrée, rappellent absolument les *Peuls* du Sénégal, ce qui ferait supposer qu'ils peuvent, par l'intérieur, être en communication avec les Bambaras, habitant le haut Niger.

« Au moral, ils possèdent tous les vices ordinaires de leur race; ils sont faux, perfides, astucieux et voleurs; on les dit même anthropophages. Fétichistes ardents, ils sont restés rebelles aux tentatives de conversion, et les missionnaires ont dû abandonner tout espoir de les catéchiser.

« Les Jaks-Jaks semblent former une race à part, absolument étrangère. Ils ont su s'élever par leur intelligence et leur industrie au-dessus des populations qui les entourent. Nous les avons déjà vus, courtiers du littoral, tremblant pour leur monopole, lever contre nous l'étendard de la révolte et inciter à la rébellion les peuplades productrices de l'intérieur; mais, depuis la rude leçon qui leur fut infligée, ils ont compris tout le parti qu'ils pouvaient tirer de leurs bons rapports avec nos nationaux, et sont devenus pour nous des auxiliaires dévoués. *Grand-Jak* est leur bourg principal. Il occupe sur la plage une étendue de plus de huit cents mètres; les cases, fort nombreuses et bien construites, sont disposées par groupes réguliers entourés de palissades de bambous. Leurs villages, en général, quoique absolument semblables à ceux des autres nègres, respirent cependant un air d'aisance qui les distingue entre tous [1]. »

II. — COTE DES ESCLAVES

Le Popo. — L'importance de nos établissements du Popo n'est pas bien connue, ni sans doute bien considérable, d'autant plus que la concurrence allemande y fait tort aux transactions commerciales de nos maisons marseillaises. L'objet des échanges est sensiblement le même qu'à Porto-Novo, dont nous allons parler.

Porto-Novo. — La colonie française de Porto-Novo est située sur la côte des Esclaves, à l'est du lac Denham et du Dahomey, et à l'ouest de la ville plus connue de Lagos, chef-lieu des possessions anglaises. Elle comprend une côte de

---

[1] Hue et Haurigot, *Nos petites colonies.*

45 kilomètres de longueur, formée d'une barre sablonneuse où se trouve le poste français de Cotonou, et d'une lagune courant de l'ouest à l'est, au delà de laquelle est bâtie Porto-Novo.

Un missionnaire catholique dans les lagunes de Guinée.

Porto-Novo, peuplée de 20.000 habitants, est la capitale du royaume de même nom qui s'est soumis au protectorat français, et qui compte environ 100.000 indigènes, tous de race nègre, superstitieux et fétichistes.

La puissance du roi est despotique et les coutumes barbares du Dahomey s'y pratiquaient encore récemment. Des missionnaires catholiques et une école tenue par des religieuses ont aidé à la conversion de 2.000 noirs.

Le commerce de Porto-Novo est relativement considérable (10 millions); il consiste surtout dans l'exportation des huiles et des amandes de palme et de la poudre d'or, troquées contre des marchandises européennes. Des maisons de Marseille y ont de nombreux comptoirs. Malheureusement, la lagune n'a de débouché qu'à Lagos qui dépend de l'Angleterre, mais on projette de construire un canal qui couperait la langue de terre par Cotonou, poste fortifié et résidence du commandant français. La correspondance avec l'Europe ne se fait que par les navires qui touchent à Lagos.

Lagunes et forêts en Guinée. — « C'était en plein midi, cette fois, dans une pirogue d'indigène à l'abri d'une tente mouillée.

« On longeait les verdures épaisses de la rive, on passait sous les branches et sous les racines pendantes des arbres, pour profiter d'un peu d'ombre chaude et dangereuse qui tombait là sur l'eau.

« Cette eau semblait stagnante et immobile, elle était lourde comme de l'huile, avec de petites vapeurs de fièvre qu'on voyait planer çà et là sur sa surface polie.

« Le soleil était au zénith; il éclairait droit d'aplomb, au milieu d'un ciel d'un gris violacé, d'un gris d'étain, qui était tout terni par des miasmes de marais.

« C'était quelque chose de si terrible la chaleur qu'il faisait, que les rameurs noirs étaient obligés de se reposer malgré tout leur courage. L'eau tiède n'apaisait plus leur soif; ils étaient épuisés et comme fondus en sueur.

« Et alors quand ils s'arrêtaient, la pirogue entraînée tout doucement par un courant presque insensible, continuait son chemin à la dérive. Et nous pouvions voir de tout près ce monde à part, le monde de dessous les palétuviers, qui peuple les marais de toute l'Afrique équatoriale.

« A l'ombre, dans les fouillis obscurs des grandes racines, ce monde dormait.

« Là, à deux pas, il y avait des caïmans glauques, allongés

mollement sur la vase, bâillant, la gueule béante et visqueuse, l'air souriant et idiot; il y avait de légères aigrettes blanches qui dormaient aussi, roulées en boules neigeuses au bout d'une de leurs longues pattes et posées, pour ne pas se salir, sur le dos même des caïmans pâmés; il y avait des martins-pêcheurs de tous les verts et de tous les bleus, qui faisaient la sieste au ras de l'eau dans les branches, en compagnie des lézards paresseux; et de grands papillons surprenants, éclos dans des températures de chaudière, qui s'ouvraient et se fermaient lentement, posés n'importe où, ayant l'air de feuilles mortes quand ils étaient fermés, et tout brillants comme des écrins mystérieux quand ils étaient ouverts, tout étincelants de bleus nacrés et d'éclats de métal.

« Il y avait surtout des racines de palétuviers, des racines et des racines, pendant partout comme des gerbes de filaments; il y en avait de toutes les longueurs, de tous les calibres, s'enchevêtrant et descendant de partout; on eût dit des milliers de nerfs, de trompes, de bras gris, voulant tout enlacer et tout envahir: d'immenses étendues de pays étaient couvertes de ces enchevêtrements de racines. Et, sur toutes les vases, sur toutes les racines, sur tous les caïmans, il y avait des familles pressées de gros crabes gris qui agitaient perpétuellement leur unique pince d'un blanc d'ivoire, comme cherchant à saisir en rêve des proies imaginaires. Et le mouvement de somnambule de tous ces crabes était, sous l'épaisse verdure, le seul grouillement perceptible de toute cette création au repos. » (Pierre Loti.)

GABON ET CONGO

Notice historique. — En 1842, l'escadre française évoluant dans le golfe de Guinée pour surveiller, d'accord avec l'escadre anglaise, la traite des nègres, choisit comme lieu de refuge et de ravitaillement, l'estuaire du Gabon, qui fut acheté à deux petits rois riverains appelés Louis et Denis. La prise de possession eut lieu en 1843, et le premier village français, *Libreville,* fut fondé sur un plateau en 1849. En 1862, on s'empara du cap Lopez et du delta de l'Ogôoué. Toutefois notre commerce profitait peu de cette colonie, qui fut même abandonnée en 1871.

Mais bientôt les explorateurs français Marche et de Compiègne, remontent l'Ogôoué (1874); Savorgnan de Brazza, italien de naissance, lieutenant de marine au service de la France, atteint, en 1877, le plateau des sources de ce fleuve et y découvre (1878) l'Alima et la Licona, qu'il soupçonne être des affluents du Congo; mais, repoussé par les indigènes, il est obligé de retourner sur ses pas sans apercevoir le fleuve lui-même que, un an auparavant (1877), l'explorateur américain Stanley avait descendu en entier depuis Nyangoué jusqu'au golfe de Guinée.

Pour comprendre la suite des événements, il est bon de rappeler que, déjà en 1876, le roi des Belges, Léopold II, avait fondé avec les représentants des grandes puissances une Association internationale pour la civilisation de l'Afrique centrale, en vue surtout d'éteindre la traite des nègres et de faire profiter le commerce de toutes les nations. Des stations scientifiques et hospitalières furent d'abord échelonnées sur la route du Zanguebar au grand lac Tanganîka, dans la région orientale. Apprenant la traversée de Stanley, le roi le fit venir à Bruxelles, puis le chargea de retourner sur le Congo, qu'il venait de découvrir, avec mission d'y établir des stations et d'ouvrir d'abord une communication vers l'intérieur par la côte occidentale; car il s'agissait de suppléer par un chemin de voiture au défaut de navigabilité du fleuve, qu'interrompent les cataractes échelonnées de Vivi au lac Stanley (Stanley-Pool). Ainsi furent établis successivement, de 1879 à 1882, une série de postes, notamment ceux de Boma, Vivi, Manyanga et Léopoldville.

Mais, pendant ce temps, de Brazza, dans un second voyage, remontait de nouveau l'Ogôoué et fondait Franceville sur le plateau central; parvenu sur le Congo, il obtient de Makoko, roi des Batékés, un traité par lequel celui-ci se met sous le protectorat français et cède le territoire dit de Brazzaville, où notre explorateur plante le drapeau tricolore sur la rive nord du Stanley-Pool, en face de Léopoldville. De Brazza regagne ensuite la côte par la vallée du Quillou et revient en France où, bientôt après, le gouvernement de la République, par la loi du 30 novembre 1882, ratifiant le traité conclu avec le roi Makoko, « se fait remettre par le comité français de l'Association internationale, les deux stations fondées de Franceville et de Brazzaville. » (*Notices coloniales.*)

Dans un troisième voyage accompli de 1883 à 1885, cette fois avec le titre de « Commissaire du gouvernement de la République française », de Brazza s'empara de plusieurs points du littoral, notamment Ponta-Negra et Loango, pendant que l'Association africaine établissait plusieurs stations dans la vallée du Quillou-Niari; puis remontant encore une fois l'Ogôoué, il vint retrouver le roi Makoko pour lui faire la remise de la ratification des traités susdits (avril 1884).

Mais de cette prise de possession s'ensuivirent avec l'Association des difficultés qui s'accrurent encore par les prétentions du Portugal revendiquant, au nom de ses droits historiques, la possession du bas Congo. En effet, on attribue généralement la découverte de l'embouchure du Congo-Zaïre au Portugais Diego Cam, en 1484, et le Portugal fut longtemps en relation d'affaires avec l'ancien royaume du Congo ou de San-Salvador; mais depuis trois siècles il n'avait rien établi à l'intérieur, et le Congo lui-même resta inconnu jusqu'au jour où Stanley révéla au monde étonné ce fleuve géant.

Pour aplanir les différends politiques, il ne fallut rien moins

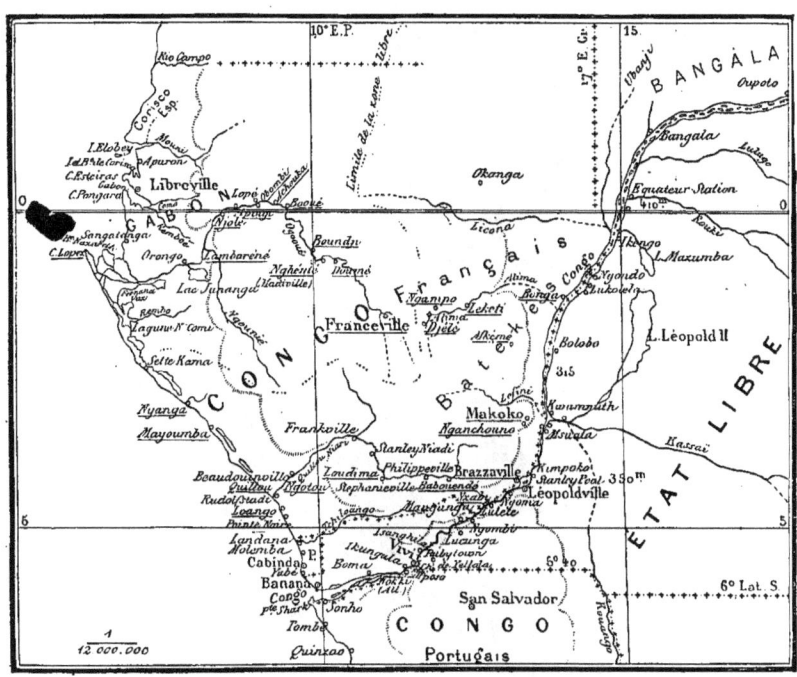

Carte du Gabon et du Congo.

qu'une conférence internationale, laquelle fut convoquée par le prince de Bismark au nom de l'Empire allemand et s'ouvrit à Berlin le 15 novembre 1884. Les quatorze puissances qui y furent représentées sont: l'Allemagne, la France, l'Angleterre, l'Autriche-Hongrie, la Russie, l'Italie, la Belgique, la Hollande, le Portugal, l'Espagne, le Danemark, la Suède-Norvège, la Turquie et les États-Unis d'Amérique.

Il résulta de cette conférence un ACTE GÉNÉRAL, signé le 25 février 1885, qui consacre les principes suivants :

1º La liberté du commerce et de la navigation dans le bassin *conventionnel* du Congo, lequel comprend non seulement le bassin *hydrographique* du fleuve et de ses affluents, mais encore à l'ouest celui du Quillou et de toute la côte depuis Sette-Kama (2º 30' latitude nord), jusqu'au fleuve Logué près d'Ambriz. A l'est, la zone libre prolongée com-

L'évangélisation des nègres.

prend la région des grands lacs et tout le littoral de l'océan Indien, depuis le Somaul (5° latitude nord) jusqu'aux bouches du Zambèze. Cette vaste zone commerciale reste ainsi libre pour tous les pavillons, quelles que soient les puissances qui possèdent ou posséderont dans l'avenir les territoires y inclus ;

2° La neutralité, en cas de guerre, desdits territoires de la zone libre : les états possesseurs, fussent-ils belligérants, ne peuvent les attaquer ni s'en servir comme base d'opérations militaires pour ne pas nuire aux droits des neutres et pour éviter tout conflit avec les indigènes ;

3° La suppression de la traite des esclaves, la protection des indigènes, des missionnaires et des voyageurs, ainsi que la liberté religieuse ; en un mot, la plus complète égalité de tous les individus indigènes ou européens séjournant dans le pays ;

4° La création d'une commission internationale chargée de surveiller l'exécution des stipulations précédentes ;

5° Enfin le bassin entier du Niger est soumis aux mêmes conditions de liberté commerciale que celui du Congo.

Pendant les négociations, la France, le Portugal et le roi des Belges ont pu se mettre d'accord pour le partage des territoires contestés.

Il fut convenu que la France restait maîtresse du bassin du Quillou et d'une grande partie de la rive droite du Congo, tandis que le Portugal obtenait la rive gauche du fleuve vers son embouchure, outre le petit territoire de Cabinda situé plus au nord. L'Allemagne se fit donner le poste de Nokki, non loin de Vivi, pendant qu'elle annexait de vastes provinces dans l'Afrique orientale.

Ces revendications satisfaites, et les autres puissances contractantes n'exigeant pas de part spéciale de territoire, le roi Léopold II, qui seul pendant six ans avait supporté les frais énormes des entreprises dirigées par Stanley, fut reconnu légitime possesseur de la plus grande partie du bassin du Congo dont les limites furent fixées sur une étendue de près de 2.000.000 de kilomètres carrés, comprenant le cours supérieur et moyen du fleuve et une bande de territoire donnant accès par la côte occidentale dans l'intérieur du continent. Ainsi s'explique la création de l'ÉTAT INDÉPENDANT du Congo, par le roi Léopold II qui, avec l'autorisation des Chambres belges, a pris le titre de « Souverain » du nouvel État, sans que l'union des deux pays sous un même chef engage en rien la responsabilité de la Belgique, étant elle-même un État neutre.

Le drapeau de l'État du Congo, comme celui de l'Association africaine dont il a pris la place, est de couleur bleue avec une étoile d'or au centre. Son administration supérieure est à Bruxelles et correspond avec un gouverneur général et des agents établis sur la terre africaine, notamment à Banana, Vivi et Léopoldville. Ces agents, la plupart belges ou anglais, disposant d'une flotille de bateaux à vapeur, continuent l'exploration de l'Afrique centrale ; ils ont fondé de nombreuses stations sur le haut Congo et ont remonté, dans ces derniers temps, d'importants affluents, tels que le Kassaï, le Koango, le Rouki, le Lulugo et l'Ubanji.

Revenons maintenant au « Congo français », car tel est désormais le nom qu'il faudra donner à ces territoires que l'on désigne aussi sous celui trop peu précis « d'Ouest africain ».

Nous allons esquisser la géographie de cette région, puis nous ajouterons quelques détails empruntés aux récits des explorateurs, particulièrement à ceux de M. de Brazza.

DESCRIPTION GÉOGRAPHIQUE. — Le Congo français est situé dans la partie ouest de l'Afrique centrale et équatoriale. En y comprenant le Gabon, il est borné au nord par le Rio-Campo et le 2º 30' de latitude nord, à l'est par le cours du Congo, au sud par le Tchiloango (5º latitude sud) et à l'ouest par le golfe de Guinée.

Sa forme générale est celle d'un hexagone irrégulier mais symétrique, dont le côté inférieur est plus étroit que le côté supérieur.

Politiquement, le Congo français confine au nord à la colonie allemande du Cameron et à la colonie espagnole de Corisco ; à l'est et au sud, au territoire de l'État indépendant, et au sud-ouest, au territoire portugais de Cabinda.

La superficie, évaluée à plus de 600.000 kilomètres carrés, est supérieure à celle de la France et peut s'accroître encore par le nord-est, car un espace libre est réservé entre les limites allemandes et belges, vers les régions inconnues. Il est bon de noter que plus de la moitié de notre territoire à l'est et au sud fait partie de la zone commerciale libre. Les bassins de l'Ogôoué, du Gabon et du Rio-Campo, rive gauche, sont seuls exceptés.

Le littoral. — La partie nord de la côte est fortement échancrée : trois presqu'îles, terminées par les caps *Esteiras, Santa-Clara, Pongara* et *Lopez,* y déterminent trois enfoncements, qui sont : la baie de Corisco, où se jette la rivière Mouni ; l'estuaire du Gabon, au fond duquel affluent la Como et le Remboé, et la baie de *Nazareth,* où aboutit la branche principale de l'*Ogôoué.*

Du cap Lopez à l'embouchure du Congo, la côte, sensiblement droite, présente le caractère général de toutes celles du golfe de Guinée, c'est-à-dire une série de lagunes longitudinales, séparées de la mer par des langues de terre sablonneuse et des bancs de sable, qui en rendent l'accès difficile. La plus importante de ces lagunes est le lac *N'Comi.*

Orographie. — A partir de l'étroite plaine littorale, le sol s'élève graduellement par des séries de collines étagées qui aboutissent à un plateau central de 600 à 800 mètres d'altitude moyenne, dans la partie connue, c'est-à-dire au plateau montagneux de Franceville. Les sommets ne paraissent pas dépasser 1.000 à 1.500 mètres dans le sud. Au nord du Gabon, les *Monts de Cristal* n'ont que 500 mètres, tandis que le *Cameron,* en territoire allemand, atteint 4.000 mètres.

Hydrographie. — Le Rio-Campo, le Mouni, le Gabon, l'Ogôoué, le Quillou-Niari et le Tchiloango, qui coulent vers l'ouest, et le Congo à l'est, sont les fleuves principaux de la région.

Le *Rio-Campo* marque la frontière franco-allemande.

Le *Mouni* se jette dans la baie de Corisco, mais son territoire est revendiqué par l'Espagne.

Le *Gabon* n'est pas un fleuve comme on l'avait cru, c'est un estuaire moins long, mais plus large et plus profond que la Gironde, dont le bassin peu étendu est entouré de montagnes. La *Como* et le *Remboé* sont ses deux affluents.

L'*Ogôoué* est un fleuve égal pour la longueur à la Loire, dont il imite les inflexions du cours. Ses sources, encore peu connues, sont dans le plateau de Franceville ; il coule au nord-ouest dans une contrée pittoresque et boisée, forme une courbe au sud de l'équateur, baigne les postes de Madiville,

Booué, Lopé, Lambaréné, communique au sud avec le lac Junanga et va finir à l'ouest en formant un vaste delta terminé par le cap Lopez; il envoie son défluent principal, le Nazareth, dans la baie de même nom, et au sud un autre bras nommé le Fernand-Vaz.

Le *Rembo* et la *Sette* sont deux rivières qui se terminent dans la grande lagune de N'Comi.

Le *Kouilou,* appelé aussi *Quillou* ou *Niari,* est un fleuve assez considérable dont les sources sont peu éloignées de la rive nord du Congo, avec lequel on a espéré le mettre en communication par un canal. Son cours décrit les mêmes inflexions que l'Ogôoué et le Congo. Il traverse un plateau fertile et de belles vallées où l'Association internationale avait établi des comptoirs florissants. Il va finir dans la baie de Loango.

Le *Tchiloango* ou *Tchi* forme la limite sud du territoire français. Sa rive gauche appartient à l'État libre, sauf près de son embouchure qui traverse la petite province de Cabinda, laissée au Portugal dont le roi porte entre autres titres héraldiques ceux de « roi de Cabinda », de « seigneur de Guinée » et d' « empereur d'Afrique ».

Le *Congo* est un des plus grands fleuves du monde, tant par sa longueur, qui doit dépasser 4.000 kilomètres, que par l'étendue de son bassin et le volume de ses eaux. Son cours supérieur, découvert par Livingstone (1869) n'est pas complètement connu; mais il paraît sortir du lac Banguéolo et recevoir le trop-plein du lac Tanganika par la Loukouga. De Nyangoué jusqu'à la mer, il a été parcouru en canot par Henri Stanley dans une exploration mémorable (1876-77). Sous l'équateur, il présente une première série de sept cataractes ou chutes dites les *Stanley-Falls*. De là, il tourne au nord-ouest en formant une courbe immense qui le ramène de nouveau sous la ligne équatoriale, et continue du nord au sud jusqu'au Stanley-Pool, sorte de lac formé par un élargissement du fleuve. Entre le Stanley-Pool et Vivi, il franchit une seconde série de trente-deux cataractes, dites de Livingstone, échelonnées sur une longueur de 300 kilomètres et d'une hauteur totale de plus de 300 mètres; il va finir dans le golfe de Guinée par un estuaire large de 11 kilomètres.

Dans son cours moyen, entre les deux séries de cataractes, sur une longueur de 1.700 kilomètres, le Congo traverse une immense plaine horizontale où son lit, s'élargissant jusqu'à atteindre de 20 à 40 kilomètres d'une rive à l'autre, renferme d'innombrables îles boisées et paraissant bien peuplées. Il y reçoit du nord et surtout du sud d'énormes affluents, entre autres le *Kassaï*, grossi du *Kouango*, de l'*Ikata* et des eaux du lac *Léopold II*.

Sauf dans les cataractes, le Congo est partout navigable. Les bâtiments de mer le remontent depuis Banana, port situé à son embouchure, jusqu'à Boma et Vivi, stations de l'État libre. En amont de Vivi et des premières cataractes, des vapeurs vont d'une chute à l'autre et relient les stations d'Isanghila, Manyanga et Léopoldville sur le Stanley-Pool, distant de 530 kilomètres de l'Océan. De là, la navigation ne rencontre plus d'obstacle, et déjà les vapeurs de l'État libre rattachent Léopoldville, chef-lieu, aux stations échelonnées sur le Congo central, parmi lesquelles nous citerons Bolobo, Ikengo, Équateur-Station, Bangala, Upoto et Fallo-Station.

La rive droite du fleuve est française depuis Manyanga jusqu'à 50 kilomètres au sud de l'équateur, sur une longueur d'environ 600 kilomètres. Elle y reçoit le *Lefini*, l'*Alima* et la *Licona* qui descendent du plateau central.

Climat et productions. — Le climat du Gabon et du Congo en général est torride, fiévreux, débilitant sinon mortel pour les Européens, qui ont à prendre de grandes précautions hygiéniques pour y passer quelques années. Cependant des missionnaires y ont fait jusqu'à dix et vingt années de séjour.

Les productions naturelles sont toutes celles que l'on reconnaît aux terres africaines. Déjà au xive siècle les Portugais y cherchaient de l'or; cependant les métaux y sont peu connus, mais les végétaux pullulent dans les forêts; le palmier à huile se multiplie abondamment, de même que le bananier, le gommier copal, l'arbre à caoutchouc, le cacaoyer, l'ébénier, le sandal, l'arachide, le poivre malaguette.

De nombreux singes, notamment le gorille du Gabon, le chimpanzé, le troglodyte, avec le léopard, l'éléphant, l'hippopotame, le gavial, le boa python, sont les grandes espèces

Chasse à l'éléphant en Afrique.

sauvages. Les fourmis géantes, les termites, les moustiques, les mouches venimeuses ne sont pas moins incommodes.

Les crocodiles, qui méritent une mention spéciale, pullulent dans tout le fleuve et ses affluents. Sur les bancs de sable du bas Congo, il n'est pas rare d'en voir de véritables tribus, trente, quarante, cinquante individus dormant au soleil. A terre, ils fuient devant l'homme, mais dans l'eau ils prennent leur revanche et souvent les steamers ont vu leurs bandes s'élancer contre eux, en rangs serrés, et essayer de leur barrer la route.

« Tout à coup, dit M. Stanley, le bruit inaccoutumé de notre hélice et le clapotement de nos roues éveillent, à la fois, les crocodiles et leur colère. Secouant leur engourdisse-

L'hippopotame et le crocodile.

ment, les reptiles glissent un à un hors des criques où ils sommeillaient et s'apprêtent à nous punir de notre audace. L'œil en feu, ils arrivent par soubresauts sur nous et, prenant probablement nos bateaux pour des animaux inconnus, ils se disposent à l'attaque... Point de doute, ils étaient résolus à ne s'arrêter qu'après avoir percé de part en part la coque d'acier du navire, avec leurs têtes en forme de vrilles; mais arrivés à cinq ou six mètres, ils plongeaient, probablement pour explorer la quille, et revenaient ensuite à la surface, pour se remettre à notre poursuite jusqu'à complet épuisement[1]. »

[1] H. STANLEY, *Cinq ans sur le Congo.*

Les indigènes du haut Congo, qui font viande de tout, depuis la chenille jusqu'à l'homme, en passant par le serpent, le chien et le singe, ne dédaignent pas le crocodile. A part une forte odeur de musc, sa chair ressemble assez à celle du poisson. Ses œufs aussi sont fort recherchés.

Le crocodile fait son nid à quelques mètres de la rivière. Les œufs, qu'on y trouve en nombre considérable — quelquefois jusqu'à cinquante et soixante — sont de la même dimension que les œufs d'oie, avec cette différence que les deux bouts sont égaux. Aussitôt après la ponte, la femelle les recouvre d'une couche de dix à douze centimètres de terre, sous laquelle ils restent un mois ou deux avant d'éclore.

Géographie politique. — La superficie du Congo français est d'environ 600.000 kilomètres carrés, dont 50.000 à peine pour l'ancien Gabon.

La population européenne du Gabon proprement dit ne dépasse guère 200 habitants, Français pour les deux tiers; les autres, Américains missionnaires, Anglais, Allemands et Portugais. Autour d'eux gravitent 100.000 noirs : tels sont les Gabonnais ou M'Ponguès, formant la race primitive qui s'éteint; les Bakalais, chasseurs et trafiquants, et les Pahouins ou Fans, race conquérante que l'on suppose la dernière venue.

Mais les récentes annexions ont beaucoup augmenté le nombre des noirs soumis à notre action exclusive; car, en supposant seulement une densité de cinq habitants par kilomètre carré, on arrive à 3.000.000 d'indigènes, qui subissent déjà notre influence par les relations commerciales, en attendant de participer à notre civilisation et à nos habitudes administratives.

Comme partout, les noirs gabonais et congolais sont ignorants, superstitieux, fétichistes ou idolâtres; quelques-uns sont mahométans ou convertis au christianisme par les missionnaires catholiques et protestants.

Chaque village, ou groupe de villages, se gouverne par un chef, soit héréditaire, soit électif, mais le plus souvent, c'est le plus riche ou le plus influent qui s'impose et prend le titre de roi. Tel est le roi Makoko, chef des nègres Batékés qui, avec les Abfourous, leurs ennemis, habitent les bords du Congo.

Les coutumes barbares, la polygamie, l'esclavage, même l'anthropophagie existent parmi eux. Le travail est réservé aux femmes ainsi qu'aux esclaves faits prisonniers à la guerre. Se nourrissant de légumes, de fruits, de volailles, vêtus à peine.

Indigènes de l'Afrique centrale.

d'un pagne en cotonnade ou de quelque tissu grossier, parfois d'herbes sèches, mal logés dans des cases en bambou, ces pauvres noirs abusent d'une vie rendue trop facile, par la fainéantise qui conduit à tous les vices.

ADMINISTRATION. — L'administration du Gabon-Congo est dévolue en ce moment (1886) à M. de Brazza, commissaire général de la république; un vaisseau de l'État est à sa disposition, ainsi qu'une douzaine de petites chaloupes canonnières qui remontent les rivières pour protéger le commerce.

Le chef-lieu, *Libreville* ou le Plateau, appelé aussi Baraka, est assis sur un plateau au nord de l'estuaire ; il compte 140 Européens et quelques centaines de noirs.

Voici comment un voyageur français décrit l'*estuaire du Gabon* :

« ... Lorsque l'on vient du large et qu'on entre dans la rade,

Les débuts de Libreville, poste du Gabon en 1850.

dit M. Marche, on aperçoit sur la rive droite le mont Bouët, ainsi nommé en mémoire du fondateur de la colonie. Au pied de la hauteur, une maison en briques rouges tranche sur le fond de verdure sombre qui couvre le rivage : c'est la mission catholique. Un peu plus loin, quelques cases de bois, puis deux maisons blanches carrées : c'est Libreville ou le Plateau, puis le siège du gouvernement et l'hôpital. Plus au fond, on peut distinguer dans le lointain, sur la plage, les demeures de Glass, où sont les principaux établissements de commerce anglais, allemands et américains ; puis, sur une éminence, la mission américaine et *Prince-Glass*, le village des noirs.

« Autour de la rade, d'énormes touffes de palétuviers trahissent la présence de terrains marécageux ; plus loin, croît une végétation abondante, que dominent d'immenses fromagers et de grands spathodéas, connus sous le nom de tulipiers du Gabon, qui se couvrent deux fois par an d'une abondante moisson de fleurs orangées.

« Enfin, au dernier plan, l'île aux Perroquets et l'île Coniquet, qui surgissent de l'eau comme d'énormes bouquets de verdure, ferment le coup d'œil de la rade et cachent l'embouchure du Como et du Rhemboé. A l'horizon ondulent les premières lignes de montagnes du continent africain, dont les teintes, s'affaiblissant par degrés, se fondent et s'évanouissent dans le bleu intense du ciel.

« Tout cela donne à cette baie un aspect qui séduirait, s'il était plus animé. Cette rade profonde et si belle manque de mouvement ; on n'y voit que le stationnaire de la division, un petit nombre de navires anglais ou américains, et, plus rares encore, quelques navires français ou quelques goélettes chargées de remonter le cours des rivières.

« Tel est notre établissement du Gabon, fondé pour servir d'appui à notre marine de guerre, et peut-être pour favoriser les essais d'un commerce qui a prospéré assez bien entre les mains des Anglais et des Américains, mais qui, entre les nôtres, est resté timide ou malheureux. Ce n'est pas la faute du gouvernement qui l'a créé, si le but militaire seul a été rempli et si notre pavillon n'a eu à protéger que des intérêts étrangers [1]. »

Les principales factoreries françaises de la côte sont établies sur le Como, au cap Lopez, sur l'Ogôoué et ses bouches appelées Nazareth et Fernand-Vaz.

Sur la côte sud-ouest, la France a acquis les comptoirs de Sette-Kama, Nyanga, Mayoumba, Loango, ancienne ville por-

---

[1] ALFRED MARCHE, voyageur au Gabon.

tugaise qui fut jadis florissante, et Punta-Negra ou la Pointe-Noire, prise en 1880, après un combat sanglant avec les indigènes, non loin de la frontière portugaise de Cabinda.

Dans le fertile bassin du Quillou-Niari, l'Association africaine nous a cédé les postes de Rudolfstadt, Baudouinville, Stanley-Niadi, Stephaniéville et Philippeville, qu'elle avait créés et qui rappellent les noms des princes de la famille royale belge.

Franceville et Alima, sur le plateau central, et Brazzaville sur le Stanley-Pool, sont les principales stations françaises actuelles.

Brazzaville est considéré comme le chef-lieu du Congo français, dont l'administration n'est pas encore réglée d'une manière stable.

Comme complément, nous donnerons, d'après les *Notices coloniales* officielles, une description sommaire des vingt-sept établissements fondés au 30 juillet 1885 par M. de Brazza; rien ne pourrait, en effet, donner une idée plus exacte de l'œuvre accomplie jusqu'à ce jour dans le Congo français.

1º VALLÉE DE L'OGÔOUÉ. — *Cap Lopez.* — La station de l'île Mandji ou du cap Lopez est gardée par 40 hommes environ, dont 4 Laptots et 30 Kroumens. C'est un des postes les mieux établis. On y voit une maison d'habitation dont les proportions sont assez vastes et plusieurs autres cases, des magasins qui peuvent abriter 3.000 tonnes de marchandises, une poudrière, un observatoire météorologique, un sanitorium, un jardin d'essais, des cases pour les Kroumens, etc.

Lambaréné. — La mission a ici un simple magasin dont le chef a sous ses ordres trois ou quatre Laptots et autant de Kroumens.

Njolé — La station des îles Njolé marque, sur l'Ogôoué, la limite entre le territoire du Gabon et celui de nos possessions du Congo. Les bateaux à vapeur ne calant pas plus de 90 centimètres remontent facilement jusqu'à Njolé. Situation excellente au point de vue stratégique et commercial. Maison d'habitation suffisante. Développements à prévoir.

Apingi. — Poste de secours près des rapides de ce nom.

Achouka. — La position est bien choisie. Les constructions et installations seront probablement augmentées dans un avenir prochain. Le poste est situé sur la rive gauche de l'Ogôoué, chez les Okandas.

Booué. — Sur la rive droite du fleuve. Le point est situé à mi-chemin de la mer à Franceville, au milieu de Pahouins intelligents, chasseurs et commerçants qui savaient autrefois tirer parti de leur situation pour piller les traitants et arrêter à volonté le commerce du fleuve. Le traînage des pirogues et le transport des marchandises par terre pour franchir les chutes s'accomplissaient littéralement sous le canon de leurs fusils. Le poste commande les chutes et protège les passes.

Boundji. — Poste de secours près des chutes.

Nghémé ou *Madiville*. — Sur la rive gauche de l'Ogôoué, dans le pays des Adoumas. M. de Lastours a baptisé le poste du nom de « Madiville », c'est-à-dire « village de l'huile de palme » Il y a là, en effet, beaucoup de palmiers. Case d'habitation et magasins installés sur un emplacement très vaste qui a été défriché en très peu de temps. Les indigènes voisins sont doux et tranquilles. Ils vivent en bonne intelligence avec les gens du poste. Le pays est sain.

Doumé. — Poste de secours près de la chute.

Franceville. — Station située sur une colline très élevée. Malgré son altitude ce séjour est assez malsain à cause des marécages qui l'avoisinent. La station se compose d'un corps de bâtiment principal comprenant une salle à manger, un magasin et une chambre à coucher très confortable; d'un vaste dépôt d'approvisionnements; d'un hangar pour les ouvriers; enfin, d'un long corps de bâtiment servant à loger les matelots et autres hommes du poste. C'est de Franceville que les Batékés transportent à dos d'homme les marchandises pour les amener au poste d'Alima-Diélé. On compte six journées de marche, et un homme ne peut guère porter plus de quinze kilogrammes.

2° Vallée de l'Alima. — *Alima-Diélé*. — La station possède une case d'habitation et des magasins.

Ngampo. — Poste au confluent de la rivière de ce nom et de l'Alima.

Alima-Leketi. — Habitations, hangars, magasins, ateliers, etc., qui font de cette station notre premier port dans le bassin du Congo.

Bonga ou *M'Bossi.* — Au confluent de l'Alima et du Congo. Ce dernier poste est de création toute récente, et les renseignements sur son installation font encore défaut.

Station de Franceville (Congo).

On sait que les postes de l'Alima sont le centre des approvisionnements en manioc des tribus riveraines du Congo.

3° SUR LE CONGO. — *Nganchouno.* — Port de Makoko.

Makoko ou mieux *Mbé.* — Résidence du roi Makoko.

Ces deux établissements jalonnent la route qui relie le haut Ogôoué au moyen Congo.

Brazzaville. — Cette station, installée par M. de Chavannes, rendra de grands services, grâce à sa position géographique. Elle se compose d'une quinzaine d'habitations entourées d'un jardin.

Nzabi. — Petit poste.

4º Sur le Niari-Quillou. — *Niari-Babouendé.* — Ce poste possède des cases d'habitation et des magasins.

Niari-Loudima. — Station importante au confluent des deux cours d'eau.

Ngotou. — Le poste de Ngotou sur le *Niari-Quillou*, est très bien choisi comme position militaire ; on l'a installé au lieu dit « portes de Ngotou » où la rivière est étranglée entre deux hautes murailles de basalte. Le poste, construit sur la falaise, commande absolument le passage.

5º Sur la Côte. — *Pointe-Noire, Loango, embouchure du Niari-Quillou, Mayoumba et Nyanga.* — Magasins et cases de travailleurs algériens.

Ces postes sont établis aux termes de traités passés par M. Cordier avec les chefs. Ceux-ci, d'après les conventions stipulées, conservent l'entière propriété de leurs terres ; ils peuvent les louer ou les vendre et percevoir des redevances sous la forme et dans les conditions consacrées par les usages du pays. Mais le territoire reste sous la suzeraineté de la France. La liberté de commerce est reconnue et les chefs se sont engagés à user de leur autorité pour prohiber, dans les terres soumises à leur juridiction, la traite des esclaves.

Dès aujourd'hui, la métropole a donc pris pied sur son nouveau territoire colonial. Vingt-sept établissements installés assurent son action sur les peuplades environnantes et promettent la sécurité aux entreprises industrielles et commerciales. Ces stations ne sont pas seulement des camps retranchés qui protègent les grandes voies ; chacune d'elles forme comme un noyau de colonisation et un centre civilisateur. De là partira l'influence des blancs qui s'étendra peu à peu et gagnera jusqu'aux régions les plus reculées de l'intérieur.

Le commerce. — Le commerce du Gabon s'est élevé en 1885 à 10 millions de francs. Il se fait malheureusement beaucoup moins par navires français (18 en 1884) que par navires étrangers (141) : anglais, allemands et portugais.

L'exportation consiste surtout en caoutchouc (pour 2 millions), ivoire, ébène, bois rouge, huile de palme, arachide, et l'importation, en cotonnades appelées guinées, poudre et fusils, eaux-de-vie, mercerie, sel, etc.

L'importance du commerce sur le Congo ne peut encore être évaluée pour la partie française. Mais dans l'État libre, il s'élève déjà à plus de 40 millions, ce qui fait présager pour l'avenir de notre colonie une situation des plus florissantes.

Des services réguliers relient les ports de Banana, Boma et Vivi avec Liverpool, Anvers, Hambourg et Bordeaux; ils desserviront les postes français du Congo en même temps que ceux de l'État libre.

Sous peu, des vapeurs promèneront le drapeau tricolore sur le haut fleuve concurremment avec le drapeau bleu étoilé du roi Léopold II.

Après ces données générales sur le commerce, revenons un instant sur un article particulier; il s'agit de l'importation « des vieux habits » au Congo. Il y a là tout à la fois matière commerciale et étude ethnographique assez intéressante.

Les vieux habits. — « Voilà, certes, un article d'importation dont ne se doutent guère les personnes qui ne sont pas initiées aux secrets du commerce africain. Ce que la côte occidentale d'Afrique consomme de vieux habits, de vestons passés, de redingotes usées, de fracs hors d'usage, de tuniques d'uniformes démodées, est inimaginable. Les anciens uniformes rouges ou bleus des soldats anglais ou français trouvent là un placement admirable. Les vieux habits galonnés et chamarrés sont extrêmement demandés. Il n'est pas de frac, quelque usé qu'il puisse être, qui ne trouve amateur au Congo. On en jugera par le passage suivant, dans lequel Stanley décrit le costume des chefs de Vivi, au moment où il revint en cet endroit, en 1879. (*Second voyage*.)

« A quatre heures du soir, dit-il, nous retournâmes à notre camp, sur la plage, pour conférer avec les chefs de Vivi. Entourés d'environ une quarantaine d'hommes armés, ces chefs me furent amenés par le souriant Massala, qui me les présenta tour à tour par ordre d'importance.

« D'abord, le doyen des seigneurs de Vivi, s'appelant Vivi-Mavoungou, de Banza-Vivi, fils d'un père qui portait exactement le même nom. C'est un petit homme trapu et affligé d'un pied bot. Il nous regarde de travers, d'un air de truculente bravade, qui voudrait être un air aimable et obséquieux. Il porte une livrée bleue de domestique, un bonnet phrygien en tricot multicolore et un caleçon de nuance criarde.

« Vient ensuite Ngoufou-Mpanda, de Banza-Sombo, vigoureux vieillard à cheveux gris, véritable Oncle Tom, vêtu d'une tunique rouge de soldat anglais, un chapeau de feutre brun, un caleçon à carreaux, un collier en poils d'éléphants enfilé de quelques reliques de fétiches, en guise de porte-bonheur. Des anneaux en fil de laiton ornent les chevilles de ce personnage. Il porte la main à son chapeau, se courbe pour me faire une révérence qui ne manque pas de grâce, et, à l'aide d'une jambe, il se gratte l'autre, comme les matelots.

« Puis on me présente Kapita, un chef de physionomie joviale, de taille grêle, enveloppé d'une tunique de soldat bleu foncé, les chevilles et le cou garnis comme les chevilles et le cou du précédent. Après un salut imitant également celui des marins, il se range pour faire place à Vivi-Nkou, dont les traits flétris, les yeux hilares, indiquent que la sobriété n'est pas sa maîtresse vertu. Celui-ci est vêtu d'une redingote noire et d'un chapeau de soie. En fait de caleçon, une ample jupe de laine écarlate.

« Enfin vient Benzani-Congo, un brave jeune homme bien découplé, portant un paletot brun foncé qui a évidemment appartenu au domestique de quelque club de Londres, un caleçon en toile de coton à pois bleus et des anneaux en fil de laiton aux chevilles, aux poignets et au cou.

« Les hommes d'armes n'avaient pas mauvaise tournure. Les profits du commerce leur avaient fourni les moyens de s'affubler d'habillements convenables, en calicot à dessins ou en calicot écru. Presque tous étaient coiffés d'une casquette de toile rayée, ayant la forme d'un prétentieux bonnet phrygien; quelques-uns, mais le petit nombre, portaient de préférence le feutre anglais ou le chapeau de paille. Comme armes, des fusils à pierre portant la marque « Tower ».

« Si peu nombreuse que fût cette assemblée d'aborigènes de

Vivi, elle me faisait espérer un brillant avenir pour l'Afrique, en supposant que, par un miracle de bonne fortune, je pusse parvenir à décider les millions de nègres de l'intérieur à se dépouiller de leur accoutrement d'herbes sèches, pour adopter

Un roi au Congo.

des vêtements d'occasion européens, tels qu'on en porte à White-Chapel, par exemple. Quel débouché il y aurait là pour les vieux habits! Les anciens uniformes des héros militaires de l'Europe, les livrées des laquais de clubs et de la valetaille attachée aux Pharaons modernes, les vieilles robes d'avocats, les habits usés des Rothschild, les sévères redingotes de mes éditeurs eux-mêmes serviraient à parer des chefs du

Congo, qui s'y pavaneraient avec joie, les jours où ils auraient à se mettre en grande tenue, pour faire des visites de cérémonie.

« Depuis, l'expérience a entièrement confirmé mes premières prévisions : j'ai rencontré par milliers de noirs enfants de l'Afrique qui ne croient pas déroger en utilisant les vieux habits des pâles enfants de l'Europe, mais, au contraire, se donnent beaucoup de mal pour réunir de quoi acheter ces vêtements et en devenir les légitimes et fiers propriétaires[1]. »

Notons ici que si l'habit européen est très goûté au Congo, notre pantalon, par contre, n'y a aucun succès.

LE TROISIÈME VOYAGE DE M. DE BRAZZA (1883-1885). — M. de Brazza, rentré en France à la fin de 1885, a été naturellement reçu partout en triomphateur. La Société de Géographie de Paris, dont il est membre, a organisé au Cirque d'Hiver en son honneur une séance extraordinaire présidée par M. de Lesseps. L'explorateur y a fait le long récit de son troisième voyage dont nous avons parlé plus haut; nous en extrayons quelques pages relatives à son passage à Franceville, sa descente de l'Alima, son arrivée sur le Congo et la remise des traités au roi Makoko; puis nous reproduisons les appréciations de l'auteur sur les moyens de colonisation de ces immenses territoires, peuplés de sauvages qu'il s'agit avant tout d'amener à la civilisation par les procédés pacifiques.

« Le 22 juillet 1884, sans péripéties bien remarquables, nous arrivions à Franceville après avoir remonté le cours de l'Ogôoué.

« La situation de Franceville est réellement belle sur la haute pointe d'un mouvement de terrain qui, après s'être insensiblement élevé, à partir du confluent de l'Ogôoué et de la Passa, tombe, par une pente rapide, d'une hauteur de plus de 100 mètres sur la rivière qui coule à ses pieds. L'horizon lointain des plateaux, dans un panorama presque circulaire, les alignements réguliers des villages qui couvrent les pentes

---

[1] H. STANLEY, *Cinq années au Congo*, cité par M. J. WAUTERS, dans le *Congo au point de vue économique*.

basses, la note fraîche des plantations de bananiers tranchant sur les tons rouges des terres argileuses, font de ce point une des vues les plus jolies et les plus séduisantes de l'Ouest africain. Elle inspire comme un besoin de se reposer en admirant, et en même temps comme un vague désir de marcher vers les horizons qu'on découvre.

« En me rendant à Franceville, j'avais conclu de nouveaux traités avec les chefs riverains, traités faits surtout en vue d'une organisation dont j'aurai à parler plus loin et par lesquels, dès ce moment, notre service de pagayeurs était assuré.

« De Franceville à l'Alima, à chaque agglomération de villages, toute une population grouillante, abandonnant ses occupations, nous entourait des manifestations les plus cordiales...

« L'Alima, après s'être infléchi longtemps au nord-est puis à l'est, se dirigeait maintenant au sud; ses rives devenaient de plus en plus basses; la végétation se transformait, les marécages du delta apparurent avec leurs hautes herbes et les *borassus* qui en émergent; tout à coup, brusquement, nous débouchions dans le Congo. Magnifique spectacle, Messieurs, que cette immense nappe d'eau touchant le ciel à l'horizon, semée d'innombrables îlots et sur laquelle s'épand à l'infini cette lumière intense qui semble noyer tous les objets et tous les plans dans une buée tiède et jaunâtre.

« Mais passons sur les beautés du site, aussi bien que sur les incidents d'un voyage de quatre jours dans les méandres du Congo. J'avais touché à la station de Bolobo et salué son chef, M. Librecks, un très avenant et très aimable officier de l'armée belge. Le 27 mars, j'arrivai à Nganchouno. M. Ballay y était parfaitement installé et dans les meilleurs termes avec les chefs environnants, vassaux de Makoko. Je me retrouvais en pays connu; c'est là que, trois ans auparavant, je m'étais embarqué pour aller prendre possession des territoires cédés à N'Couna, auquel la Société de Géographie a voulu donner le nom de Brazzaville. Tous les chefs et nombre de leurs sujets étaient pour moi de vieilles connaissances; je fus assailli de visites et me fatiguai à serrer la main de tous ces amis de jadis.

« Makoko, prévenu de mon arrivée, m'avait envoyé saluer par une ambassade. En grande hâte, nous réunissions les présents destinés à récompenser sa loyauté et une marche de nuit nous conduisit aux abords de sa résidence.

« Il serait trop long de vous décrire en détail la cérémonie de réception et la remise des traités : j'en fais un abrégé sommaire.

« Makoko me reçut avec une pompe peu usitée et des démonstrations de joie excessives. Tout d'abord, dans une chanson improvisée en mon honneur et faisant allusion aux faux bruits qui avaient couru sur mon compte, aussi bien en Afrique qu'en Europe, il disait au peuple présent :

« En vérité, en vérité,

« Vous tous qui êtes là, voyez.

« Voilà celui qu'on disait mort; il est revenu.

« Voilà celui qu'on disait pauvre, voyez ses présents. »

« Et il désignait, en parlant ainsi, un magnifique tapis et un coussin de velours, que nous avions placés sur ses peaux de lion.

« Le peuple reprenait en chœur et en manière de refrain :
« Ceux qui ont ainsi parlé sont des menteurs. » Puis, suivant le cérémonial admis, se levant en même temps que moi, et faisant le même nombre de pas, Makoko me donnait une vigoureuse accolade, ne se lassant pas de sourire à son ancien ami.

« Je le priai de faire prévenir ses premiers vassaux, afin que la remise des traités pût se faire en séance solennelle. La cérémonie fut renvoyée au surlendemain.

« Au jour dit, tous les chefs et leurs plus notables sujets répondirent à la convocation. Le palabre se tint sous un velum de laine rouge, semblable à celui sous lequel avait eu lieu notre première réception. On avait déployé l'appareil le plus brillant des grands jours, et, dans le but de donner plus de solennité à la cérémonie, chacun avait apporté ses dieux lares pour les prendre à témoin.

« C'était un spectacle bien étrange que cette nombreuse réunion, foule compacte accroupie, où, dans la bigarrure des étoffes à couleurs vives, le mouvement d'une lance ou le déplacement d'un fusil faisait passer des éclairs. Çà et là, tranchant sur le reste, quelques pagnes de satin ou de velours nous indiquaient que des générosités étrangères avaient devancé les nôtres.

« Makoko trônait sur ses peaux de lion négligemment accoudé sur des coussins, entouré de ses femmes et de ses favoris. En face, à quelques pas de lui, M'pohontaba, l'un de ses premiers vassaux, et les autres chefs assis à terre sur des peaux de léopard, attendaient que le souverain donnât le signal du palabre. Nous étions entre les deux groupes un peu sur le côté. Makoko, sans se lever, souhaita la bienvenue à tout son monde; il expliqua en quelques mots le but de la réunion; puis, chaque chef, M'pohontaba en tête, vint à genoux protester de sa fidélité à Makoko, seul vrai chef, disaient-ils, seul propriétaire et souverain de tous les territoires batékés. Tous se déclarent, comme autrefois, heureux et fiers d'être placés sous la protection de notre drapeau et le jurent sur les fétiches et par les mânes de leurs pères.

« A mon tour, je rappelai le passé en quelques mots; mes hommes présentaient les armes, on sonna aux champs, et je fis à Makoko la remise des traités au nom de la France. Procès-verbal de la cérémonie fut dressé et signé, et on se rendit sous le « hall » improvisé où se trouvaient, exposés à l'admiration de tous, les présents destinés à chacun et étiquetés à son nom. Les cris de surprise, les marques de joie, les remerciements, jetèrent leur note bruyante et gaie dans le va-et-vient d'une foule curieuse; puis, chacun emportant ses nouvelles richesses, on se dit gaiement au revoir.

« Il fallut rester chez Makoko quelques jours encore pour l'aider à terminer les différends survenus entre certains vassaux depuis mon dernier passage.

« J'allais partir; dans un palabre intime, auquel assistèrent seuls les principaux chefs, il fut décidé que pendant que je me rendrais à Brazzaville par la voie du fleuve, M'pohontaba, muni des pouvoirs de Makoko, s'y rendrait par terre pour me remettre solennellement au nom de son chef les territoires et les vassaux secondaires qui les administrent.

« Le lendemain, nous étions de retour auprès de M. Ballay; deux jours de nouveaux préparatifs, et le canot à vapeur, suivi d'une dizaine de pirogues, amenait à Brazzaville MM. Ballay, de Chavannes et moi.

« *Brazzaville,* dont on vous a parlé si souvent, est située sur l'extrémité d'une croupe assez large qui domine le Congo et s'abaisse brusquement à cent mètres de la rive, dans un éboulement de sable argileux. Cette croupe semble être le premier obstacle contre lequel se butte le fleuve pour aller en tournant se précipiter à la première cataracte. De là le regard embrasse dans son entier l'immensité du Stanley-Pool et tout le cirque de hautes montagnes qui l'entourent. Le pays est peuplé, le sol est fertile, l'air est sain et la brise constante d'ouest y apporte la fraîcheur relative des plateaux qu'elle a traversés.

« Le lendemain, dans un palabre solennel, le délégué de Makoko, me présentant les chefs des deux rives du Congo, leur ordonnait de n'obéir qu'à moi; puis, prenant les mains de tous, il les mettait dans les miennes en signe d'abandon.

« Cette cérémonie n'était du reste que la répétition de celle qui avait eu lieu à mon premier voyage en 1880. Le procès-verbal en fut dressé et communiqué le lendemain au représentant de l'Association africaine.

« C'était le 1er juin 1884; il avait fallu plus d'un an pour atteindre mon premier but, et quelque désireux que je fusse de poursuivre immédiatement les autres, fatigué d'une continuelle tension d'esprit et d'ailleurs malade, je me décidai à prendre huit jours de repos à notre station de N'Gantchou (Ndganchounon).

« Mieux portant au bout d'une semaine, j'essayai mes forces en allant visiter Makoko. Dans cette courte promenade, j'avais compté cent un éléphants en trois jours et profité de leur bonne volonté pour en tuer quatre, dont les défenses données en présents à certains chefs, me firent passer pour un homme complètement désintéressé des biens de ce monde.

« A côté de ces résultats scientifiques et politiques, se placent des résultats économiques plus importants encore.

« Le premier est d'avoir conquis sur les populations cette influence définitive qui doit, à mon avis, constituer l'élément primordial essentiel de toute création de colonie. Tirer parti des indigènes, fondre leurs intérêts dans les nôtres, en faire nos auxiliaires naturels, c'était là, suivant moi, l'un des plus hauts objectifs de ma mission.

« A l'heure présente, les anciennes tribus de l'Ogôoué sont complètement dans nos mains. Par les traités qui les lient, leurs hommes nous doivent annuellement un temps déterminé de service; en dehors de leur salaire, elles trouvent, dans de sérieux avantages économiques et dans notre protection, une compensation au temps qu'elles nous consacrent.

« Les Pahouins eux-mêmes, ces tribus cannibales que de puissantes migrations conduisirent autrefois sur les bords de l'Ogôoué, et que leur sauvagerie comme leur instinct de pillage avait longtemps éloignées de nos vues, y arrivent enfin. Ces mêmes Pahouins, qui depuis vingt ans sont en révolte constante et ouverte contre l'autorité française du Gabon, ont été amenés, par les intérêts que nous leur avons créés, à traiter avec nous sur les mêmes bases que les autres peuplades. Ils ont dû, eux aussi, consentir à nous fournir des auxiliaires, et c'est là une garantie considérable au point de vue de la tranquillité; peut-être est-ce même le seul moyen de maintenir une sécurité complète dans un pays qui est absolument — j'allais dire heureusement, — hors de la portée des canonnières de notre marine de guerre. Ces nouvelles recrues sont venues sans trop de répugnance s'encadrer dans les rangs de nos premiers auxiliaires : Adoumas, Okandas, Apingis, Okotas, Bangoués, toutes tribus dont les avaient toujours éloignés aussi bien une inimitié instinctive que des intérêts faussés et mal compris.

« Peu à peu ces Pahouins viendront doubler et tripler le nombre de nos auxiliaires; leurs aptitudes naturelles, leur force physique, leur sobriété extrême, les rendent merveilleusement propres à nous seconder dans ces contrées neuves.

« C'est ainsi que se constitue l'homogénéité des éléments maniables de l'Ogôoué; tous ces hommes, réunis par les mêmes intérêts dans un même sentiment de dépendance à notre égard, sont aujourd'hui liés à nous par une organisation dont l'idée première m'a été donnée par l'inscription maritime de la France.

« Pagayeurs, porteurs ou soldats, suivant les besoins, ces hommes manœuvrent nos pirogues dans les rapides, transportent nos marchandises et sont toujours prêts à défendre notre drapeau.

« Ailleurs que dans l'Ogôoué, sur les plateaux qui séparent le bassin de cette rivière de celui du Congo, nous avons, dans les groupes de villages voisins de la route, plus de 3.000 Batékés qui, pour n'être pas encore précisément enrôlés et disciplinés, n'en effectuent pas moins honnêtement et régulièrement nos transports.

« Les Batékés du haut Alima ont commencé à devenir nos pagayeurs, et à l'ouest de Brazzaville, les Ballalis, en attendant de devenir nos porteurs, nous fournissent plus de travailleurs qu'on n'en saurait utiliser.

« Dans le haut Congo, enfin, chez les peuplades encore barbares, notre action est trop récente pour avoir pu produire de semblables résultats; je ne doute pas, toutefois, que nous ne les obtenions par la patience. Les immolations humaines, qui sont dans les coutumes de ces peuples, deviennent moins fréquentes.

« En un mot, à différents titres et dans des contrées différentes, depuis l'indigène transformé en soldat et qui passe un an sous les armes, jusqu'à celui qui porte un ballot pendant sept jours, environ 7.000 hommes sont employés annuellement par nous. Ils perdent à notre contact les vices de leur sauvagerie primitive, notre langue et notre influence se répandent dans leurs familles et dans leurs tribus, et ce groupe, qui représente une population d'environ cinq millions d'âmes, se forme progressivement à l'école du travail et du devoir. Une

Types de Batékés, entre Franceville et l'Alima.

influence ainsi basée doit être stable et féconde, et je puis en donner une preuve. Il y a douze ans, le seul commerce du haut Ogôoué était la traite des esclaves; le chiffre total du commerce du Gabon atteignait à peine deux millions; aujourd'hui le commerce licite a remplacé l'ancien trafic et le chiffre des transactions atteint environ quatorze millions de francs.

« Enfin, nos possessions, qui jadis ne comprenaient qu'une bande étroite et insignifiante de côte, entre le cap Saint-Jean et le cap Sainte-Catherine, sont actuellement plus que centuplées.

« Laissant maintenant le passé pour l'avenir, je me demande ce qui reste à faire encore.

« Ces contrées de l'Ouest africain qui constituent notre nouvelle colonie, sont loin d'être toutes parfaitement étudiées, complètement organisées, et ne peuvent entrer en exploitation que le jour où les voies de communication auront relié à la mer l'immense réseau navigable de l'intérieur. Il reste donc à poursuivre notre œuvre d'étude et d'organisation, et pour la continuer dans les meilleures conditions possibles, il suffirait d'employer une cinquantaine d'Européens et à peu près deux cents noirs, soit une dépense d'environ un million.

« L'avenir du bassin du Congo, considéré d'une façon tout à fait générale, dépend en partie des voies de communication à créer. Dans les obscurités actuelles de la question, je ne sais ni où, ni quand, ni comment ces voies seront établies, mais je puis affirmer qu'elles le seront quelque jour... Je considère l'Ouest africain et le bassin du Congo comme *un pays dont l'avenir dépend du commerce et de la culture des indigènes, non de la colonisation par l'émigration.*

« Voilà une contrée neuve encore, où s'acclimateront individuellement quelques Européens, mais où l'Européen en général, surtout celui du nord, se trouve dans un milieu défavorable à son tempérament. Cependant on convient que les richesses naturelles de ce pays merveilleusement arrosé sont considérables, mais il faut les aller chercher au cœur du continent, en former de grands courants et les diriger vers la côte. Il faut compter aussi que certaines cultures convenablement établies s'ajouteraient encore à ces richesses naturelles sous une latitude qui, tout en étant plus à portée de l'Europe, est celle de Sumatra, de Bornéo et du Brésil.

« Sans parler ici de l'ouverture des voies de communication, à laquelle il y aurait à pourvoir d'une manière spéciale, la récolte des produits du sol, l'établissement des cultures, représentent une main-d'œuvre considérable qu'on ne peut demander ni aux Arabes, ni aux Chinois, ni surtout aux ouvriers de race blanche.

« Or cette main-d'œuvre, nous la trouvons sur place, dans des populations fort primitives, il est vrai, mais non point inintelligentes et qui sont assez maniables pour qui sait les manier, ne pas les heurter, apporter dans les relations avec elles beaucoup de fermeté, une bienveillance sans faiblesse et une patience sans limites.

« En voulant leur imposer brusquement nos réglementations, nos manières de faire, de voir et de penser, nous arriverions infailliblement à une lutte où nous les conduirions à l'anéantissement. A part même la question d'humanité, la protection des indigènes me semble être, en ce cas, l'hygiène la plus sûre pour la poule aux œufs d'or.

« Aussi bien que personne, je connais les difficultés de création d'une colonie sans en forcer le développement, sans vouloir qu'elle rentre dans un type déterminé. Que la haute administration, que le haut commerce prennent garde de vouloir mettre trop vite en coupe réglée une possession, qu'à vrai dire nous connaissons encore insuffisamment, et dont les indigènes ne sont pas encore initiés à ce que nous voulons d'eux.

« Ainsi donc notre action, jusqu'à nouvel ordre, doit tendre surtout à préparer la transformation des indigènes en agents de travail, de production et de consommation; plus tard viendra l'Européen, avec le simple rôle d'intermédiaire[1]. »

---

[1] P. DE SAVORGNAN DE BRAZZA. Italien par son père, mais français par sa mère, M. de Brazza est officier de la marine française.

ILE DE LA RÉUNION

Historique. — Avec les îles Maurice et Rodriguez, Bourbon forme le groupe des Mascareignes, ainsi appelées du nom de *Mascarenhas,* navigateur portugais qui les découvrit en 1508. La France en prit possession en 1642, et Louis XIV la concéda à la compagnie des Indes orientales qui, en 1665, fonda Saint-Paul, première résidence du gouverneur. En 1715, l'île Maurice, sa voisine, abandonnée des Hollandais, devint aussi nôtre et s'appela Ile de France. Toutes deux prospérèrent par la culture de la canne à sucre ; en 1810, elles tombèrent au pouvoir des Anglais. Bourbon nous fut rendu quatre ans après, mais non sa sœur qui est encore britannique. La révolution lui donna, en 1794, le nom d'île de la Réunion qu'elle reprit en 1848.

« Ce nom de Réunion ne veut rien dire, » ajouterons-nous avec M. Onésime Reclus. « L'île s'appelait *Bourbon* quand on la colonisa : réellement elle s'appelle encore ainsi. Flagornerie pour les heureux, insulte aux vaincus, enthousiasmes naïfs, foi dans des « éternités » qui vieillissent, mépris du vrai, offense à l'histoire, il y a de de tout cela dans les changements de nom qui bouleversent la carte du monde. »

Description physique. — L'île Bourbon est située dans l'océan Indien, sous le 21º latitude nord, à 600 kilomètres de la côte orientale de Madagascar. De forme elliptique, son grand axe incliné au nord-ouest a 71 kilomètres de longueur de la pointe des Galets à celle de la Table. Sa superficie est de 2.512 kilomètres carrés.

Le littoral a un développement de 207 kilomètres. Faiblement accidenté par le cap Bernard, la pointe des Galets et le cap Noir au nord-ouest, par les pointes des Cascades et de la Table au sud-est, il ne présente cependant aucune baie profonde. Généralement bas et sablonneux, il n'a point de port, mais seulement quelques mauvaises rades foraines exposées aux violents ouragans de cette région.

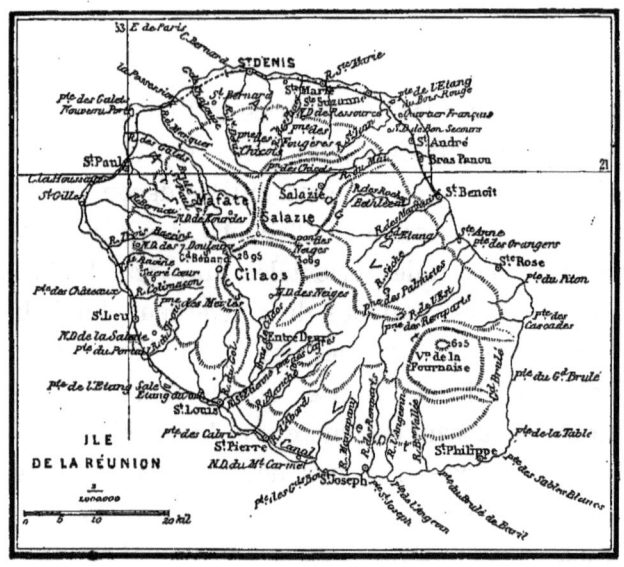

Carte de l'île de la Réunion.

Vue de la mer, l'île apparaît comme un cône immense ou plutôt comme deux cônes juxtaposés, couverts de verdure et de forêts. La nature de son sol, la disposition de ses plateaux en gradins attestent que l'île est le produit d'éruptions volcaniques dont les deux centres principaux sont marqués par les sommets du piton des Neiges et du piton de la Fournaise.

Le piton des Neiges, haut de 3.069 mètres, et le Grand-Bénard, qui en a 2.895, sont entourés de trois cirques ou anciens cratères, appelés cirques de Salazie, de Mafate et de Cilaos. Les cirques se sont formés par l'effondrement des laves et leur enlèvement par les eaux torrentielles qui se sont ouvert des passages vers la mer. Au sud-est de l'île, le piton de la Fournaise, haut de 2.625 mètres, est un volcan en activité, dont les coulées de laves ont formé le Grand-Brûlé, qui s'étend jusqu'à la côte.

Entre les deux cônes volcaniques s'étendent des plateaux élevés de 1.600 mètres d'altitude moyenne et désignés sous les noms de plaines des Salazes, des Cafres, des Palmistes. De ces plaines on descend par degrés vers la côte, et la plupart des habitations et des cultures se sont groupées sur les pentes inférieures.

Le massif de l'île est sillonné d'une multitude de ravines profondes, creusées par les torrents qui descendent directement des plateaux à la mer, comme autant de rayons d'une circonférence. Les plus considérables sont les rivières du Mât, des Galets et de Saint-Étienne, qui sortent des trois cirques de Salazie, de Mafate et de Cilaos, et celles des Marsouins et de l'Est. Ces torrents, loin de servir à la navigation, ont peine à porter leurs eaux jusqu'à la mer, et leur encaissement les rend peu propres même à l'irrigation. Toutefois un canal d'irrigation arrose la commune de Saint-Pierre ; l'île a quelques étangs dans l'intérieur et sur la côte, notamment celui de Saint-Paul (16 hectares) ; les cirques de Salazie et de Cilaos renferment des sources thermales.

Le climat de la Réunion, grâce à son relief, est varié et salubre : on n'y connaissait aucune maladie avant l'introduction des travailleurs indiens. La température moyenne sur le rivage est de 24°, mais elle est moindre sur les plateaux, et les sommets se couvrent même de neiges temporaires. Les pluies, très abondantes, donnent de 1 mètre 80 centimètres de hauteur moyenne annuelle jusqu'à 5 mètres d'eau, à Saint-Benoît, exposé au nord-est. C'est dans la saison de « l'hivernage », de novembre à mai, caractérisée par la chaleur et les grandes pluies qui l'accompagnent, qu'ont lieu ces funestes ouragans ou cyclones et les raz de marée si redoutés des habitants et des marins : celui de 1829 détruisit vingt navires, ainsi que tous les caféiers qui faisaient la principale richesse de l'île. La « belle saison » est due aux vents plus rafraîchissants qui soufflent du sud-est.

Sauf un peu de fer magnétique extrait des sables de la plage, l'île a peu ou point de minéraux. Les animaux, même domestiques, sont aussi très rares. En revanche, la végétation est riche en fruits et légumes, mais les forêts ont été en grande partie détruites par un défrichement inconsidéré.

Voici quelques détails sur les volcans de la Réunion et leurs sources thermales, et sur le cyclone de 1879 :

Les volcans de Bourbon. — «...Bien que les feux souterrains aient singulièrement diminué d'intensité, et que l'un des deux volcans ait cessé depuis plusieurs siècles d'être dangereux, partout on retrouve des traces de la force ignée. Ici, des sources thermales qui jaillissent : à 872 mètres d'altitude, la source de *Salazie,* qui contient de l'acide carbonique ; celle de *Mafate,* à 682 mètres, sulfureuse et ferrugineuse ; celle de *Bras-Rouge,* dont la température s'élève à 48° ; celle de *Cilaos,* alcaline, acidule et ferrugineuse ; là, des champs de lave, et, à l'extrémité orientale de l'île, le piton de Fournaise, sombre cratère qui, de temps à autre, allume ses incendies sur l'horizon. Par bonheur ses éruptions ne sont jamais accompagnées de tremblements de terre, ce qui indique le facile dégagement des gaz et peut-être aussi l'apaisement du foyer comburant. Les éruptions, n'étant plus dangereuses, n'ont que l'attrait d'une illumination grandiose. Le volcan semble les annoncer par un bruit sourd et continu. Bientôt une lave enflammée déborde du cratère et tombe dans la plaine où elle continue de brûler ; par bonheur le fleuve de feu se dirige toujours du côté de la mer, c'est-à-dire vers le seul côté où une issue lui soit ouverte. De temps à autre il s'arrête parce que la lave se refroidit ; mais de nouveaux flots de bitume ou de métal arrivent pour l'alimenter, et il continue sa marche avec un bruit assourdissant. Quand il arrive sur la côte, on entend comme le frissonnement de l'eau froide qu'on laisse tomber sur du fer rougi : c'est la lave qui tombe dans l'océan en cascades étincelantes.

« Les éruptions de la Fournaise sont souvent signalées par un singulier symptôme. Elles remplissent l'air d'une poussière jaune et brillante : ce sont des parcelles de verre filé en menus fragments, qu'on prendrait pour de la poudre d'or, et dont on se débarrasse à grand'peine. Cette poussière équivoque couvre l'île entière et se répand très au loin sur la mer. Elle se dégage sans murmure, sans émission de lave au dehors et presque sans fumée. Au pied du volcan actuel, et autour de ses différents cratères, s'étend le *Grand Pays brûlé,* région stérile, toute hérissée de coulées de lave refroidie ou liquide.

« La Réunion continue donc à être le théâtre de phénomènes volcaniques, mais qui ne présentent plus aucun danger pour la sécurité de ses habitants. Pourtant, le 26 novembre 1875, un grand malheur a frappé notre colonie. Une partie du piton des Neiges et du Gros-Morne s'est écroulée dans le cirque de Salazie, ensevelissant sous ses débris le village du Grand-Sable, situé sur les bords du torrent des Fleurs-Jaunes. Plus de 150 hectares ont été ainsi recouverts par des milliers de mètres cubes de rochers et de terre, qui forment, dans tout cet espace, comme un manteau d'une épaisseur de 40 à 60 mètres. Près de cent vingt victimes ont été ensevelies sous ces débris sans qu'il soit possible de songer à retrouver leurs cadavres. Dans cette catastrophe, un terrain en pente, reposant sur une couche d'argile et de rochers lisses, glissa et fut poussé à plus de deux kilomètres de distance avec une rapidité effrayante. Les constructions, les arbres, les moissons restèrent debout... Au premier moment on a cru que le piton des Neiges reprenait son activité. Mais ce n'était qu'un éboulement, conséquence trop naturelle de la désagrégation des rochers volcaniques de ces montagnes sous l'influence des agents atmosphériques. En 1869, un immense incendie avait déjà déboisé ces montagnes. Les racines qui retenaient la terre pourrirent avec le temps et devinrent comme autant de canaux par lesquels s'infiltrèrent les eaux pluviales. Donc, n'accusons pas de cette catastrophe les feux souterrains, et affirmons sans crainte que les volcans de la Réunion ont cessé d'être dangereux [1]. »

LE CYCLONE DE 1879. — « Le cyclone a éclaté sur l'île,

---

[1] Extrait de la *Revue de géographie,* 1879.

dans la nuit du 20 au 21 mars 1879, avec une violence excessive qui n'a pris fin que dans la matinée du 22. Le baromètre est descendu, le 21 à midi et demi, jusqu'à 727, l'une des plus fortes baisses observées depuis un grand nombre d'années.

« Dès le 20 au matin, il était déjà arrivé à 759 : la mer grossissait d'heure en heure ; mais l'on espérait que le cyclone passerait au large. Vingt et un navires (dont neuf à Saint-Denis) se trouvaient alors sur les différentes rades. A midi, l'ordre était donné aux capitaines de rallier leur bord ; à une heure et demie, le signal d'appareillage leur était fait. Cette mesure, due à l'initiative du capitaine de port, a préservé ces navires, qui eussent été perdus s'ils avaient conservé le mouillage.

« Les navires déradés ont été obligés de tenir la mer pendant plusieurs jours ; mais ils sont tous successivement rentrés, après avoir subi des avaries plus ou moins considérables.

« Le navire anglais *China* est venu se perdre sur le littoral de Saint-André, à l'embouchure de la rivière du Mât ; ses neuf hommes d'équipage ont été sauvés. Les navires autrichien *Volunteer* et anglais *Margaret-Wilkie,* rentrés à Saint-Paul, le 27 mars, ont recueilli, le premier, l'équipage du navire anglais *Revival-of-Cardigan,* et le second, celui du navire italien *Gloria,* tous deux déradés de Maurice où le cyclone a sévi, mais avec bien moins de vigueur qu'à la Réunion. Aucun bâtiment de l'État ne se trouvait dans l'île.

« Trente-cinq personnes ont péri, tuées sous les débris de leurs maisons ou noyées. On compte de nombreux blessés. La plupart des édifices publics et des propriétés particulières, dans les villes comme dans les communes rurales, sont plus ou moins endommagés et réclament de coûteuses réparations.

« Au Muséum, les salles et armoires contenant les collections, la bibliothèque et le laboratoire ont été inondées. Il y a dans cet établissement des richesses considérables qui sont menacées. Les toitures de l'hôtel du gouvernement, du lycée, des hôtels du directeur de l'intérieur, du receveur général, ont été enlevées, un nombre considérable de cases en bois et de paillottes ont été renversées par le vent ou emportées par les eaux.

« Les routes sont coupées ou ravinées, plusieurs ponts ont été enlevés; les quais, les radiers des rivières et d'autres ouvrages ont été détruits sur plusieurs points. Les petites cultures sont dévastées. Les maïs, les vivres, sont perdus. Les cafés et les vanilles ont beaucoup souffert. La grande culture n'a pas non plus été épargnée. Les cannes, déjà hautes, ont été brisées ou couchées, et l'on estime que la récolte sera réduite d'un quart et peut-être même d'un tiers sur les habitations les plus éprouvées.

« A Saint-Denis, neuf personnes se sont noyées en cherchant à échapper à l'inondation. On annonce la disparition de plusieurs familles avec l'îlot qu'elles habitaient dans la rivière du Mât. Dans les hauts de la rivière des Galets, une famille composée de cinq personnes a également disparu. Il est à craindre que le nombre des victimes n'augmente encore lorsqu'on aura pu pénétrer dans les points habités de l'intérieur.

« Comme toujours, des actes de courage et de dévouement ont été signalés pendant ces désastres, et des mesures ont été prises par l'administration, secondée d'ailleurs par les habitants, pour secourir les malheureux éprouvés par le cyclone. Le ministre de la marine et des colonies, vivement ému par l'annonce de ce sinistre, a donné les ordres nécessaires pour qu'il soit pourvu aux premières nécessités et se propose de demander aux Chambres les crédits nécessaires pour venir en aide à l'un de nos plus intéressants établissements coloniaux [1]. »

GÉOGRAPHIE POLITIQUE. — La population de l'île est malheureusement en décroissance. De 210.000 habitants en 1867, elle n'en compte plus que 168.000 en 1883.

La superficie étant de 2.512 kilomètres carrés, la densité de population est de 66 habitants par kilomètre carré, un peu moins qu'en France. Les habitants comprennent 30.000 blancs ou créoles, un nombre triple de noirs affranchis et de Mal-

---

[1] *Journal officiel* de la république française. Avril, 1879.

gaches auxquels sont venus se joindre 30.000 Indiens, 8.000 Cafres africains, 6.000 Malgaches de Madagascar, engagés comme travailleurs aux cultures, et quelques centaines de Chinois négociants.

Les blancs sont des créoles issus d'anciennes familles

Un village d'indigènes.

françaises plus ou moins alliées aux Malgaches, et quelques autres européens.

Toute la population indigène parle le français, ainsi que le créole, mélange de vieux français et de malgache. Elle est catholique; l'évêché de Saint-Denis, formé en 1851, relève de l'archevêché de Bordeaux.

Les travailleurs immigrants sont païens, car, leur séjour

dans l'île n'étant que temporaire, il est difficile de les christianiser.

L'île est administrée par un gouverneur civil assisté d'un conseil privé et d'un conseil général. Elle envoie au parlement français un sénateur et deux députés.

Elle se divise en deux *arrondissements* dont la circonscription est déterminée à peu près par la ligne de partage des eaux.

L'*arrondissement* DU VENT comprend neuf communes, savoir : du nord au sud, Saint-Denis, Sainte-Marie, Sainte-Susanne, Saint-André, Salazie, Bras-Panon, Saint-Benoît, Plaine des Palmistes et Sainte-Rose.

L'*arrondissement* SOUS LE VENT est composé de sept communes : Saint-Paul, Saint-Leu, Saint-Louis, Saint-Pierre, Entre-Deux, Saint-Joseph et Saint-Philippe.

Le territoire très étendu de ces communes s'étend généralement de la côte jusqu'au sommet des montagnes, de sorte que la population indiquée pour les chefs-lieux comprend aussi celle des villages de la campagne.

Les seize communes renferment trois villes : Saint-Denis, Saint-Pierre et Saint-Paul, et cinquante-trois bourgs ou villages.

SAINT-DENIS, 36.000 habitants, située au nord de l'île, est le chef-lieu de la colonie et de l'arrondissement du Vent. Siège du gouvernement, d'une cour d'appel, de l'évêché et d'un lycée, cette ville s'agrandit et s'embellit chaque jour, mais elle n'a pas de port. Elle a érigé des statues à la Bourdonnais et à Poivre, anciens gouverneurs de la colonie.

Saint-Benoît, 10.000 habitants, à l'est et à l'embouchure de la rivière des Marsouins, a donné naissance à l'amiral Bouvet, le premier des enfants de la colonie qui fut appelé à la gouverner.

Saint-Pierre, 24.000 habitants, bâtie en amphithéâtre sur la côte sud-ouest, est le chef-lieu de l'arrondissement Sous-le-Vent; elle a un port artificiel assez commode.

Saint-Paul, 25.000 habitants, sur la côte nord-ouest, est resserrée entre la côte et un étang de 16 hectares. C'est là que les premiers colons s'établirent en 1665. Sur son territoire on creuse le port de la Pointe des Galets.

Commerce. — La culture de la canne à sucre est presque l'unique industrie de l'île. C'est pour elle qu'il a fallu, depuis l'émancipation des esclaves en 1848, recourir aux travailleurs libres de l'Inde, de la Chine et des côtes d'Afrique. Néanmoins la production du sucre est tombée de 70 millions de kilogrammes en 1860, à 30 millions en 1883. Cette décadence explique le dépeuplement de l'île. La production du café, qui fut de 3.500.000 kilogrammes, est réduite à 500.000 kilogrammes, mais tend à se relever. Celle du maïs, de la vanille, du manioc, des patates, des légumes, sont en progrès.

L'absence d'élevage de bétail et une industrie manufacturière presque nulle font recourir à l'étranger pour les approvisionnements de toute espèce.

Le commerce intérieur dispose d'une route, d'un chemin de fer et de câbles télégraphiques faisant le tour de l'île.

Le commerce extérieur s'est élevé en 1883 à 50 millions de francs, dont plus de la moitié pour les exportations; il se fait pour les trois quarts avec la France, le reste avec Maurice, Madagascar et l'Inde anglaise.

Les exportations consistent surtout en sucre, pour 17 millions de francs, en café, pour un million, en vanille, rhum, caoutchouc, clous de girofle; et les importations, en vins, tissus, meubles et machines provenant de France, denrées alimentaires, riz, bétail d'Afrique et de Madagascar.

Les villes de commerce sont surtout Saint-Denis et Saint-Pierre, qui n'ont que des embarcadères sans bassins. Un port véritable avec bassin s'établit en creusant les sables à la Pointe des Galets, au nord de Saint-Paul. Les messageries maritimes font communiquer chaque mois Saint-Denis avec Marseille et Saint-Nazaire par le canal de Suez et le Cap.

En attendant qu'un câble sous-marin soit établi à Bourbon, celui de Maurice à Aden fait le service des correspondances avec l'Europe.

ILES KERGUÉLEN, SAINT-PAUL ET AMSTERDAM

A 800 lieues au sud-est de la Réunion, dans la mer des Indes, par 49° de latitude sud, se trouve la terre inhabitée de Kerguélen, que le navigateur français de même nom découvrit en 1772 et dont il prit possession au nom du roi. Cette prise de possession ne paraît pas avoir été ratifiée officiellement et n'a été suivie d'aucune tentative d'occupation. En effet, cette terre, dont l'étendue est d'environ 4.000 kilomètres carrés, n'est qu'un amas d'îles et de presqu'îles rocheuses, hautes de 1.800 mètres au mont Ross, déchiquetées extraordinairement en d'innombrables golfes et baies, parsemés de plus de 200 îlots et écueils qui rendent les abords d'autant plus difficiles que la mer y est très mauvaise. Aussi le capitaine Cook lui a-t-il donné le nom de « terre de la Désolation ».

Toutefois, dans ce siècle, les Anglais ont relevé la carte de ces parages, et les ont fréquentés pour la pêche à la baleine et aux phoques qui y abondaient en même temps que d'innombrables oiseaux de mer. Cette analogie avec les îles Malouines situées sous la même latitude, fait espérer que Kerguélen, malgré son climat austral, pourrait nourrir des troupeaux de moutons comme ces dernières îles, aujourd'hui exploitées par des éleveurs anglais, après avoir été, en 1763, l'objet d'une tentative d'occupation française par Bougainville.

Les deux îlots rocheux et inhabités de Saint-Paul et de Nouvelle-Amsterdam, situés au nord-est de Kerguélen, par 49° de latitude, sont aussi parfois attribués à la France, à cause d'un essai d'établissement d'une pêcherie française en 1842. Découvertes en 1696 par le Hollandais Flaming, c'est là que les astronomes français s'installèrent en 1874 pour observer le passage de Vénus sur le soleil, pendant que les observateurs anglais, allemands et américains, étaient campés sur l'île de Kerguélen. C'est même cette circonstance qui a rappelé le souvenir de ces terres australes.

MADAGASCAR

ET ILES VOISINES

CHAPITRE I

NOTICE HISTORIQUE

La France ne possède pas encore de fait la grande île africaine de Madagascar, mais elle y a des droits incontestés, et le traité de 1885 en fait présager la possession dans un temps plus ou moins rapproché.

Découverte par les Portugais, que ce soit en 1500, par l'un des lieutenants de Cabral, ou en 1506, par Lorenzo d'Alméida, qui lui aurait donné le nom de son patron, saint Laurent, Madagascar, après des tentatives infructueuses de colonisation portugaise, vit arriver les navigateurs normands, plus d'un siècle après. En 1642, Richelieu, voulant doter la France d'établissements d'outre-mer, créa la « Société de l'Orient », dont les agents reçurent mission de se rendre à Madagascar, « pour y ériger colonies et commerce et en prendre possession au nom de Sa Majesté très chrétienne. » A partir de 1643, les Français, conduits par Pronis, s'établirent successivement sur la côte orientale, à la baie Sainte-Luce, puis à Fort-Dauphin, à l'île Sainte-Marie, à Tamatave, à Fénérive et Foulepointe, et dans la baie d'Antongil. Malheureusement, l'insalubrité de la côte, jointe à la mauvaise administration et aux cruautés de Pronis et de ses compagnons, qui pratiquèrent même la traite, firent échouer ces entreprises et attirèrent sur les blancs la haine des pauvres Malgaches, qui d'abord les avaient reçus avec joie.

Toutefois, vers 1650, de Flacourt fut plus heureux sur la

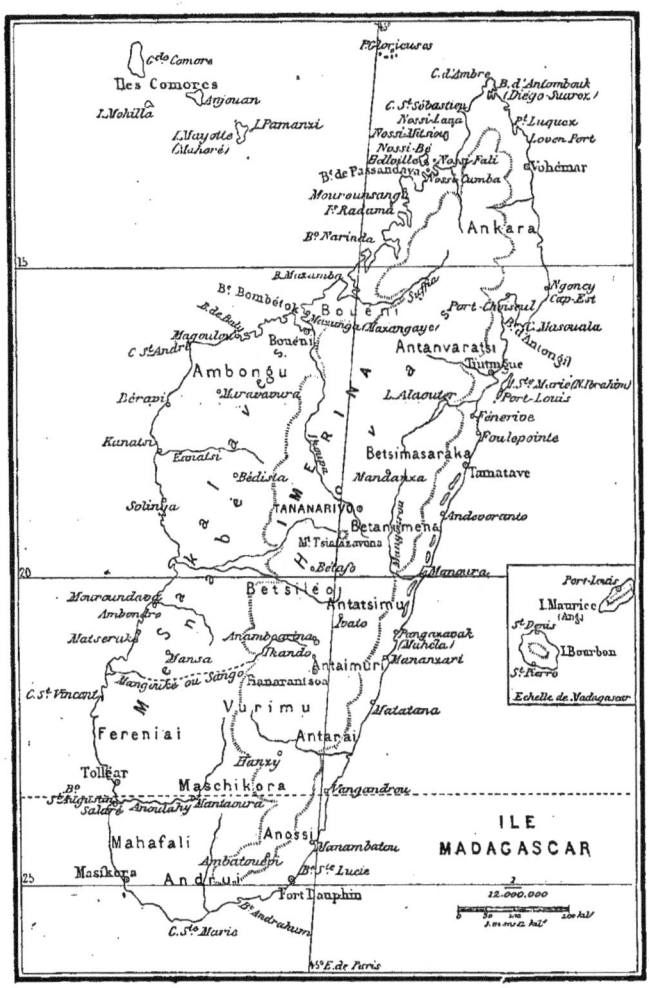

Carte de l'île Madagascar.

côte sud-est et releva le Fort-Dauphin. En 1664, sous Louis XIV, la « Compagnie des Indes orientales », fondée par Colbert, succédant à la Société de l'Orient, obtint pour siège principal d'exploitation Madagascar, qui prit officiellement les noms d'*Ile Dauphine* et de *France orientale*. Les tentatives de colonisation recommencèrent, mais échouèrent pour les mêmes causes que les précédentes : les derniers colons, expulsés par les indigènes, se réfugièrent à l'île Bourbon (1662), et la Grande-Terre, bien que « réunie au domaine de la couronne », continua pendant un siècle à être la proie des pirates et des négriers.

En 1750, sous le ministère de Choiseul, la petite île Sainte-Marie fut achetée aux chefs de la côte. En 1773 Louis XV

Types hovas de Madagascar.

envoya 300 hommes conduits par le Hongrois Benyowski : celui-ci s'établit dans la baie d'Antongil et acquit une grande influence sur les Malgaches de la côte qui le proclamèrent leur roi; mais il périt par l'opposition jalouse des colons de Bourbon. Sous la révolution et l'empire, d'autres essais furent également infructueux, et en 1811 tous les postes français tombèrent au pouvoir des Anglais qui, depuis plusieurs années déjà, aidaient les Hovas de l'intérieur à s'organiser en peuple conquérant.

Le traité de 1814 en rendant à la France plusieurs de ses

colonies, notamment Bourbon, ne stipula rien pour Madagascar, tandis que l'article 8 déclarait la cession à l'Angleterre de l'île Maurice « et de ses dépendances ». Cette formule pouvait prêter à équivoque, si l'on considérait les droits sur Madagascar comme « dépendances de la possession de Maurice ». Quoi qu'il en soit, tandis que nous continuions à influencer les chefs de la côte et à obtenir d'eux des concessions territoriales, le gouverneur anglais de Maurice, sir Furquehar, sut agir contre nous en aidant le jeune roi des Hovas, Ra-

Une batterie de canons à Tananarivo.

dama Ier, à se rendre peu à peu maître de toute l'île. En 1817, ce prince, doué d'une intelligence remarquable pour sa race, et désireux de doter ses peuples d'une civilisation à l'européenne, conclut avec les Anglais un traité par lequel il se déclarait leur allié et supprimait la traite des esclaves dans son royaume. Il accueillit les missionnaires méthodistes de Londres, et ceux-ci, après avoir créé des écoles à Tananarivo et ailleurs, finirent par acquérir sur l'esprit de la cour une influence qui dure encore actuellement.

En 1825, Radama fit expulser les Français de Fort-Dauphin et de Foulepointe. Après sa mort, arrivée en 1828, sa veuve Ranavalona lui succéda, mais, subjuguée par le vieux parti hova et par les prêtres des idoles, son long règne se signala par des cruautés sur ses propres sujets et par une réaction contre les étrangers qui furent souvent malmenés, malgré plusieurs interventions des navires de guerre anglais et français. Toutefois, un de nos compatriotes, du nom de Laborde, avec l'approbation de la reine, sut créer près de Tananarivo un vaste établissement industriel comprenant forges, fonderie

Tananarivo. — Entrée du palais.

de canons, verrerie, tuilerie, ateliers de menuiserie et de charronnage. Un autre Français, M. Lambert, exerça une certaine influence sur l'esprit même de Ranavalona et de son fils Radama II qui, lui ayant succédé en 1861, conclut avec Napoléon III un traité où celui-ci le reconnaissait comme « roi de Madagascar ». Radama accordait les plus grandes faveurs aux Français, mais bientôt après, étranglé par les réactionnaires hovas, il fut remplacé, en 1865, par sa veuve Rasoaherina, et en 1869, par sa nièce Ranavalona II. Celle-ci, ayant épousé son premier ministre, se convertit au protestantisme et subit dès lors l'ascendant des méthodistes anglais.

Cependant la paix se maintenait à l'intérieur et les missions catholiques françaises elles-mêmes étaient très florissantes dans l'île, lorsqu'en 1883, les réclamations du gouvernement français au sujet de quelques faits peu marquants n'ayant pas abouti, l'amiral Pierre vint bombarder et occuper Mazunga

Tananarivo. — Palais de la reine.

sur la côte nord-ouest, Vohémar, Tamatave, Foulepointe, sur la côte orientale. La guerre, menée peu vigoureusement par notre expédition qui, pendant deux ans, se contenta de bloquer l'île et d'inquiéter les côtes, aboutit néanmoins au traité signé le 17 décembre 1885.

Ce traité reconnaît la reine des Hovas comme souveraine de l'île entière, et tous les postes occupés par nos troupes, sauf la baie de Diégo-Suarez, lui seront rendus. La France abandonne ainsi ses droits particuliers de protection sur les peuples sakalaves et malgaches de la côte nord-ouest et nord-est. Les étrangers ne pourront pas acquérir des biens dans l'île, mais seulement les affermer pour un temps renouvelable. Par contre, une indemnité de 10 millions est accordée par le gouvernement hova aux nationaux français et étrangers pour les pertes subies pendant les hostilités : les douanes du port de Tamatave resteront entre nos mains jusqu'au payement intégral de cette indemnité. De plus, la France acquiert le droit de construire dans la baie de Diégo-Suarez des établissements militaires à sa convenance, ce qui lui permettra d'en faire une position maritime du premier ordre. Mais le point capital, c'est que la reine des Hovas subit la présence à Tananarivo d'un résident officiel français qui aura en main toutes les relations diplomatiques avec les puissances étrangères, sans « toutefois s'immiscer dans l'administration intérieure des États de Sa Majesté la reine ».

C'est là une sorte de « protectorat » déguisé, et bien que le mot ne soit pas introduit, il suffira d'agir avec prudence et sagesse pour en amener tous les effets. Quoi qu'il en soit, l'opinion publique en France ne semble pas satisfaite d'une combinaison aussi peu claire, qui prête à des interprétations contradictoires, et l'on craint de voir recommencer bientôt de sourdes hostilités et peut-être même la guerre, avec une cour aussi jalouse de ses droits que de son indépendance.

CHAPITRE II

GÉOGRAPHIE PHYSIQUE

L'île de Madagascar est située dans l'océan Indien, au sud-est de l'Afrique, entre 12° et 25° 30' de latitude sud, 41° 20' et 48° de longitude est.

Sa forme ovale, qui rappelle assez bien celle de la Corse, est allongée du sud-ouest au nord-est; elle présente 1.600 kilomètres dans son grand axe et une moyenne de 450 kilomètres dans son petit axe. Sa superficie, évaluée à 600.000 kilomètres carrés, dépasse celle de la France; c'est la plus grande île du globe après la Nouvelle-Guinée et Bornéo.

Le *littoral* oriental est généralement bas, sablonneux, bordé de lagunes et de dunes et offre peu de bons ports, tandis que celui du nord-ouest, plus montueux, est déchiqueté en nombreuses îles, presqu'îles et baies favorables à la navigation. La côte sud-ouest est moins bien partagée.

Le canal de Mozambique, large de 400 kilomètres, sépare Madagascar de la côte africaine du Mozambique. Les baies principales sont celles d'Antongil et de Diégo-Suarez, au nord-est, celles de Passavanda, de Narinda, de Mazamba, de Bombetok et de Baly, au nord-ouest; celle de Saint-Augustin, au sud-ouest.

Parmi les îles côtières, signalons Sainte-Marie et Nossi-Bé, qui sont françaises. Les caps remarquables sont les caps d'Ambre et Saint-Sébastien au nord, Saint-André et Saint-Vincent à l'ouest, Sainte-Marie au sud, et le cap Ngoncy ou cap Est.

Le *relief du sol,* imparfaitement connu, est caractérisé par une série de chaînes de montagnes plus ou moins parallèles entre elles, allongées dans le sens de l'île et formant un énorme bourrelet ou plateau assez semblable aux plateaux d'Algérie. Ce plateau, de 800 mètres d'altitude moyenne, est surmonté de sommets de plus de 2.000 mètres, atteignant 2.500 mètres au mont *Tsiafazavona,* au sud de Tananarivo. On accordait autrefois 3.600 mètres d'élévation aux monts *Amboitismènes,* nom sous lequel on désignait l'ensemble du système de Madagascar.

Très rapproché de la côte orientale, le plateau malgache laisse à l'ouest la grande plaine des Sakalaves, ridée elle-même par de longues chaînes de collines qui suivent la même direction du sud-ouest au nord-est. La partie méridionale de l'île est moins élevée et plus déserte que les parties centrales et septentrionales.

L'île forme deux versants hydrographiques d'inégale largeur, arrosés par une multitude de rivières dont plusieurs dépassent l'importance de la Seine. Le versant oriental, le plus étroit, renferme le *Maningory* qui sert de débouché au lac Alaouter, le *Mangourou*, qui parcourt également une vallée longitudinale du grand plateau.

Pont de bois et porteurs à Madagascar.

Le versant occidental renferme le *Suffia*, dans la province d'Ankara, l'*Ikoupa* ou rivière de Tananarivo, et le *Kitsambi* qui descendent du plateau d'Emyrne; le *Mangouké* et l'*Anoulahy*, qui parcourent les plaines du sud-ouest. Aucun de ces fleuves n'est navigable, et tous n'ont d'ailleurs été qu'imparfaitement explorés par les Européens.

Comme eaux dormantes, outre le lac Alaouter ou Alaotra, signalons le Tasy (ou Nossi-Vola?), dans le bassin de l'Ikoupa; le Kinkony dans le Bouéni, et la longue série de lagunes qui bordent la côte orientale.

Le *climat* de Madagascar est humide, torride et fiévreux, peu propre à l'acclimatation des blancs, sauf peut-être sur les plateaux du centre; la côte orientale a été nommée « le cimetière des Européens ». Les pluies durent de novembre en avril : c'est « l'hivernage » comme à Bourbon; l'été est plus sec et plus salubre.

Tous les voyageurs vantent les beautés pittoresques et les richesses naturelles de Madagascar. Les carrières et les mines métalliques les plus variées abondent, notamment le fer, le cuivre, les pépites d'or, les pierres précieuses et la houille. L'île a une flore très riche, offrant des types tout particuliers; il y a des forêts considérables, des cultures de tout genre : riz, manioc, café, coton, canne à sucre, épices, tabac, etc. Sa faune possédait autrefois le dronte, oiseau géant disparu qui atteignait deux mètres de hauteur; elle est caractérisée encore par les makis ou lémurs, singes à museau de renard et à queue touffue, l'aye-aye, singe rongeur, les chats sauvages, les sangliers, les tenrecs, les bœufs zébus à garrot de graisse, les moutons à grosse queue, les onagres ou ânes sauvages; de nombreux oiseaux, reptiles et insectes lui sont propres. Mais elle ne possède ni lions, ni éléphants, ni gazelles, aucune de ces grandes espèces de carnassiers, de pachydermes et de ruminants si communs sur le continent voisin : preuve que Madagascar n'y a pas été rattaché dans les temps même préhistoriques.

CHAPITRE III

GÉOGRAPHIE POLITIQUE

Ethnographie. — La population de Madagascar est vaguement évaluée à 3 ou 4 millions d'habitants, ce qui, pour une superficie de 600.000 kilomètres carrés, ne donne que 5 à 8 habitants de densité par kilomètre carré.

On distingue trois races ethnographiques principales, assez

Soldat hova.

mêlées : 1° les *Hovas,* de race malaise ou brune, dont les ancêtres auraient été transportés de la Malaisie à Madagascar par le hasard de la navigation et des courants marins. Intelligents, énergiques, rusés, ces hovas habitent l'intérieur et dominent toute l'île; 2° les *Sakalaves,* les *Betsimisaraks* et autres malgaches de race nègre, cultivateurs, doux, hospitaliers, mais peu industrieux et habitant les plaines côtières, surtout à l'ouest; 3° les blancs, les mulâtres et les métis, résultant du croisement des Arabes, peut-être des Juifs, des indigènes, des Cafres originaires des continents voisins, tels que les Antalots de la côte du sud-est, les Betsiléos des plateaux du centre.

Ces populations sont généralement ignorantes, païennes, superstitieuses, exploitées par des « sikydis » et des « ombiènes » ou sorciers; toutefois la reine et sa cour sont devenues protestantes de la secte des méthodistes ou Wesleyens, et les missions

Indigène de la côte de Madagascar vendant du charbon.

des Jésuites comptent plus de 50.000 indigènes catholiques répartis en 350 stations ou villages. Les écoles chrétiennes sont assez nombreuses.

Le code civil et criminel est très rigoureux, même barbare; les épreuves judiciaires par l'eau, le feu, le fer, le poison sont en usage. La justice est rendue dans des assemblées populaires appelées « kabar ».

L'intérêt d'actualité qui se rattache à la conquête de Madagascar nous porte à donner ici quelques détails sur l'état social et les mœurs des Malgaches.

ÉTAT SOCIAL DES MALGACHES. — « Bien que la fusion entre les diverses races qui peuplent Madagascar soit loin d'être achevée, dit M. Vivien de Saint-Martin, le climat, des rapports continuels, une organisation politique peu différente, surtout l'usage d'une même langue dans tout le pays, ont donné aux habitudes, aux mœurs et aux coutumes de tous les Malgaches un caractère de similitude si prononcé, qu'il est possible de tracer à cet égard un tableau qui leur soit commun.

Femme de Madagascar.

« Ainsi, on peut dire que, sauf quelques exceptions, les Malgaches, comme tous les peuples dans l'enfance, sont curieux, superficiels, vantards, superstitieux, vindicatifs, sensuels, crédules, prodigues. Leur aversion pour tout exercice, soit corporel, soit intellectuel, est assez prononcée. Ils sont paresseux, et, s'ils travaillent, ce n'est que par force; leur jeunesse se passe dans l'oisiveté et les divertissements; leur vieillesse s'écoule dans l'indolence. Vivant au jour le jour, le présent est tout pour eux. La dissimulation, la fourberie, loin d'être considérées par les Hovas comme des vices, sont les objets de leur naïve admiration. Dans leur opinion, la mauvaise foi et la ruse sont des signes de capacité, d'habileté, de talent. La sensualité est générale à Madagascar. La polygamie est usitée dans toute l'île; le moindre chef de village possède d'ordinaire plusieurs femmes. Cependant depuis l'adoption de la religion chrétienne comme religion d'État chez les Hovas, ceux-ci n'en prennent plus qu'une. L'ivrognerie n'a aucune borne chez la plupart des tribus, excepté dans l'Imérina; et la passion des Malgaches pour les boissons alcooliques dépasse toute idée.

« Mais, à côté de ces défauts, les Malgaches ont des qualités précieuses. Ils sont bons, affectueux, complaisants, hospitaliers. Les liens de la famille et de l'amitié sont très respectés parmi eux; l'animadversion publique vengerait l'oubli dans lequel un parent ou un ami laisserait son parent ou son ami malheureux, et le *fatidra* ou serment du sang est scrupuleusement tenu. L'amour des mères malgaches pour leurs enfants est extraordinaire, et la vénération des Malgaches pour les tombeaux est profonde. A la mort, comme à la naissance, il y a des prières et des sacrifices de bœufs ou de taureaux; ces usages sont cependant tombés en désuétude chez les Hovas. Comme tous les peuples indolents et sensuels, les Malgaches aiment passionnément la poésie et la musique. Tous les voyageurs parlent de leur éloquence. L'art oratoire est très cultivé chez eux, et leur langue s'y prête admirablement.

« Les coutumes superstitieuses sont très nombreuses à Madagascar; mais il est impossible de les connaître toutes, parce que les indigènes se cachent ordinairement des étrangers pour les accomplir. Partout l'on trouve des individus qui, outre le métier de médecin, exercent aussi celui de devin. Ces prétendus sorciers ont la plus grande influence sur l'esprit des indigènes, et il n'est guère d'affaires qu'on entreprenne sans les consulter. Les Malgaches font aussi un grand usage d'amulettes ou talismans; ils leur attribuent toutes sortes de vertus, même celle de faire connaître ce qui doit arriver.

« Le costume national des Malgaches se compose de deux pièces d'étoffe blanche, dont l'une, le *sadika*, entoure les reins, revient entre les jambes et fait l'office d'un caleçon, et dont l'autre, le *simbo*, drape largement le corps, les épaules et les bras. Dans les jours de fête, le simbo est remplacé par le *lamba*, qui est plus riche et plus beau. La tête, les jambes et les pieds sont ordinairement nus. Les Malgaches des castes guerrières de l'intérieur ont le corps couvert de cicatrices artificielles qui représentent diverses figures. Elles sont le résultat de tatouages qu'on leur fait dans leur enfance. Dans l'entourage de la reine, à la cour, les nobles et les officiers ont adopté le costume européen.

« Le riz, dans l'est et dans le centre, le maïs ou le manioc, dans l'ouest, forment la base de la nourriture chez les Malgaches. Ils y joignent des légumes, des fruits, de la volaille, et parfois de la viande de bœuf.

« Les habitations sont, en général, des cases hautes d'environ deux mètres, espèces de chaumières composées d'une carcasse en charpente, couverte soit de feuilles de ravinala sur la côte est, soit en joncs ou en pisé dans l'intérieur, soit en roseaux dans l'ouest. Une natte étendue sur le sol, une tente ou panier carré pour serrer leurs objets les plus précieux, une calebasse et une marmite, voilà à peu près tout le mobilier. La case du chef, excepté chez les Hovas, est absolument semblable à celle des autres habitants et ne s'en distingue que par une perche à l'extrémité de laquelle est attaché un lambeau d'étoffe comme signe d'autorité [1]. »

SUPERSTITIONS DES MALGACHES [2]. — I. *Métamorphoses.* — « Ayant lu dans une revue que, d'après certains écrivains, Madagascar posséderait encore le « singe proto-type de l'homme », j'ai pensé qu'on pourrait bien y trouver aussi la légende du « merveilleux changement » ; j'ai donc consulté les archives locales, et voici ce que j'ai découvert ; je livre ce

---

[1] VIVIEN DE SAINT-MARTIN, *Dictionnaire géographique*.

[2] D'après le R. P. ABINAL, missionnaire catholique. Cette étude ethnographique et psychologique du plus haut intérêt nous paraît mériter sa place ici. Nous la citons en abrégeant.

travail sans prétention et le recommande aux philosophes modernes.

« C'est à tort que certains savants (Darwinistes) s'attribuent l'invention d'une doctrine dont la gloire ne leur revient pas, celle du « singe devenu homme ». Bien avant la mise au jour de leurs fausses déductions, il y avait à Madagascar des castes et des familles revendiquant l'honneur de descendre de ces colons velus de la forêt, et, plus logiques que nos docteurs, ces gens tiraient les conséquences pratiques de leur opinion, en honorant leurs prétendus ancêtres durant leur vie et en les ensevelissant après leur trépas.

« Il y a sur ce sujet deux légendes : la première dit tout simplement que ces castes descendent en ligne droite du Babakoto (singe à queue courte), lémuridé dont le cri répété, semblable à la voix de l'homme qui appelle, fait à certaines époques retentir toute la forêt. L'histoire de ce brusque passage d'un genre à l'autre s'est perdue, mais les générés, vivant dans leur arrière-petit-fils, suffisent pour en garantir l'authenticité ; donc elle fut, puisque les neveux qui l'assurent sont là.

« La seconde légende rapporte qu'un condamné à mort fuyait à travers champs devant son exécuteur armé d'un long coutelas. D'aventure, il parvient dans la forêt et se jette au milieu des broussailles au pied d'un arbre. Le bourreau arrive aussi et cherche. Il regarde et scrute chaque fourré, mais à sa grande surprise, il ne voit qu'un singe grimaçant sur la branche, au lieu d'un homme qu'il s'attendait à trouver au pied de l'arbre, blotti et glacé de peur. C'est fort étrange, se dit-il, je poursuis un homme et le voilà qui devient singe en un clin d'œil ! Il devait assurément être innocent. Là-dessus il se retire, et l'homme-singe s'enfonce dans la forêt ; il s'y allie avec ceux de son espèce et s'y crée une famille.

« Or on ne sait par quel procédé la chose s'opéra, mais la légende ajoute qu'au bout d'un court espace de temps, les petits-fils naquirent hommes, des pieds jusqu'à la tête. A l'inverse de leur grand-père, ils montèrent au lieu de descendre, et eurent le bon sens de regagner le côté le plus noble. Ce sont leurs fils dont on trouve les familles sur la lisière de la forêt, au versant oriental de l'île. Ils respectent le babakoto, qui est sacré pour eux...

« Un jour, le P. Pagès ayant, sans malice et sans intention, lâché la détente de son fusil dirigé contre un arbre chargé d'oiseaux, étendit mort, avec les volatiles, un de ces types arriérés grimpant encore sur les arbres. Fier de son coup, le bon Père prétendait faire de la viande un ragoût, et de la peau une fourrure ; mais il avait compté sans ses porteurs parmi lesquels le tué avait des petits-fils ; ils revendiquèrent à cor et à cris le cadavre de leur aïeul. Le Père voulut rire, mais on le fit composer par la révolte ouverte et le refus net d'aller plus loin. Se voyant abandonné au milieu de la forêt, le chasseur se rendit et livra le gibier. Le singe mort reçut les honneurs de la sépulture. Les fils donnèrent le suaire d'usage, y enveloppèrent son corps, lui fournirent un double linceul de rabanne, le portèrent à une fosse creusée pour lui, lui offrirent des chevelures ainsi que des pleurs et des lamentations, chantées et sanglotées tour à tour : conséquence tout aussi risible, mais mieux tirée, que celle des patrons de « l'homme-singe à queue retranchée ».

« Il est un autre singe ci-devant homme pour lequel la métamorphose fut sans retour. Il porte dans le pays le nom de *Rajako;* il n'est point originaire de l'île, on l'y a introduit d'ailleurs. Il conserve une profonde rancune aux femmes : en voici la raison :

« Rajako, du temps où il vivait selon la nature humaine, avait uni son existence à une femme bonne à la riposte, tenant surtout à honneur de faire le coup de feu final dans les assauts de langue, lorsque la dispute portait la guerre au sein du ménage.

« Un jour que le couple, assis au coin du feu, s'occupait à la cuisson du dîner commun, une querelle s'engagea. La dame, conformément à l'usage qui lui fait un devoir de servir son mari, saisit la grande cuiller pour tirer le riz de la marmite et le déposer sur de larges feuilles, vaisselle du pays, comme cela se pratique encore dans maintes régions de l'île.

« Il faut dire que Rajako, de par son destin, ne pouvait pas être touché, sans malheur pour lui, par l'ustensile placé entre les mains de sa femme... Or, la querelle s'envenimant, la dame en frappa son mari... Au même instant, l'inflexible destin déroula son cours en changeant subitement Rajako en singe. Le malheureux gambada d'abord jusqu'à la porte, grimpa ensuite sur le toit de sa case, pour de là s'élancer sur la branche voisine et disparaître dans la forêt où il se fixa pour toujours...

« Plusieurs tribus, sur tous les points de l'île, se donnent une généalogie plus forte mais moins agile : leur première souche serait le caïman. A les en croire, un beau jour les caïmans et les hommes furent fort étonnés, les premiers en se voyant devenir hommes, et ceux-ci de ne plus voir de caïmans. Malheureusement, la métamorphose fut partielle, et beaucoup de sujets conservèrent les goûts et les appétits des caïmans. La descendance bipède, furieuse de passer ainsi sous la dent de frères implacables, menaça d'user de représailles. On discuta de part et d'autre, et à la fin on pactisa.

« L'homme promit de ne point traquer son frère caïman, et le caïman de ne point manger son parent homme. S'il arrive qu'un caïman ait mangé un homme, aussitôt que le délit est connu, on publie le crime dans tout le canton de la terre ferme. Le chef de la tribu, ou, en son absence, quelque vieillard au courant des usages, se rend sur les bords du lac à la tête de la population. Là, il procède en règle, fait une enquête et verbalise ; après quoi il apostrophe les frères du lac, leur rappelle le pacte solennel de leurs pères, proclame le crime et somme la famille de livrer le coupable en le forçant de mordre à l'hameçon qu'il jette à l'eau...

« On revient le lendemain et l'on trouve le coupable caïman retenu à l'hameçon. Alors on le salue d'une huée formidable qui, répétée par les échos, annonce au loin le prélude de l'exécution. On hisse en terre ferme l'oncle scélérat ; contre la force point de résistance, il a beau protester par d'énergiques efforts, les lacets au nœud coulant glissent le long de la première corde et vont se coller sur ses flancs. Que faire ? il se rend, car les neveux, sur deux lignes, le pied droit en avant et le buste en arrière, la main sur les cordes, tout en le suffoquant, lui donnent l'immobilité d'un soliveau.

« En cette pénible position, il écoute le réquisitoire du neveu-magistrat, qui d'abord s'excuse d'être forcé de sévir. L'orateur, passant aux considérants, arrive enfin aux conclusions qui nécessitent la peine de mort. Alors les pieux aiguisés vont, à travers les écailles, chercher la vie fortement ancrée ; le supplice est long, mais enfin, après avoir mugi, le caïman ronfle une dernière fois et meurt...

« Alors commencent les pleurs et le deuil ; les cheveux sont déliés et flottent au gré du vent ; on porte le défunt au tombeau au milieu des lamentations usitées dans un deuil de famille. Sur la fosse on élève un tumulus, et une pierre marque la place de la tête.

« ...Certaines castes, moins prétentieuses, se vantent d'une origine canine, et leur souche se perd dans une espèce à court museau, aux fortes dents, qu'on ne trouve point dans l'île : le boule-dogue sans doute.

« Dans le sud, j'ai vu les descendants des sangliers, métamorphosés jadis. Cette tribu ne tue point le sanglier, dont la chair est prohibée ; aussi y est-il plus répandu que l'homme. Ces animaux vont par bandes, ravagent les récoltes sans que personne songe à les détruire.

« D'autres se glorifient d'appartenir au genre mouton ; aussi ils ont cette viande en horreur. Toutes leurs maladies, toutes leurs infortunes leur viennent, disent-ils, parce qu'ils peuvent, par inadvertance, toucher la viande ou la graisse, peut-être fouler aux pieds les poils tombés du dos de leurs pères.

« Il n'est peut-être pas, dans toute l'île, une classe d'oiseaux, depuis la veuve jusqu'au martin-pêcheur bleu, qui n'ait eu sa métamorphose en homme.

« Toutes ces castes se targuent de leur origine et chacune respecte l'opinion de l'autre. Ces gens ont plus de foi en ces fables qu'à la lumière du soleil, tant il est vrai que le diable ravale et fait perdre de vue l'origine divine, afin de couper le chemin du retour à Dieu... »

II. *Métempsycose.* — « La foi à la métempsycose, comme croyance subjective, est universelle à Madagascar. Tous, à quelques exceptions près, admettent que l'âme de certains individus, de quelques peuplades même, émigre à la mort pour aller résider dans le corps des bêtes. Cependant, tout Malgache ne croit pas au passage de son âme dans le corps d'un animal à la sortie du sien.

« L'âme du Betsiléo mourant n'entre point indistinctement dans un corps quelconque, car le premier venu n'est pas toujours digne de loger un tel hôte. Chacun sait d'avance chez qui il ira, attendu que son animal-domicile lui est marqué par son sang ou son origine. Aux nobles, le boa; aux roturiers, le caïman ou le crocodile; à la lie populaire, le toua, anguille assez semblable au thon de mer.

« Le menu fretin du peuple, dont l'âme passe chez les anguilles, use du procédé suivant pour faciliter et hâter la transmigration. Après le dernier soupir, on ouvre le cadavre, on en retire toutes les parties internes, on les jette dans le sac sacré; l'anguille qui en goûte devient le domicile de l'âme avalée avec la première bouchée. Le Betsiléo ne mange point de cette anguille.

« L'âme des roturiers de bonne caste passe, à leur mort, dans le corps des caïmans. Là encore, comme jadis, ils continuent à servir leurs seigneurs, mais par un nouveau genre de corvée. Le souverain des morts leur confie la mission d'aller annoncer à leurs maîtres vivants l'approche de l'émigration de leur âme, ce dont ils s'acquittent en se montrant dans les rivières et les lacs voisins des demeures seigneuriales.

« Quand un noble passe de vie à trépas, sa demeure est mise en état de siège et interdite à tout mortel, excepté à la famille, aux esclaves et aux amis, afin de le laisser tranquille opérer le travail de sa permutation. Son corps, enveloppé de tissus de soie, est sanglé verticalement le long du pilier central de sa case. Sous ses pieds repose une gamelle d'argent, à son défaut un vase de porcelaine, afin de recevoir la matière liquide, résultat de la décomposition à travers les étoffes.

« Au bout d'un certain temps, le liquide du bassin fourmille d'insectes ou vers, grouillant et grossissant dans cette matière putride, qui devient boueuse. Ce n'est point là le résultat attendu, on veille donc encore et on s'enivre pour tuer le temps.

« Enfin paraît une grosse larve à tête noire qui dévore tous ses compagnons, vers et insectes. C'est lui le noble, qui a terminé son travail. Le voilà en germe de vipère ; bientôt, du train où il va, il sera couleuvre et enfin boa. On emporte les restes suspendus au pilier, détritus de l'œuvre, et on les enterre. A la larve tout l'honneur, car elle est le germe du futur boa, destiné à recevoir en son sein les âmes de tant de Betsiléos, peut-être celles de plusieurs familles. La parenté survivante se réjouit d'abord, ensuite elle fait publier la transformation de feu N..., ci-devant seigneur de la contrée.

« Devenu grand, le boa reconnaît sa case et sa famille, qui le reconnaît aussi aux losanges coloriés de sa robe, reproduction fidèle des perles de couleur, qui ont été intercalées dans le tissu du suaire.

« Le boa ancêtre se nomme *fanano*, en langue du pays. Lorsqu'il se montre quelque part, la population noble et roturière vient en masse interroger, qui son parent, qui son seigneur. Il n'est pas rare de rencontrer mille et deux mille personnes, formant escorte au noble serpent et discourant sur ses couleurs, son nom, la ressemblance de sa peau, voire son identité avec feu un tel.

« Quelquefois il y a réception du fanano au village où le noble est mort. Quand il paraît, sa famille lui fait une ovation. La parenté se porte à sa rencontre, étend à terre sur son passage un beau tissu de soie, et l'invite à s'y placer. S'il ne comprend pas, on l'y pose. Ensuite le chef le salue au nom de tous et ouvre le dialogue en ces termes : « Comment va Mon-
« seigneur ? » L'ancêtre entortillé lève la tête, c'est dire qu'il va bien. Le chef ajoute : « On va immoler un grand et gros
« bœuf en l'honneur de Votre Seigneurie. » Le grand-père, ne se sentant plus de joie, enfonce sa tête au centre de ses replis et la fait glisser circulairement tout autour de lui.

« On l'emporte donc au beau milieu du village, sur la place

publique, on le dépose sur une étoffe rouge. Le bœuf gras est immolé, on lui en sert les prémices en lui offrant le premier sang, qu'il déguste avec complaisance et qu'il avale jusqu'à satiété ; après quoi il enfonce sa tête dans ses replis et commence sa paisible digestion. L'assistance interprète autrement la chose et pense que le noble serpent a dit : « Merci ; à vous « les restes, mangez, chantez, dansez, buvez, pérorez, amusez-« vous, je vous écoute, roulé sur mon tapis. » Il doit avoir le cœur content, car on lui sert à souhait des vœux et des amusements désirés ; on ne cesse qu'à l'extinction des voix, à l'épuisement des provisions et des jarrets, après quoi on congédie poliment la bête, en l'emportant en quelque lieu solitaire, à elle consacré.

« Le boa est sacré dans ces pays ; tout Betsiléo lui fait la révérence, genou en terre, le front courbé entre ses mains, comme à son seigneur vivant. Jamais une main téméraire ne lui ravit la vie : on croit que celui qui en aurait la criminelle audace mourrait sur le coup, victime de sa barbare témérité. Pour ma part, j'en ai occis deux, et, chose plus merveilleuse encore, je ne m'en porte pas plus mal.

« Mon premier exploit faillit bouleverser la province. Mes amis, après m'avoir en vain supplié de ne point me suicider de propos délibéré, prirent le large au moment du coup, afin qu'on vît bien que j'allais mourir victime uniquement de mon opiniâtreté. Dire tout ce que j'entendis de malédictions tomber sur moi, pendant que j'enlevais la peau de mon boa, est impossible : deux mille bouches étaient occupées à les faire pleuvoir. Le soir, on savait à dix lieues à la ronde que j'étais mort sur le carreau, et, huit jours après, la nouvelle de ma fin tragique, portée par la renommée, arrivait à la capitale ; on la publiait à la cour, c'est-à-dire à cent lieues du théâtre de l'événement. Je paraissais au bazar, et les yeux de dix mille personnes s'obstinaient à ne voir que mon ombre !...

« Qu'on ne m'attribue ni l'invention ni même la broderie, car j'ai été témoin et acteur ; j'ai tout cliché sur place et fidèlement reproduit sur l'original ; je ne donne que la copie exacte, dans le but de glaner quelques prières à l'intention de ces pauvres aveugles et des missionnaires qui les instruisent[1]. »

Gouvernement. — Le gouvernement est monarchique absolu, mais réglé par des usages ; il est aux mains du premier ministre, époux de la reine. Les gouverneurs des provinces cumulent toutes les fonctions militaires, civiles, judiciaires et financières, et ce cumul conduit naturellement à la tyrannie et aux exactions de tout genre.

Les provinces, qui sont avant tout des divisions ethnographiques, n'ont que des délimitations et des dénominations très incertaines ; signalons, au centre, l'*Imérina*, Émyrné ou Ankhova, pays des Hovas : c'est la province la plus importante de l'île ; le *Betsiléo*, également important ; le *Vurimu*, le *Maschikora* ; — à la pointe septentrionale, l'*Ankara* ou pays des Antankaras ; — sur la côte orientale, l'*Antanvaratsi*, le *Betsimasaraka*, le *Betanimena*, l'*Antatsimu*, l'*Antaimuri*, l'*Antarai*, l'*Anossi*, pays des Antonosses ; — sur la côte occidentale, le *Bouéni*, l'*Ambongou*, le *Ménabé*, trois provinces de Sakalaves ; — enfin, au sud, le *Fereniai*, le *Mahafali* et l'*Andrui*, qui sont des régions désertes et sauvages.

Villes. — *Tananarivo,* sur le plateau de l'Émyrné et dans le bassin supérieur de l'Ikoupa, à 1.500 mètres d'altitude, est la capitale du royaume et la résidence de la cour. C'est une ville relativement considérable, à laquelle on donne de 30 à 70.000 habitants, selon que l'on ajoute les villages formant faubourgs. Son nom signifie la cité des *mille* (harivo) *villages* (tanna).

« Tananarivo est bâtie sur les sommets et le flanc d'une montagne de granit ; l'arête supérieure, quoique un peu arrondie en dos d'âne, n'offre pas une large surface ; les flancs sont à peine abrupts. De loin l'aspect est grandiose et original ; on ne voit d'abord à une assez grande distance que le grand palais de couleur grise qui domine tout ; peu à peu les autres palais du sommet se dégagent, ainsi que les clochers des temples méthodistes. Il y en a déjà plusieurs dont les flèches s'aperçoivent distinctement de loin.

[1] R. P. Abinal, missionnaire à Madagascar. Extrait des *Missions catholiques,* 1880.

« ...Du haut de la ville on a une vue magnifique; c'est un immense panorama avec des lacs et des rivières qui s'étendent autant que la vue, et à l'horizon, des montagnes d'une teinte bleue. Tout le pays est complètement déboisé... En somme, une montagne escarpée avec des palais d'une assez belle architecture au sommet; sur les flancs, des aspérités et des anfractuosités irrégulières, des cases de toutes formes, entassées les unes sur les autres, séparées par des espaces étroits qui ne peuvent avoir aucun nom; la malpropreté et l'aridité à peu près partout; dans ces rues et ces maisons, une population qui a toujours l'air de se promener, de ne rien faire; la plupart des hommes et femmes, vêtus de blanc, nu-pieds, marchant solennellement ou accroupis le long des murailles; quelques-uns portés par des esclaves sur leurs filanzanes; des peaux jaunes, noires, cuivrées; rien n'indiquant la souffrance, le malaise; des figures d'un aspect peu gracieux en général; les uns avec des airs d'autorité, les autres, plus humbles, à l'air doux, passif; du sommet de la ville et de tous les côtés, mais surtout vers le sud, un spectacle magnifique et une des plus belles vues qu'on puisse rêver, tel est le tableau offert par Tananarivo[1]! »

Les provinces centrales renferment des villes ou plutôt de gros villages plus nombreux et plus populeux que les côtes, qui sont malsaines, mais on les connaît peu.

On peut citer *Fianarantsoa,* 10 à 15.000 habitants, la ville principale des Betsiléos, bâtie par Radama, à 1.200 mètres d'altitude.

Sur la côte orientale, du nord au sud, se trouvent *Vohémar,* prise par les Français en 1883; — *Port-Choiseul,* ancien établissement français dans la baie d'Antongil; — *Tintingue,* avec un bon mouillage, au nord de la Pointe-à-Larrée et en face de l'île Sainte-Marie; — *Fénérive,* fertile en riz; — *Foule-pointe,* 1.500 habitants, ayant un port assez sûr.

Tamatave, 10.000 habitants, avec une bonne rade, est le principal marché de l'île; son port, en relation régulière avec

---

[1] Dr LACAZE, *Souvenirs de Madagascar.*

Vue de Tananarivo.

Bourbon et Maurice, est le point d'accès le plus fréquenté vers Tananarivo ; c'est aussi la résidence des consuls européens et le siège d'un évêché dont le titulaire est le supérieur des missionnaires de la Compagnie de Jésus.

Au sud de Tamatave, jusqu'à la baie Sainte-Luce, il n'y a plus de rade sûre ni de bon mouillage. On y trouve *Andevoranto,* 2.000 habitants, et Manoura qui sont plus rapprochés

Rade de Mazunga.

de la capitale, mais moins pratiqués que Tamatave. La baie Sainte-Luce ou Lucie, et Fort-Dauphin qui en est proche, furent les premiers établissements français de Madagascar, mais ils sont inoccupés aujourd'hui.

En remontant la côte occidentale, peuplée de Sakalaves et peu hospitalière, on rencontre *Masikora,* puis *Tolléar,* port sur la baie de Saint-Augustin ; mais au nord du cap Saint-André, se succèdent, dans la baie de Baly, le port de *Bouéni,* dont le chef est protégé français ; dans la baie de Bombétok, celui de

Mazangaye ou *Mazunga,* pris en 1883; il donne accès, par la vallée de l'Ikoupa, vers Tananarivo. La baie de *Passandava,* commandée par l'île Nossi-Bé, est d'une grande importance par ses mines de charbon.

Enfin, tout au nord de l'île, la magnifique baie de *Diégo-Suarez,* dont le site est comparable à la célèbre baie de Rio-de-Janeiro, pourra devenir, entre les mains de la France, une station militaire d'une importance capitale. Subdivisée en plusieurs baies et criques pourvues de mouillages profonds, entourée de presqu'îles rocheuses faciles à fortifier et de forêts exploitables pour les constructions navales, capable enfin de contenir les plus grandes flottes de guerre et de commerce, Diégo-Suarez sera peut-être un jour notre « Aden » de la mer des Indes, admirablement située pour commander les routes de l'Europe et de l'Afrique vers l'Asie et l'Océanie.

INDUSTRIE ET COMMERCE. — La légèreté naturelle de son caractère et la facilité de satisfaire aux besoins essentiels de son existence, n'ont pas stimulé le Malgache à développer l'industrie pour laquelle il a toutefois des aptitudes remarquables. Construction de maisons en bois et de pirogues, tissage d'étoffes, fabrication de chapeaux en fibres, d'armes, d'ustensiles de ménage en fer, en poterie, en bois, rien ne lui manque; mais il est plutôt pasteur, agriculteur et pêcheur que fabricant.

Le commerce est en conséquence peu considérable; d'ailleurs l'île n'a pas de routes, mais seulement des sentiers; les transports se font par bateau et surtout à dos d'hommes, car le Malgache est excellent et vigoureux porteur.

Le trafic extérieur consiste dans l'expédition de bœufs et de riz pour Maurice, Bourbon et le Cap; il faut y joindre les peaux, les tortues, la cire, les bois de teinture qui s'échangent contre les cotonnades, les indiennes, la faïence, la poudre, les outils, les pots et marmites en fer, de provenance européenne ou américaine.

On évalue le commerce extérieur à 25 millions de francs, dont la moitié se fait avec la France et ses colonies; le reste, avec les colonies anglaises, les États-Unis, l'Allemagne.

Le port principal est *Tamatave,* qui a des correspondances

régulières avec les terres et îles voisines et avec l'Europe. De même que Mazunga et le port de Nossi-Bé, il recevra sans doute une impulsion favorable de la situation politique nouvelle qui va s'ouvrir pour notre « France orientale ».

LES SATELLITES DE MADAGASCAR

Les choses de ce monde n'ont jamais qu'une valeur relative. Naguère, dans l'énumération des colonies françaises on citait, avec un certain orgueil, *Sainte-Marie de Madagascar, Nossi-Bé, Nossi-Mitsiou, Nossi-Fali,* misérables îlots rocheux plus ou moins stériles. Aujourd'hui que nous possédons en perspective la « grande terre » et ses innombrables richesses d'avenir, les

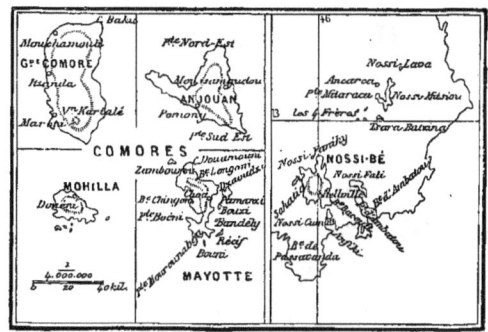

Carte de Nossi-Bé et des îles Comores.

pauvres satellites de cette planète principale perdent beaucoup de leur intérêt. L'île Bourbon, elle-même, l'une de nos plus précieuses provinces d'outre-mer semble s'amoindrir en face du colosse, surtout lorsqu'on se souvient que Bourbon elle-même n'a été que le pis-aller des tentatives coloniales françaises dans ces régions aux XVIIe et XVIIIe siècles. En effet, Bourbon doit surtout sa colonisation aux Français chassés de Madagascar, et leurs descendants n'attendent que l'occasion pour aller reprendre leur place dans cette France orientale, qui leur était destinée.

Cela dit, jetons un coup d'œil sur les satellites de Madagascar.

I. — SAINTE-MARIE

Sainte-Marie de Madagascar, nommée par les indigènes « Nossi-Bourrah », et par les Arabes « Nossi-Ibrahim », est une petite île rocheuse de 165 kilomètres carrés, de forme très allongée, et séparée de Madagascar par un canal de 5 à 10 kilomètres de largeur. Occupée militairement en 1821, elle nous donne l'excellente rade de *Port-Louis* ou *Sainte-Marie,* qui sert de refuge aux navires contre les cyclones ; mais son climat humide, chaud et très malsain, est trop funeste aux Européens pour lui donner un avenir assuré. Sa population est de 6.000 Malgaches et d'une trentaine d'Européens. Son commerce consiste dans le cabotage de denrées alimentaires pour une somme de 200.000 francs.

II. — NOSSI-BÉ

Nossi-Bé et ses îlots annexes sont situés sur la côte nord-ouest de Madagascar. Ce sont des îles rocheuses, nues, volcaniques, dont les côtes sont creusées de bons ports ; elles sont peuplées de 7.000 Sakalaves, mais leur climat chaud, humide, est meurtrier pour les Européens.

Nossi-Bé, en sakalave « la grande île », n'a que 293 kilomètres carrés de superficie. Son chef-lieu *Hellville,* fondé par l'amiral Hell en 1841 et défendu par un fortin, n'est qu'une bourgade peuplée de créoles venus de Bourbon, de Sakalaves, de fonctionnaires et de soldats français.

Au sud de l'île principale se trouve *Nossi-Cumba,* à l'est *Nossi-Fali,* au nord *Nossi-Mitsiou* et *Nossi-Lava ;* mais ces îlots n'ont aucune importance coloniale.

Le commerce de Nossi-Bé s'élève à 6 ou 8 millions de francs et se fait avec Nantes, Marseille, la Réunion et Madagascar. Il comprend l'importation de denrées alimentaires : bétail, riz, tissus, et l'exportation de sucre, café, huile de coco, bois d'ébène et de santal.

III. — MAYOTTE

Mayotte, de son nom indigène « Mahoré », est l'île la plus orientale du groupe des Comores, que découvrit en 1527 le Portugais Ribero.

Mayotte.

Longtemps délaissée comme inutile et presque inhabitée, le commandant d'un navire français y reconnut, en 1840, la magnifique rade de Dzaoudzi et traita pour l'acquisition de l'île avec le chef indigène Souli. Louis-Philippe accorda à ce chef une pension de 3.000 francs et fit prendre possession de l'île en 1843.

Mayotte a 350 kilomètres de superficie; elle est montueuse, haute de 660 mètres, d'origine volcanique, fertile et très boisée; elle est entourée d'une ceinture de récifs de corail et de brisants redoutables, et de plusieurs îlots dont le principal est Pamanzi. La rade de *Dzaoudzi,* résidence du personnel administratif, est une dépendance de Pamanzi.

Ces îles sont peuplées de 8.000 habitants, la plupart Arabes africains, ou Sakalaves émigrés de Madagascar, avec 200 blancs

Lac sur les montagnes à Mayotte.

négociants, Arabes ou fonctionnaires européens; ceux-ci redoutent le climat chaud et malsain de la région.

Le commerce s'est élevé de 100.000 francs en 1852, à 2.500.000 francs en 1883. Il se fait surtout avec la France, la Réunion, Nossi-Bé et Madagascar. Il consiste dans l'exportation du sucre, du rhum, de la vanille, et dans l'importation de produits manufacturés.

Le transport et le service postal de Mayotte et de Nossi-Bé se font régulièrement chaque mois par un paquebot de la Réunion, correspondant à Saint-Denis avec les Messageries maritimes.

IV. — LES ILES COMORES

Mayotte est l'une des îles de l'archipel des Comores; les trois autres sont *Anjouan, Mohilla* et *Ngazia* ou la *Grande-Comore*.

En 1885, le gouvernement français a établi son protectorat sur la Grande-Comore, et bien que l'île d'Anjouan serve depuis longtemps de lieu de relâche et de dépôt de charbon pour la marine anglaise, il est à présumer que toutes les Comores nous appartiendront sous peu. C'est pourquoi il convient d'en parler ici.

Les quatre îles Comores sont, avec Nossi-Bé, comme les piles d'un pont qui relierait Madagascar au continent africain, à travers le canal de Mozambique. Ce sont des îles volcaniques, montueuses, boisées, fertiles, mais malsaines.

Leur superficie totale est d'environ 2,000 kilomètres carrés. Leur population, évaluée à 30 ou 40.000 habitants, est formée d'*Antalots,* Arabes mêlés de sang nègre et professant le mahométisme.

La GRANDE-COMORE est la plus considérable et la plus peuplée, mais non la plus importante. Son territoire, dépourvu de ruisseaux, est généralement aride; ses côtes abruptes ne sont abordables que sur trois points, aux villages de Mouchamouli, Itzanda et Maroni. Ce sont les résidences de petits chefs ou sultans, plus ou moins soumis au roi d'Anjouan.

L'île MOHILLA, la plus petite et la plus élevée, a pour village principal Douéni.

ANJOUAN, remarquable par sa forme triangulaire, paraît être la plus importante. Elle renferme deux villes murées, *Pomony* et *Moussamoudou.* Cette dernière est la résidence du roi des Comores, dont l'autorité n'est sans doute que nominale en dehors de l'île. Moussamoudou est aussi la relâche habituelle des navires qui fréquentent ces parages.

OBOCK ET L'INDE

I. — OBOCK ET TADJOURAH

Obock se trouve sur la côte orientale d'Afrique, et l'Inde est en Asie. Mais Obock est sur la route de l'Inde, et elle tire toute son importance de sa position à l'entrée de l'océan Indien. C'est pourquoi nous réunissons ces deux possessions françaises dans un même chapitre.

Notre possession d'Obock remonte à peu d'années. En 1863, pendant le creusement du canal de Suez, la France, voulant s'assurer quelques postes sur le passage aux Indes, acheta du sultan de Zeilah le petit territoire d'Obock situé à l'ouest du golfe d'Aden. En 1882, elle acquit de même le village de Sagallo, et en 1884, elle s'annexa toute la baie de Tadjourah et la côte septentrionale jusqu'à l'entrée du détroit de Bab-el-Mandeb. Le territoire d'Obock présente ainsi un développement de 200 kilomètres de côtes sur 60 kilomètres de profondeur. Le littoral forme au sud-ouest la baie de Tadjourah terminée par le petit golfe de Gubbet-Kharra, et remonte au nord-est jusqu'au delà du cap Séjean vis-à-vis de l'île anglaise de Périm, à l'entrée du Bab-el-Mandeb, y compris les îlots des Sept-Frères.

L'intérieur est montagneux et atteint 1.665 mètres d'altitude au mont Goda; le Bahr-Assal, situé à l'ouest, est un chott ou lac salé.

Le sol, de nature argileuse et calcaire, joint à un climat

sec et chaud, rend généralement le pays aride et désert, sauf dans les vallées arrosées.

La population soumise à la France est d'environ 20.000 Danakils de race mélangée arabe et abyssinienne; ils obéissent généralement au petit sultan de Tadjourah, qui subit notre protectorat.

Obock est surtout une rade excellente; elle n'est occupée que depuis peu par une factorerie française à côté d'un village indigène. C'est en 1885 seulement que le gouvernement y a établi un quartier militaire et un dépôt de charbon pour le

Carte des établissements de la mer Rouge.

ravitaillement de notre marine de guerre, qui sera ainsi dispensée de recourir au dépôt anglais d'Aden.

Tadjourah, résidence du sultan Ahmed est un gros village peuplé d'un millier d'indigènes Danakils. Les Français occupent à Tadjourah et à Sagallo, autre village, deux fortins abandonnés par les Égyptiens. C'est à Sagallo que se forment les caravanes pour le Choa et l'intérieur de l'Abyssinie. Le commerce d'Obock n'est encore que rudimentaire, mais il peut s'alimenter par le transit vers l'Abyssinie qui, en retour des armes et munitions de guerre, exporte de l'ivoire, du musc et de la poudre d'or.

Les petites îles Mosha, dans la baie de Tadjourah, sont possédées par l'Angleterre qui occupe aussi les ports de Zeilah et de Berbéra, où aboutissent les caravanes de l'Harar et du Somaul.

Outre le territoire d'Obock, la France possède des droits plus ou moins fondés sur plusieurs points des côtes de la mer Rouge, bien qu'il n'y ait eu jusqu'à ce jour aucune prise effective de possession.

Ce sont :

1° Le territoire de *Cheick-Saïd,* formant la pointe sud-ouest de l'Arabie sur le détroit de Bab-el-Mandeb; il est occupé par une garnison turque. Une colline de 240 mètres domine complètement l'île de Périm, haute seulement de 70 mètres; en y construisant un fort, on pourrait annuler la valeur stratégique du poste anglais.

2° La baie et le village d'*Edd,* sur la côte abyssinienne, et au nord de la possession italienne de la baie d'Assab.

3° La baie et le port d'*Amphila,* un peu plus au nord.

4° La baie d'*Adulis* et le port de *Zoula,* dans une belle position, en face des îles Dallak et au sud de Massaoua, qui est le principal port égyptien de la côte d'Abyssinie.

II. — L'INDE FRANÇAISE

Historique. — L'Inde asiatique passe pour le plus beau, le plus fertile, le plus riche pays de la terre. Tous les grands caractères physiques et ethnographiques du globe y sont représentés : hautes montagnes, fleuves abondants, vallées pittoresques, plaines luxuriantes, climat varié, population dense, civilisée depuis les origines de l'histoire. Tout cela fait de l'Inde un pays envié, que tous les grands conquérants ont tour à tour envahi ou convoité : « La nation qui possède l'Inde est la première du monde, » a dit Napoléon.

Aussi voyons-nous successivement Sésostris, Darius, Alexandre le Grand, se diriger vers cette merveilleuse contrée qu'envahissent ensuite les Grecs, les Musulmans (xᵉ siècle), les Afghans, les Mongols avec Gengis-Khan et les fils de Tamerlan dont l'un, Baber, fonde l'empire mogol de Delhi, qui subsista du xvᵉ au xviiiᵉ siècle.

D'un autre côté, surviennent les Portugais qui, les premiers, avec Vasco de Gama, doublent le cap de Bonne-Espérance, en 1497, et arrivent à Calicut; puis les Hollandais qui se contentent, comme les Portugais, de commercer sur les côtes

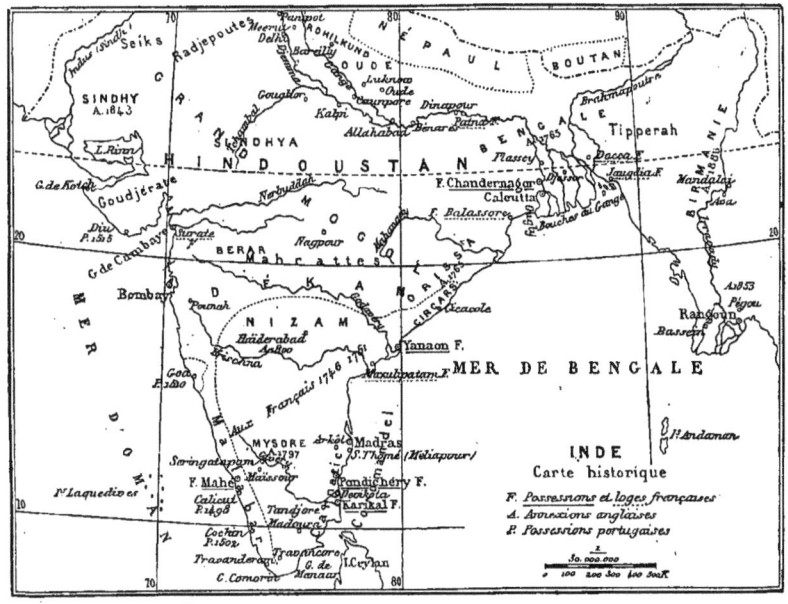

Carte pour servir à l'histoire des conquêtes dans l'Inde.

(xviᵉ-xviiᵉ siècles); les Anglais, qui établissent leur première compagnie des Indes en 1599, et les Français, qui fondent la leur en 1604.

Pendant le xviiiᵉ siècle, une rivalité s'établit entre ces derniers, les Anglais se fortifient dans le Bengale, sur le Gange et à Madras, et les Français dans le Dékan, à Pondichéry et sur la côte méridionale. Un instant, de 1745 à 1756, les efforts de la Bourdonnais et de Dupleix, soutenus par les Mahrattes, semblèrent devoir nous donner l'empire du Dékan et de l'Inde entière; mais la conduite impolitique du gouvernement de Louis XV, jointe malheureusement à des sentiments de mutuelle jalousie entre ces deux grands hommes, fit échouer l'entreprise.

Mahé de la Bourdonnais était gouverneur de l'île Bourbon et de l'île de France, comme Dupleix l'était des Indes pour la Compagnie française. Ce dernier « avait entrepris de donner à la Compagnie, par négociation et par conquête, la domination totale de la grande péninsule asiatique. Pour réaliser ce projet, il lui fallait des guerres, des alliances, et surtout une politique hardie, décidée, qui ne reculât pas devant les sacrifices d'hommes et d'argent. Malheureusement on lui refusa les secours, tout en lui laissant poursuivre ses projets. »

De son côté, « la Bourdonnais, qui n'avait pu obtenir non plus des secours du gouvernement, construisit lui-même des navires, arma des bâtiments de commerce et se forma une escadre avec laquelle il affronta les Anglais et vint les assiéger jusque dans Madras, centre de leurs possessions asiatiques. Après quelques jours de tranchée, la ville capitule et obtient la liberté de se racheter moyennant dix millions. Dupleix refuse de ratifier la convention et garde la place; et comme son rival, soutenu par l'armée et par l'escadre, veut maintenir la parole donnée, Dupleix le renvoie en France, où il dénonce comme traître un guerrier plein d'activité et de courage, un administrateur plein de zèle et de lumière.

« Après plusieurs tentatives pour recouvrer Madras, les Anglais dirigèrent toutes leurs forces contre Pondichéry, chef-lieu de nos possessions asiatiques. Dupleix, avec huit cents Français et trois mille Indiens, déploya dans cette circonstance des ressources inépuisables de génie, de courage et d'habileté. A la fois administrateur, munitionnaire, artilleur et général, il pourvut à tout; et, après cinquante-six jours de tranchée ouverte et plusieurs assauts, les Anglais furent réduits à lever le siège. »

Mais le traité de 1748 rendit Madras à l'Angleterre, et Dupleix fut rappelé de l'Inde, ce qui fut une faute.

Quelques années plus tard la guerre recommençait (1778). « Lord Clive se présentait devant Chandernagor, l'enlevait en cinq jours et nous expulsait du Bengale. Il cherchait aussi à nous supplanter au Coromandel, lorsque l'arrivée du comte Lally-Tollendal avec l'escadre du comte d'Aché arrêta un moment leurs progrès.

« Toute ma politique est dans ces cinq mots, dit Lally : « *Plus d'Anglais dans les Indes;* » et, pour commencer, il leur enlève Gondelour, Saint-David, Arkôt, ainsi que les cinq forts qui couvrent le Karnatic. En moins de quatre semaines, tout le sud de Coromandel se trouve dégagé des Anglais. Mais, quand il forme le projet d'assiéger Madras, centre de la puissance britannique, l'amiral d'Aché lui refuse le secours de ses vaisseaux. Contraint de renoncer à son projet, Lally marche contre le rajah de Tanjaour, allié des Anglais; pendant ce temps, ceux-ci s'emparent de Mazulipatam et menacent Pondichéry. Lally revient sur ses pas, dégage la ville, et, quoique privé de la flotte, il va investir Madras.

« En quelques jours, le quartier indien est emporté; mais la garnison a le temps, grâce à l'insubordination des assaillants, de se retirer dans le fort Saint-Georges, et Lally, bientôt abandonné de ses lieutenants, est forcé de battre en retraite. Investi à son tour dans Pondichéry, par le général Eyre-Coote, avec vingt-deux mille hommes appuyés de quatorze vaisseaux, il fait, pendant dix mois, des prodiges de bravoure et d'héroïsme. Enfin, trahi par ceux qui l'entourent, malade et couvert de blessures, n'ayant plus que sept cents soldats et quatre onces de riz, par jour, à distribuer par ration, il laisse aux habitants la liberté d'ouvrir les portes à l'ennemi.

« Ainsi tomba le dernier débris de l'édifice colonial élevé par Dupleix; le monde indien, un moment promis à la France, se trouvait désormais perdu pour elle [1]. »

Les Anglais étendant leurs conquêtes, détruisirent plus tard le royaume de Mysore, dont les chefs, Haïder-Ali et Tippoo-Saïb, furent nos alliés, et dont le dernier périt même sous les ruines de Séringapatam, en 1799; puis l'empire des Mahrattes, qui finit en 1818, laissant l'Angleterre maîtresse d'acquérir peu à peu, pacifiquement ou par les armes, le reste

F. A***, *Histoire de France.*

des territoires qui forment aujourd'hui l'empire indo-britannique, sept fois vaste comme la France, et peuplé de plus de 250 millions d'âmes.

Le traité de 1814 nous avait rendu quelques chétifs lam-

Mort de Tippoo-Saïb au siège de Séringapatam.

beaux de terrain qu'il fut même alors question de céder aux Anglais au lieu de l'île de France.

GÉOGRAPHIE. — L'Inde, ou plutôt l'*Hindoustan français* actuel, comprend les cinq territoires ou établissements de PONDICHÉRY, KARIKAL, YANAON, MAHÉ, CHANDERNAGOR, dispersés sur les côtes de Coromandel, de Malabar et dans le Bengale.

Le sol y est généralement bas et sablonneux, mais très

fertile; le climat chaud et humide; les vents réguliers ou moussons soufflent du nord en hiver et du sud-ouest en été, et leur renversement provoque de terribles ouragans ou cyclones et de redoutables raz-de-marée.

Ces cinq territoires ont une superficie totale de 508 kilomètres carrés, le dixième d'un département français, et une population de 285.000 habitants, la plupart indous et musulmans, avec 2.500 européens, presque tous Français ou descendants de Français.

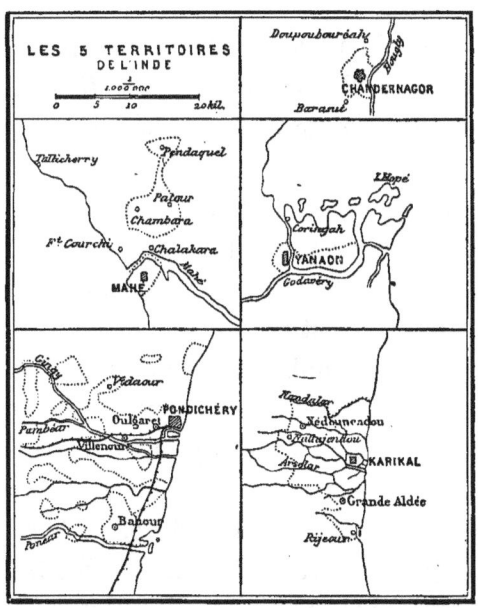

Carte des territoires français de l'Hindoustan.

L'administration s'exerce par un gouverneur général résidant à Pondichéry.

Pondichéry, le « Poutoutchéri » des indigènes, chef-lieu des établissements français de l'Inde, est une ville de 40.000 âmes située sur la côte de Coromandel, à 143 kilomètres sud de Madras, dans le delta bas et marécageux du Pannar. Elle se divise en deux parties : la « ville blanche », bâtie à l'européenne et peuplée de 2.000 Européens, et la « ville noire », toute composée de cases indiennes. Pondichéry possède une cour d'appel et une importante filature de guinées (cotonnades); elle n'a qu'une rade foraine et un pont-débarcadère, mais on y projette le creusement d'un bassin.

Le territoire de Pondichéry, extrêmement morcelé par des enclaves anglaises, comprend quatre communes : *Pondichéry, Oulgaret, Villenour* et *Bahour,* avec deux cents « aldées » ou villages d'Indous. Sa population est de 133.000 habitants répandus sur une superficie de 29.000 hectares.

Karikal est situé à 100 kilomètres sud de Pondichéry, sur la côte de Coromandel et au milieu de l'immense delta du Cavéry.

Son territoire, de 13.000 hectares, se divise en trois communes : *Karikal, Nédouncadou* et la *Grande-Aldée,* comprenant 110 villages avec 95.000 habitants. Son commerce est assez important.

Yanaon, assis dans le delta du Godavéry, à 800 kilomètres nord-est de Pondichéry, n'est qu'un comptoir entouré d'un terrain de 1.500 hectares, avec une population de 5.000 habitants. Son commerce est nul.

Mahé est situé à l'embouchure de la rivière Mahé, sur la côte de Malabar, à 400 kilomètres ouest de Pondichéry. C'est une jolie petite ville, mais son port est presque inactif. Son territoire de 6.000 hectares comprend, outre la ville, quelques aldées avec une population totale de 8.000 habitants.

Chandernagor, la « Tchandranagar » des Indous, est situé dans le Bengale, sur la rive droite de l'Hougly, bras du Gange, à 28 kilomètres en amont de Calcutta et à 1.600 kilomètres au nord de Pondichéry. C'est une ville bien bâtie, peuplée de 33.000 habitants, dont 300 Français, sur un territoire restreint de 940 hectares seulement. Son trafic, presque nul, se fait avec la capitale indo-britannique.

Outre ces cinq établissements, la France possède, en vertu des traités, dans sept des villes anglaises, des COMPTOIRS ou LOGES, composés souvent d'une seule maison avec terrain avoisinant et quelques cases indiennes.

Ces loges françaises se trouvent à Balassore, Dacca, Patna et Jaugdia, dans le Bengale; à Mazulipatam, au sud de Yanaon, à Calicut, au sud de Mahé, et à Surate, grande ville au nord de Bombay.

Industrie et commerce. — L'industrie de l'Inde française consiste dans les cultures, dans la fabrication des tissus de coton ou guinées, à Pondichéry. On a découvert de riches mines de lignite à Bahour.

Le commerce intérieur dispose des canaux naturels, des chemins de fer, postes et télégraphes de l'Inde anglaise.

Le commerce extérieur s'est élevé en 1883 à 32 millions de francs dont les trois quarts pour l'exportation. Il se fait pour la plus grande partie avec les autres ports de l'Inde et par vaisseaux anglais; puis avec la Réunion, Maurice, Marseille et Anvers, par vaisseaux étrangers plutôt que français.

Les produits exportés sont l'arachide, pour 15 millions; les guinées destinées aux nègres d'Afrique, l'indigo, l'huile de coco, le riz. Les articles importés sont les cotonnades indiennes ou anglaises, les soieries, vins et liqueurs de France.

Pondichéry et Karikal concentrent presque tout le commerce, qui est presque nul dans les autres territoires.

Les services de vapeurs anglais, rarement français, établissent les communications avec les ports voisins, l'Europe, la France et nos autres colonies.

En somme, le commerce de la France dans l'Inde s'exerce beaucoup plus avec les ports anglais qu'avec nos propres établissements.

Ceux-ci conservent toutefois une certaine importance politique, bien que, en vertu des traités, il nous soit même interdit de les fortifier et de les transformer au besoin en positions militaires et stratégiques.

Heureusement l'acquisition récente de l'Indo-Chine compense les pertes que nous avons subies dans l'Hindoustan.

INDO-CHINE FRANÇAISE

CHAPITRE I

NOTICE HISTORIQUE

Si la France peut regretter la perte de ses possessions dans l'Hindoustan, elle retrouve depuis vingt-cinq ans de belles occasions de se créer un nouvel empire asiatique dans l'Indo-Chine, dont la situation, au centre des plus riches pays de l'extrême Orient, est exceptionnellement favorable.

L'histoire de notre établissement dans ce pays remonte à 1787, époque où un évêque missionnaire catholique, Mgr d'Adran, emmena en France le prince annamite Gialong, dépossédé par une révolution de palais. Louis XV promit à ce prince un secours militaire et en obtint en retour la cession de la baie de Tourane et des îles Poulo-Condore. Gialong, rétabli sur le trône d'Annam en 1802, introduisit l'influence française dans son pays et se servit d'officiers français pour l'organisation de son armée et la fortification de ses villes; mais ses successeurs, notamment Tu-Duc, subissant l'influence des mandarins chinois, chassèrent les Français et renouvelèrent les persécutions contre les chrétiens jusqu'à ce qu'en 1858, une escadre franco-espagnole s'empara de Tourane, qui fut évacuée peu de temps après, et de Saïgon, que la France conserva nonobstant les réclamations de Tu-Duc et de son suzerain l'empereur de Chine.

Le traité de 1862 nous assura l'acquisition des trois provinces cochinchinoises de Saïgon, Mitho et Bien-Hoa, auxquelles, après une guerre nouvelle, s'ajoutèrent en 1867 celles de Vinh-Long, Chaudoc et Ha-Tien.

En 1873, le royaume du Cambodge, objet de dispute entre le Siam et l'Annam, se soumit à notre protectorat.

Le désir de commercer avec les provinces chinoises occidentales détermina l'exploration du Mékong par le capitaine de Lagrée, qui remonta ce fleuve jusqu'en Chine (1866-1868); mais il le reconnut non navigable. Plus tard, dans

Carte de l'Indo-Chine.

le même but, le négociant Dupuis, et le marin Francis Garnier, explorèrent le Song-Haï ou fleuve Rouge du Tonkin, ce qui excita la défiance des Annamites, amena la prise d'Hanoï par le lieutenant Garnier et une guerre nouvelle (1873). L'année suivante Tu-Duc dut signer un traité par lequel il reconnaissait nos dernières acquisitions en Cochinchine et soumettait son royaume d'Annam au protectorat de la France, nonobstant les droits d'investiture que la Chine exerçait depuis des siècles sur les rois d'Annam.

La France obtenait, en outre, le droit de garnison et le prélèvement des droits de douane dans plusieurs villes du Tonkin, ce qui amena peu à peu des complications, puis la guerre avec les « Pavillons-Noirs » d'abord, ensuite avec l'Annam, le Tonkin (1883) et même la Chine (1885).

Rappelons quelques faits les plus importants.

En mai 1883, en faisant une sortie du fort d'Hanoï, assiégé par les Pavillons-Noirs, bandes de pillards mi-chinoises, mi-annamites, le commandant français Rivière est battu et tué, et sa tête est portée en triomphe dans le pays. Des renforts arrivent de France, et sur la fin de juillet on s'empare de Hué,

Partie méridionale de la citadelle de Hanoï.

dont le jeune roi, successeur de Tu-Duc, est rendu responsable de la guerre, et se voit obligé de se soumettre au protectorat français. La Chine en prend ombrage ; en novembre elle adresse aux puissances une protestation pour maintenir ses droits de suzeraineté, et elle fait soutenir par ses troupes les hostilités des Tonkinois. Mais la prise de Sontay et de Bac-Ninh par les Français conduit à la convention de Tien-Tsin du 11 mai 1884, par laquelle la Chine reconnaît notre protectorat sur le Tonkin. Toutefois la guerre se continue sans être ouvertement déclarée, et se porte même en territoire chinois.

En juillet, l'amiral Lespès occupe Ke-Lung, dans l'île Formose, et l'amiral Courbet s'illustre en détruisant la flotte chinoise près de Fou-Tchéou, l'un des ports de la Chine ; mais au Tonkin il faudra, à notre armée de 40.000 hommes, du temps et des sacrifices pour amener le triomphe. En mars 1885, la prise de Langson est suivie d'un échec grave, au moment où la Chine proposait de mettre fin à une guerre ruineuse pour les deux parties. Le traité du 9 juin consacre la convention de Tien-Tsin et stipule que chaque belligérant retirera ses troupes des territoires envahis, sans prétendre à aucune indemnité de guerre. Toutefois les Annamites ne désarment pas, et la déposition intempestive du jeune roi par les Français excite un soulèvement général qui cause le massacre de plusieurs missionnaires européens, de plus de 40.000 chrétiens indigènes, considérés comme favorables aux étrangers, et la destruction de nombreuses églises et missions. En automne 1885, la situation est tellement grave que l'opinion publique en France se prononce pour l'évacuation de ce pays qui nous cause tant d'embarras, et que la Chambre ne vote la continuation de l'occupation qu'à une majorité douteuse de deux ou trois voix, obtenues par le gouvernement grâce à certaines manœuvres. Notre avenir et notre prestige en Orient n'ont donc tenu qu'à un vote plus ou moins inconsidéré.

En supposant toutes ces difficultés vaincues, l'Indo-Chine française, par sa population nombreuse, s'élevant à plus de 15 millions d'habitants, par ses richesses végétales et minérales, par son excellente position aux portes de la Chine si peuplée et si industrieuse, au milieu des empires anglais de l'Inde et de l'Australie, et des riches colonies hollandaises et espagnoles de la Malaisie, est appelée à un brillant avenir, si l'on sait en profiter par une administration habile, sage et chrétienne, jointe au concours actif du commerce et de la marine marchande de la métropole.

Les détails ci-après feront voir le caractère des guerres annamites et la solidarité qui existe entre les intérêts de la France et ceux du catholicisme dans l'Extrême-Orient.

Une des portes de la citadelle de Hué.

Le massacre des chrétiens. — « Saïgon, le 8 août 1885. — La mission de Cochinchine orientale est à peu près anéantie. Le télégramme que je vous ai envoyé aujourd'hui au nom de Mgr Van Camelbeke ne marque que cinq missionnaires et dix mille chrétiens massacrés, c'est le chiffre dont nous sommes absolument sûrs ; mais très probablement le nombre des victimes aura été plus considérable dans notre mission. Dans huit ou quinze jours vous recevrez de nouveaux détails.

« C'est au Quâng-Ngaï qu'ont commencé les massacres et les incendies. Les lettrés, qui y sont très nombreux et très turbulents, y étaient surexcités depuis déjà deux mois, quand survint la prise de la capitale. Vous savez que le P. Poirier faillit être tué par eux, peu avant cette époque. Naturellement la prise de Hué accrut leur fureur contre les Européens. Ils se soulevèrent, organisèrent une révolte et s'emparèrent de la citadelle du Quâng-Ngaï, le 13 juillet dernier. Le lendemain 14, ils commençaient à incendier les chrétientés et à massacrer les chrétiens. Van-Bân et Bân-Gôï succombèrent l'une le 14, l'autre le 15 juillet. Le P. Poirier fut tué dans cette dernière chrétienté avec à peu près deux cent cinquante chrétiens. Il y eut, après ce massacre, deux jours d'interruption. Les mandarins du Binh-Dinh et le mandarin chargé de garder les sauvages au Quâng-Ngaï se réunirent soi-disant pour étouffer la rébellion. Ils reprirent la citadelle et firent semblant de décapiter une quinzaine de rebelles. C'est ce qui nous a trompés nous-mêmes pendant quelque temps et aussi l'administration française.

« Tous les jours ils expédiaient des ordres aux chefs de cantons et aux maires de villages, leur enjoignant de veiller à ce que l'ordre ne fût pas troublé.

« Du Quâng-Ngaï, cette politique passa au Binh-Dinh, au Phu-Yen et ailleurs. Aussi, qu'entendait-on partout de la bouche des mandarins ? Des protestations de paix, des plaintes même contre les chrétiens, parce qu'ils avaient peur.

« Nous vous certifions, disaient-ils, qu'il ne vous arrivera
« aucun mal ; restez en paix chez vous, l'ordre ne sera pas
« troublé. »

« Au grand jour, c'était leur manière de procéder ; mais, en dessous, ils organisaient les lettrés pour une plus sûre et plus prompte exécution de leurs complots contre les chrétiens. « Ce « n'est, disaient-ils dans leur langage figuré, qu'après avoir « exterminé les Français de terre (les chrétiens indigènes), « que nous parviendrons à chasser les Français de mer. »

« Voilà la politique des Annamites ; je l'ai clairement vue bien avant l'attaque du Binh-Dinh et j'ai tâché d'en informer l'Administration française, espérant qu'elle viendrait à notre secours aussitôt qu'elle connaîtrait le véritable état des choses...

« Au Quâng-Ngaï, la dernière chrétienté vers le sud, par conséquent la plus rapprochée de mon district, venait de succomber. De quarante chrétientés, pas une seule n'y restait debout ; trois missionnaires et plus de six mille chrétiens y avaient été massacrés. Toutes les églises, tous les établissements de la mission, toutes les maisons des chrétiens y avaient été pillés, saccagés, puis enfin livrés aux flammes. L'orage grondait horriblement, et certainement le Binh-Dinh allait être attaqué... Il fallut fuir...

« Quelques heures après, nous entrions au port de Quin-Hon : la résidence épiscopale et le collège de Lang-Son formaient un immense foyer d'incendie ; quelques chrétientés environnantes brûlaient en même temps. A terre, la plage était couverte de chrétiens ; plus de huit mille s'étaient réfugiés tout autour de la concession.

« Monseigneur et une dizaine de confrères s'y trouvaient ; ils attendaient notre retour avec anxiété. Pendant la nuit tout le ciel était en feu, dix foyers d'incendie illuminaient l'horizon dans un rayon de huit à douze kilomètres...

« Mgr Van Camelbeke m'envoya avec quatre confrères à Saïgon, avec mission d'acheter du riz pour nourrir les huit mille chrétiens réfugiés au poste de Quin-Hon et qui n'ont de vivres que pour quelques jours ; dans la débâcle générale, ils n'ont rien pu sauver de leurs biens. Nous passâmes la nuit auprès du prélat et le lendemain nous nous embarquâmes sur le paquebot des Messageries.

« En passant devant le Phu-Yen, nous avons pu voir plusieurs chrétientés, situées plus près de la mer, dévorées par les flammes. Ce qui prouve qu'un ordre supérieur avait été donné, et était exécuté avec le plus sinistre empressement.

« Tout ce que l'on peut maintenant affirmer, c'est que la mission est ruinée, que la résidence épiscopale, deux séminaires, les orphelinats, les couvents du Quâng-Ngaï et du Binh-Dinh, plus de cent cinquante églises et paroisses sont entièrement anéantis [1]. »

AUTRES DÉTAILS. — « Saïgon, séminaire de Saint-Joseph, 15 août 1885. — ... Nous n'osons pas entrer dans de nouveaux détails sur cette catastrophe. Nous dirons seulement que, pour trouver dans l'histoire un désastre comparable au nôtre, il faudrait remonter plus haut que les Vêpres siciliennes, jusqu'aux actes de vandalisme des hordes barbares qui envahirent, une à une, les provinces du vaste empire romain. De plus, ce qui en augmente les horreurs, c'est que cette série de tueries et de boucheries de nos chrétiens a été exécutée dans un pays privé de communications télégraphiques, et dont les côtes n'étaient surveillées, déjà depuis longtemps, par aucun bateau de guerre, de telle sorte que les théâtres des incendies et des scènes de carnage ont été aussi nombreux et aussi multipliés pour ainsi dire que nombreuses étaient nos chrétientés ou paroisses catholiques, éparpillées elles-mêmes sur une étendue considérable de terrain, du nord au sud. A cause de tout cela les meurtriers et les incendiaires ont pu faire leur œuvre infâme en toute liberté. Jamais, croyons-nous, on n'a vu autant de massacres et d'incendies se succédant, en quelques jours, deux ou trois semaines environ, sur une aussi vaste échelle, et sur tant de points à la fois, avec tant de férocité et d'acharnement, de la part de compatriotes dénaturés, exterminant leurs frères désarmés : l'odieux se mêle au raffinement de la rage. Nos ennemis ont réussi au delà de leurs espérances.

« C'est principalement à cause de la France que nos chré-

---

[1] M. GEFFROY, *Les Missions catholiques*, 18 septembre 1885.

tiens ont été persécutés et tués. Nos catholiques passent, aux yeux des païens, pour être et sont en effet les seuls amis des Français. Les païens, par le guet-apens du 5 juillet à Hué, ont essayé leurs forces tout d'abord contre les Français. Ne pouvant réussir selon leur gré, ils viennent de tomber, en masses innombrables et organisées, sur nos pauvres chrétiens pris à l'improviste et sans armes. Car la population catholique se compose, dans sa presque totalité, d'agriculteurs paisibles, peu mêlés aux affaires et aux fonctions publiques, et ainsi elle n'a pas à se reprocher d'avoir, par des excitations turbulentes et brouillonnes, suscité des haines et des représailles.

« De nouvelles dépêches vous apprendront bientôt combien, de vingt-neuf missionnaires, de dix-sept prêtres indigènes, de plus de quarante maîtres de religion, de cent vingt élèves en latin et en théologie, de quatre cent cinquante religieuses indigènes et de quarante et un mille chrétiens, combien peu, dis-je, il restera de survivants.

« Les détails envoyés par le vénérable prélat dans ses deux télégrammes sont malheureusement au-dessous de la réalité.

« Tous les officiers, soldats et voyageurs, la plupart étrangers, et quelquefois indifférents à toutes les questions de missions, ont vu de leurs propres yeux, et avec une vive émotion, la grandeur de nos désastres. Ils ont vu également, parqués sur le sable de la plage, autour de la concession française, nos 8.000 chrétiens des environs, échappés à la mort, qui s'étaient réfugiés à l'ombre du drapeau français[1]. »

[1] M. CHAMBOST, missionnaire, *Les Missions catholiques*, 25 septembre 1885.

CHAPITRE II

GÉOGRAPHIE PHYSIQUE

Situation. — L'Indo-Chine française, désignant l'ensemble des quatre territoires que nous possédons à divers titres : la basse Cochinchine, le Cambodge, l'Annam et le Tonkin, forme la partie orientale de la grande péninsule indo-chinoise, appelée aussi l'Inde au delà du Gange.

Elle est bornée au nord par l'empire Chinois, à l'est et au sud-est par la mer de Chine, au sud-ouest par le golfe de Siam, et à l'ouest par le royaume de Siam ou les territoires indépendants du Laos.

L'Indo-Chine française est comprise approximativement entre 8° 40' et 23° de latitude nord, et entre 100° et 107° de longitude est du méridien de Paris.

Sa plus grande longueur, du sud au nord, est de 14° 20', ce qui lui donne plus de 1.600 kilomètres, et sa largeur, très variable, est de 60 à 200 kilomètres. La superficie totale est ainsi estimée à 400.000 kilomètres carrés, soit les 4/5 de la France.

Littoral. — Le littoral indo-chinois est formé par la mer de Chine ou mer du Sud. Relativement très étendu, ce qui est avantageux au point de vue des relations extérieures, il présente un développement de plus de 2.800 kilomètres, dont 400 pour le Cambodge, 700 pour la Cochinchine, 1.200 pour l'Annam et 500 pour le Tonkin.

Dans son ensemble le littoral dessine une grande lettre S, dont la boucle supérieure est tracée par le golfe du Tonkin, et la boucle inférieure par la péninsule cochinchinoise et le golfe de Siam.

Le grand *golfe de Siam,* formé au sud-ouest par la longue presqu'île de *Malacca,* projette au nord la baie de *Bangkok,* où débouche le fleuve Ménam. Sur les côtes du Cambodge, il renferme plusieurs îles du nom générique de *Koh,* et l'île *Phu-Quoc* ou *Koh-Kon,* la plus grande de la région ; il forme dans le Cambodge les baies de *Kompong-Som* et de *Kampot;* dans le Bassac cochinchinois, celles de Hatien et de *Rach-Gia,* séparées par le cap de la Table, et celle de *Camau,* formée par la longue pointe sablonneuse de Cámau ou Cambodge.

Du cap *Camau* au cap *Saint-Jacques,* la côte, basse et marécageuse, est indentée par les nombreuses bouches du Mékong et du Donnaï, fleuves dont les atterrissements ont formé le vaste delta péninsulaire de la basse Cochinchine.

Les baies de *Gang-Ray* et des *Cocotiers* donnent entrée dans la rivière de Saïgon, et le cap Saint-Jacques, haut de 150 mètres, donne attache aux câbles sous-marins qui relient Saïgon avec la France et la Chine.

A partir du cap *Baké,* qui marque la limite cochinchinoise, la côte de l'Annam, généralement montueuse, présente, dans son ensemble, une double courbure convexe, puis concave ; elle est finement déchiquetée par une multitude de petites échancrures, baies, lagunes et canaux littoraux, entremêlées d'îlots, de presqu'îles, de caps, bordées de récifs et de bancs de sable qui rendent cette côte peu accessible à la navigation.

Nous signalerons du sud au nord, le cap *Padaran,* les baies *Kamran, Binh-Kang* et *Hong-Koé,* la presqu'île *Varela* et le cap *Varela* ou Pagode, le plus oriental de l'Annam ; puis la baie de *Qui-Nhon,* le cap et la baie de *Tourane,* la baie de *Choumay* communiquant avec la rivière d'Hué, le cap *Vung-Chua,* qui marquait la limite du Tonkin, reculée aujourd'hui du 18e au 20e parallèle.

Le littoral tonkinois est généralement bas, sablonneux, découpé de canaux dans le sud ; puis il présente les nombreuses embouchures du *Song-Haï* ou fleuve Rouge et du *Thaï-Binh,* découpant une multitude d'îles basses et populeuses : c'est le delta, au nord duquel le littoral montueux est bordé de milliers d'îles et d'îlots rocheux peu habités : telles sont les îles de *Cat-Ba,* de la *Table* et des *Pirates.* Le cap *Paklung* marque la frontière chinoise, et au delà.le golfe du Tonkin est fermé au nord par la province de Canton, à l'est par la presqu'île de Laï-Chas et la grande île d'Haïnan, appartenant à l'empire chinois.

Montagnes. — L'intérieur de l'Indo-Chine est trop peu exploré encore pour qu'on puisse en décrire le détail du relief. On sait qu'en général, sauf les deltas du Song-Haï et du Mékong, tout le pays est montueux, élevé de 500 à 1.000 mètres, disposé en plateaux que surmontent des chaînes montagneuses et des sommets atteignant 2.000 mètres et plus.

Ce haut pays peut être considéré sommairement comme une longue et large chaîne qui, détachée du grand plateau du Thibet, couvre tout le Yun-Nan chinois, s'abaisse et s'avance du nord au sud dans le Laos pour séparer les bassins fluviaux du Song-Haï et du Mékong ; elle forme à la fois la ligne physique du partage des eaux et la limite politique des États d'Annam et de Siam. De nombreux chaînons se dirigent vers la côte en enfermant les vallées des rivières maritimes et déterminent une foule de baies et de caps montueux.

Hydrographie. — Les fleuves principaux sont, en Cochinchine, le Mékong, le Vaïco, le Donnaï ; au Tonkin, le Song-Ca, le Song-Ma et le Song-Haï.

Le *Mékong* ou *Cambodge,* long d'environ 4.000 kilomètres, est l'un des grands fleuves de l'Asie. Il prend sa source dans le Thibet, traverse le Yun-Nan chinois et l'immense plateau du Laos où il change plusieurs fois brusquement de direction vers le sud et vers l'est. Ce n'est encore là qu'un torrent coupé par des cascades qui en rendent la navigation presque impossible ; mais, continuant sa route du nord au sud, il s'élargit vers Bassac, et se remplit d'îles nombreuses jusqu'au-dessous des rapides de Sambor. Dans le royaume du Cambodge, il tourne brusquement à l'ouest, arrive à Phnom-Penh où se forme ce qu'on appelle *les quatre bras* du Mékong : le bras du nord-est n'est autre que la partie supérieure du fleuve ; le second remonte vers le nord-ouest sous le nom de *Toulé-Sap* et communique avec le grand lac de même nom ; les deux autres, formant la fourche du delta, sont deux défluents qui coulent vers le sud-est et pénètrent dans la basse Cochinchine sous les noms de fleuve antérieur ou *Thiang-Giang,* et de fleuve postérieur ou *Han-Giang.*

Le fleuve postérieur, le plus occidental, baigne Chaudoc, Long-Xuyen, Cantho, Traon ; il forme plusieurs îles et se jette dans la mer de Chine par la double embouchure dite du Bassac.

Le fleuve antérieur, le plus oriental, passe à Canlo, à Sadec,

Habitation sur pilotis à Hué.

à Vinh-Long, où il se divise en plusieurs branches, dont l'une passe à Bentré, une autre à Mytho.

A l'est du Mékong, et parallèlement à son cours inférieur, coulent les deux Vaïco, anciens bras du fleuve, la rivière de Saïgon et le Donnaï qui concourent avec lui à la formation du delta.

Le *Vaïco* occidental traverse la plaine des Joncs, vaste marais qu'il draine en partie, passe à Tan-An et se jette dans le Vaïco oriental. Celui-ci passe à Ben-Keu, à Ben-Luc et finit dans le Soirap.

Le *Donnaï,* qui sort de l'Annam et dont le cours supérieur est peu connu, absorbe le Song-Bé à Trian, passe à Bien-Hoa, reçoit le Saïgon, le Vaïco, et se termine par la large embouchure navigable dite du *Soirap*.

La rivière de *Saïgon* a également sa source dans le royaume d'Annam ; elle coule du nord au sud, passe à Thudaumot et arrive à Saïgon, où elle a une largeur de 400 mètres.

Le Saïgon et le Donnaï en se réunissant confondent leurs cours inférieurs qui sont censés se croiser, de telle sorte que l'embouchure du Donnaï passerait au sud sous le nom de Soirap, et celle de Saïgon se terminerait au nord dans la baie de Ganh-Ray, entre les caps Cangio et Saint-Jacques.

Tous ces fleuves ou rivières sont mis en communication entre eux par une multitude de canaux appelés *arroyos,* qui se croisent dans tous les sens et dans lesquels la marée pénètre, aussi bien que dans les fleuves qu'ils unissent.

Les arroyos sont les routes de la Cochinchine et servent aux transports ; ils sont couverts de barques de toutes dimensions qui, partant ensemble au moment où la marée leur est favorable, donnent de la vie et du mouvement au pays : des centaines d'embarcations, déployant leurs voiles de formes et de dimensions variées, et s'étalant sur toute la surface du fleuve ou du canal, présentent alors un spectacle des plus gais et des plus animés.

Rivières de l'Annam. — Le versant annamitain de la mer de Chine a trop peu de profondeur pour présenter des cours d'eau d'une certaine étendue. Ils sont du reste très peu connus, surtout dans leur cours supérieur. Ce sont de nombreux torrents descendant en cascades du plateau intérieur, traversant des vallées pittoresques et se confondant à leur embouchure avec les ports et les baies que nous avons cités et dont ils portent le nom. On trouve ainsi, du sud au nord, les rivières de *Kamran,* de *Phu-Yen,* de *Tourane* et de *Hué.*

Au Tonkin, la ligne de partage s'éloigne et les fleuves ont plus d'étendue. Du cap Vung-Chua à Ninh-Binh, on signale une douzaine d'embouchures de petits fleuves, reliées entre elles par des canaux parallèles à la côte. Les principaux de ces fleuves sont le *Song-Ca,* qui passe à Vinh, et le *Song-Ma,* dont l'importance n'est dépassée que par celle du fleuve Rouge.

Le *Song-Haï* ou fleuve Rouge caractérise le Tonkin, comme le Mékong caractérise la basse Cochinchine; ils se terminent tous deux par un delta considérable qui forme la partie riche de chacun de ces pays.

Le Song-Haï, long d'environ 1.500 kilomètres, descend du Yun-Nan chinois, sous le nom de Hong-Kiang. Coulant au sud-est, il pénètre dans le Tonkin à Lao-Kay, arrose Hong-

Le rocher citadelle de Ninh-Binh.

Hoa, Sontay, Hanoï et Hong-Yen, et va finir en ligne droite sous le nom de Cua-Balat.

En amont de Sontay, le fleuve Rouge reçoit deux affluents considérables venant aussi du Yun-Nan : à droite la « rivière Noire » ou *Da-Giang* qui fait au sud un grand détour, à gauche la « rivière Claire » ou *Lo-Giang,* qui passe à Tuyen-Quang.

En aval de Sontay et au sortir des montagnes, commencent les ramifications du fleuve pour former le delta; telles sont : au sud, le *Day,* bras navigable qui passe à Ninh-Binh et débouche par le *Cua-Day;* au milieu, le *Balat* ou vrai Song-Haï; au nord, plusieurs autres branches qui se confondent avec celles du *Thaï-Binh,* fleuve qui passe à Thaï-Nguyen et à Bac-Ninh. Ces branches entremêlées forment un lacis d'arroyos qui baignent au nord-est les villes de Haï-Duong, Quang-Yen et Haï-Phong, cette dernière ayant un port maritime, accessible surtout par le *Cua-Cam.*

Enfin, sur la frontière septentrionale du Tonkin, les villes de Lang-Son et de Cao-Bang semblent être situées sur des cours d'eau appartenant à des fleuves chinois des provinces de Kouang-Si et de Canton.

Régions physiques. — A part les montagnes neigeuses, l'Indo-Chine française réunit une superbe variété de régions physiques : vastes plateaux montagneux dans le Laos, qui comprend tout l'intérieur ; plus près des côtes, régions de collines pittoresques et agréables, une multitude de vallées arrosées, débouchant sur la mer, deux fleuves géants formant deux deltas du premier ordre : le delta du Mékong ou la basse Cochinchine, populeuse et civilisée, le delta du Tonkin, plus anciennement civilisé et plus fortement peuplé encore.

Dans ces deux deltas, comme toujours d'un niveau horizontal, une foule de canaux naturels appelés arroyos, d'après un mot espagnol, se croisent en tous sens et découpent en une foule d'îles le sol bas, marécageux, formé par les atterrissements ou dépôts du limon charrié par les fleuves. Comme les polders hollandais du delta du Rhin et de la Meuse, les îles fluviales du Tonkin ont leur niveau inférieur parfois de 4 à 6 mètres à celui des hautes marées ; elles sont maintenues à l'abri des inondations par des digues ou levées de terre construites par les habitants. Ces digues servent en même temps d'assises à la plupart des lieux habités, et de chemins ou routes qui les relient entre eux en même temps que les canaux.

C'est dans le fond inondable de ces îles que se cultive le riz, la principale denrée alimentaire du pays.

En Cochinchine, les digues construites jusqu'à ce jour sont peu considérables ou nulles ; mais, à l'avenir, par suite de l'affaissement graduel du sol boueux du delta, il sera probablement nécessaire d'en construire pour s'opposer aux inondations qui détruiraient les cultures.

Pour le Cambodge, le caractère le plus remarquable est le grand réservoir du Mékong ou le *Toulé-Sap,* sorte de mer intérieure longue de 120 kilomètres, large de 20 à 30, et d'une superficie de 2.500 kilomètres carrés. Resserré dans sa partie inférieure, il est divisé en *Grand-Lac* au nord-ouest et *Petit-Lac* au sud-est; il communique par un large canal avec le Mékong, et reçoit de ce fleuve, au temps des crues, une énorme masse d'eau qui, envahissant les terres basses, triple la surface du lac; au contraire, en été, il se vide par le même canal, et alors d'innombrables poissons accumulés dans ses bas-fonds donnent lieu à une pêche extraordinaire dont le produit s'élève parfois à 6 millions de francs.

CLIMAT. — Le climat de la Cochinchine et du Tonkin étant, comme celui de l'Inde en général, chaud, humide, fiévreux, débilitant, est et restera malheureusement le plus grand obstacle à la colonisation de ces pays si riches par les Européens.

L'hiver ou saison sèche, qui dure de septembre à mai comme en Europe, est relativement supportable; il est réconfortant à cause de la mousson du nord-est, bien que la température ne descende guère au-dessous de 18°. Mais pendant l'été, qu'on appelle là-bas hivernage, la chaleur humide provoquée par la mousson du sud-ouest reste nuit et jour entre 26° et 34° centigrades; elle est réellement insupportable, même pour les animaux, qui instinctivement cherchent l'ombre et ne bougent plus pendant le jour.

De là, les insolations, les fièvres, les dysenteries, les anémies, qui ruinent le tempérament du plus grand nombre des Européens, s'ils séjournent trop longtemps, et qui ont fait beaucoup plus de mal à nos soldats que les balles de l'ennemi.

Les moussons sont des vents réguliers qui soufflent en hiver du nord-est, et en été du sud-est. Le passage d'une mousson à l'autre provoque les cyclones et les typhons qui portent leurs ravages dans le nord plus souvent qu'en Cochinchine.

PRODUCTIONS NATURELLES. — Le granit, la pierre poreuse de Bien-Hoa, le sel des salines, telles sont les rares exploitations minérales de la Cochinchine.

Le haut Tonkin est plus riche en métaux : le charbon, le cuivre, le fer y sont assez communs.

Quant aux richesses végétales et animales de l'Inde, elles sont passées en proverbe ; qu'il nous suffise de citer les palmiers : cocotier, aréquier, latanier, dont les feuilles servent à couvrir les cases ; le rotin ou rotang, l'oranger, le citronnier, l'arbre à pin, le cacaoyer, le thé, le caféier, les ébéniers et bois de fer, le cotonnier, l'arachide, l'indigotier, le tabac, le bétel, le bambou et le palétuvier des marécages.

Parmi les animaux, les singes gibbons ; les roussettes, grosses chauves-souris frugivores et à chair comestible ; le tigre, dont la tête est mise à prix ; la panthère, le léopard, l'éléphant, le rhinocéros, le sanglier, des oiseaux de toutes espèces, de grands lézards, le caïman, que l'on élève en parc pour le manger, l'iguane, les tortues, les serpents cobra et python, de superbes raies et de nombreux poissons qui, salés ou séchés, contribuent beaucoup à la nourriture populaire ; l'abeille, le ver à soie, de grosses araignées et fourmis, sans oublier les insupportables moustiques qui pullulent dans l'air.

CHAPITRE III

GÉOGRAPHIE POLITIQUE

ETHNOGRAPHIE GÉNÉRALE. — *Mœurs et coutumes des Annamites.* — Avant d'entrer dans les particularités relatives à chacune des quatre parties de notre Indo-Chine, nous empruntons au P. Legrand de la Lyraye, qui a vécu si longtemps parmi les Annamites et les connaissait si bien, quelques passages intéressants ; ils nous feront connaître le caractère et les principales circonstances de la vie des peuples indo-chinois.

Les habitations. — « Les maisons sont, pour la plupart, des constructions de peu d'importance et d'une apparence très misérable. On voit d'abord une petite cour carrée de terre

Habitation annamite.

battue, qui est très unie et très soignée, et qu'on appelle *san*. Autour de cette cour, qui sert aux besoins du ménage, sont plantés des aréquiers, et, à quelques pieds de ces arbres, est élevé le remblai de terre qui sert de plateau ou d'assise à la maison principale et aux constructions de décharge. Elle est faite ordinairement de quelques colonnes de résistance et de pieux de bambou chevillés très ingénieusement avec du bois et non avec des clous, difficiles à se procurer partout. Les colonnes étant posées, on fait des treilles de pieu à pieu, on les enduit de terre battue avec de la paille et de la balle; on laisse quelques ouvertures pour donner le jour nécessaire. Ces ouvertures ont des volets tressés qui se ferment quand on n'a plus besoin d'y voir clair; on construit une toiture couverte de joncs, de feuilles ou de paille, et ainsi on a une maison qui n'est pas un palais, mais qui devient le sanctuaire domestique, qui suffit aux besoins et qui finit, avec la coutume, par être trouvée belle.

« Les maisons des gens riches ont d'assez belles colonnes de beau bois; un péristyle de trois ou quatre pieds de large fait le tour de la maison, et la colonnade, qui forme proprement la construction, se repose sur la colonnade du péristyle par des bouts de poutres, d'ordinaire sculptés en tête de dragon, qui ressortent un peu en dehors. Les cloisons alors sont de planches par derrière, et, par devant, de chaux battue avec du papier; elles sont peintes souvent de différents sujets de la vie champêtre.

« Dans ces maisons riches, outre la salle de réception, on remarque un petit salon pour boire le thé (nha-che), fumer et converser à l'aise. Au fond de ce petit salon est une ouverture à coulisse qui donne sur un petit bosquet ou sur un petit monticule, fait avec art, de pierres venues du littoral de la mer. Devant se trouve le réservoir où se jouent de petits poissons, et l'on remarque quelquefois autour une allée pavée de coquillages.

La vie de famille. — « Nous voici arrivé à l'examen de la vie de famille proprement dite, cette vie de famille où les rapports de mari et femme, de parents et enfants, et réciproquement, m'ont paru très raisonnables et d'un grand bon sens, sauf quelques formes provenant de la législation chinoise; cependant j'affirmerai que la femme annamite n'est point esclave, qu'elle jouit au contraire d'une grande autorité dans le ménage et qu'elle y est toujours honorée quand elle se conduit bien, j'affirmerai aussi que les enfants sont élevés comme il faut chez un peuple aussi pauvre et aussi nombreux. Une grande preuve de ce que j'avance c'est que la vieillesse des vieux parents (père aussi bien que mère) est heureuse et

Annamites en costume de guerre.

prospère, et qu'on leur rend, je crois, avec plus d'affection et de dévouement que chez aucun peuple, sur le retour de leur âge, ce qu'ils ont dépensé de peines et de sueurs pour l'éducation de leurs enfants.

« Les femmes, au Tonkin et en Cochinchine, ne sont pas à petits pieds et retenues, comme en Chine, à la maison. Elles vont aux champs dont elles font en grande partie la culture, les hommes étant dérangés par le service de la milice et les corvées du roi, des mandarins et de la commune. La vie extérieure qu'elles mènent leur donne une habitude de réflexion, de retenue et de force de caractère qui relève ordinairement leurs brillantes qualités de l'esprit et du cœur.

L'instruction. — « L'éducation chinoise étant imposée aux Annamites, comme la législation et les principales coutumes, on ne pense pas à apprendre la langue qu'on parle au foyer domestique et dans les marchés. Aussi la langue annamite n'a point de livres ni de littérateurs. Toute composition en langue vulgaire est traitée de doctrine grossière et de mauvais goût.

Les mariages. — « Quand deux jeunes gens pensent à s'unir ensemble, c'est la bouchée de bétel, comme en toute autre circonstance, qui est choisie pour les premiers frais d'entrevue et pour le signe d'honneur dans la demande et l'acceptation. Quelques présents étant reçus et la bouchée de bétel acceptée, le jeune homme est regardé comme serviteur de la maison; il doit venir travailler aux semailles et à la moisson.

La sépulture. — « Quand quelqu'un vient à rendre le dernier soupir on lui ferme les yeux, on lui couvre la figure avec une feuille de papier, et l'on apporte des matières odorantes et aromatiques ou simplement des feuilles de thé pour brûler sous sa couche ou près de lui. On avertit la commune, qui fait battre le gros tambour pour informer tout le monde du décès de la personne, et, cela fait, on pense à ensevelir le mort.

« Pour cela, on lui lave quelquefois le corps avec du vin et on le revêt, s'il est riche, de ses plus beaux vêtements et d'autres encore que l'on fait faire à la hâte; s'il est pauvre, on lui coud un habit de coton blanc que l'on met par-dessus ses habits ordinaires, et on l'enveloppe ensuite d'une natte. Il y a peu de gens qui soient enterrés sans bière.

« Le corps une fois mis dans la bière, si l'enterrement est solennel, on entend les joueurs d'instrument de deuil faire retentir leurs airs funèbres, et les apprêts de la sépulture ont lieu. On demande à la commune son brancard; le village désigne la corvée des porteurs et le maître des cérémonies. On prépare sur le chemin de petits reposoirs et des offrandes, et l'on dispose tout ce qui est d'usage pour un grand repas. Il n'y a point de police dans le royaume qui prenne officiellement acte du décès, et qui règle le laps de temps à s'écouler entre la mort et l'enterrement, ou qui s'occupe du lieu et de la manière dont il se fera.

« Il y a des peuplades voisines de la plaine où on laisse les morts deux, trois et dix ans dans la maison, jusqu'à ce qu'on ait les moyens de faire les frais de la sépulture et du repas exigé par le village.

Ambassadeur annamite.

« Mais ont-ils des cimetières comme les mahométans ou même comme les Chinois, leurs voisins, pour les enterrer? Non. On ne voit nulle part de cimetière proprement dit; mais on voit partout des tombeaux isolés sur le bord des routes, sur la rive des fleuves, au milieu des champs, autour des haies de bambous du village, dans les halliers déserts, sur le versant des petites collines et dans les jardins. L'Annamite tient à être enterré sur sa propriété ou dans les lieux indiqués par leur position et leur configuration comme prospères à l'avenir des familles.

L'égalité des citoyens. — « Dans l'Annam, l'esclave est inconnu et la servitude est en horreur. Aussi la plus grande égalité règne parmi les citoyens. Tout Annamite peut aspirer aux emplois, tout Annamite peut posséder, tout Annamite peut se plaindre aux mêmes tribunaux, et la justice n'a de privilèges pour personne.

La religion. — « Je distinguerai de la façon suivante les quatre religions qui sont reconnues ou tolérées par le gouvernement, et qui sont établies partout et d'ordinaire pratiquées confusément ensemble :

« 1º Celle qui ressort des livres de Confucius, interprétés comme ils le sont à présent ; elle consiste à adorer le ciel et la terre au printemps et à l'automne, sans doute pour avoir des moissons ; les premiers empereurs de Chine, pour avoir un bon gouvernement ; Confucius, pour avoir sa science infuse et devenir un grand lettré ; enfin les ancêtres, pour avoir une bonne postérité.

« 2º Celle du Phat ou Fo, qui est le bouddhisme, mais dont on retrouve chez les Annamites la plupart des croyances, des pratiques et toutes les abstinences.

« 3º Celle des esprits, hommes, animaux ou choses reconnus pour merveilleux : c'est l'idolâtrie proprement dite.

« 4º Enfin celle des sorciers, qui fait brûler du papier-monnaie, qui fait des évocations, des sortilèges, et qui fait de l'astrologie pour le choix de terrains convenables aux habitations et aux tombeaux, qui fait enfin de la bonne aventure pour le choix de noms heureux, pour la direction de rencontres ou de sentiers propices, etc.

« Partout ces religions sont mêlées ensemble, observées à la fois, et c'est un dédale immense où personne ne peut se reconnaître.

Le théâtre. — « La comédie se joue dans toutes les grandes communes aux époques solennelles de l'année. Il y a des troupes de comédiens qui sont appelées à cet effet et pour lesquelles on fait d'énormes contributions, vu la pauvreté des habitants.

« Ces troupes sont de deux sortes : les Phuong-Nha-Tro et les Phuong-Cheo. Ces derniers sont des bouffons, des magiciens, des gens de toutes sortes qui se réunissent afin de gagner quelque argent en amusant le bas peuple par des représentations ordinairement burlesques et grossières; c'est à peu près le charlatanisme de nos foires et de nos places publiques.

« Mais les Phuong-Nha-Tro sont des comédiens patentés

Bonze et bonzesse annamites.

et titrés par le gouvernement. Ce sont des villages entiers, hommes, femmes et enfants, qui ont un territoire et qui forment une commune à la charge de fournir au roi, tous les ans, un nombre de sujets voulu pour le théâtre de Sa Majesté. Par là, ils ont le droit et le monopole de la comédie dans un arrondissement ou une province, et ils peuvent prétendre à donner seuls toutes les grandes représentations qui ont lieu dans les localités de leur ressort.

Les jeux. — « Un autre délassement des Annamites est le jeu des cartes chinoises, qui est une des grandes plaies de la population. Il y a dans presque tous les villages des maisons d'usuriers qui exploitent les joueurs en leur prêtant de l'argent avec une retenue d'un dixième, sans compter le payement de la soirée et le bénéfice de ce qu'on appelle la soucoupe, c'est-à-dire des arrhes de chaque partie.

« Il y a une autre espèce de jeu appelé *co* (*ludus latruncolorum*), qui ressemble à notre jeu d'échecs, mais qui se joue différemment, c'est le même que celui des Chinois. Dans les grands jours de fête, au premier de l'an surtout, il se joue vivant, si je puis parler ainsi, c'est-à-dire que deux communes jouent ensemble, l'une devant fournir des jeunes filles et l'autre des garçons. Ces jeunes filles et ces garçons se placent dans une campagne comme les pièces d'un échiquier, et les chefs des deux localités, assis sur des estrades, indiquent devant toute la population des environs alors réunie les diverses mutations du jeu, qui est d'ordinaire très brillant, très goûté et très joyeux.

« Citons enfin les combats de coqs, très suivis surtout en Cochinchine, et le jeu innocent du cerf-volant au Tonkin. On est étonné de voir dans chaque village, pendant la mousson du sud-ouest, les hommes les plus sérieux et les plus âgés s'amuser à lancer dans les airs, pendant des journées et des nuits entières, ce morceau de papier monté d'un tube qui siffle et bourdonne. C'est une préoccupation de toute l'année.

Les médecins. — « Les livres chinois, traitant de la médecine et de l'histoire naturelle des plantes, ne sont enseignés officiellement par personne et ne donnent lieu à aucun concours public. Le fils étudie avec son père, le neveu avec son oncle, et quelques sujets chinois avec le praticien qui s'est fait la plus grande réputation dans l'endroit. Est médecin et docteur, de même que maître d'école, quiconque prétend en faire son métier.

« Les médecins ne sont payés qu'après la guérison du malade, et sa mort les prive de toute rétribution. C'est la coutume, et c'est une garantie de ses soins et de son savoir.

« La médecine annamite se compose d'une foule de recettes traditionnelles basées sur l'usage ; de simples feuilles, fleurs, fruits et racines que l'on trouve dans le pays même, et qu'on ne soumet pas aux procédés de la pharmacie ou droguerie chinoise.

Caractère de l'Annamite. — « Les Annamites sont moins orgueilleux que les Chinois, et ils sont plus courageux et meilleurs soldats. Ajoutons que les qualités de l'Annamite sont la sagacité, un grand fond d'intelligence et de discernement, et un tact remarquable : voilà pour l'esprit ; une grande générosité et un fidèle attachement : voilà pour le cœur.

« L'Annamite est méfiant, et, en général, il n'aime pas les nouveautés; mais il les accepte quand il en voit bien la raison. Il a des superstitions auxquelles il se livre souvent sans frein, mais il n'est pas fanatique ; il craint les étrangers, mais il ne les hait pas. Il se soumet volontiers à la plus grande tyrannie et aux plus pénibles travaux de la corvée pour le bon ordre et le bien public, mais il a en horreur l'esclavage. Enfin il est timide, mais de cette timidité, je dirai bretonne, qui résiste peu à peu et longtemps à la force brutale qu'il ne peut affronter en face. Son cœur est bon et compatissant, et, pour lui, l'homme sans affection (vo-tam) est un monstre (nguoi vo-lo) : quand il a prononcé cette expression de *nguoi-votam*, c'est le dernier terme de son mépris.

« Les défauts de ce peuple sont la légèreté et la vanité qui en est la source. Il aime le brillant et tient à se vanter, à faire le brave quand il n'y a pas lieu de craindre.

« Je ne vois que la population de Hanoï, au Tonkin, qui offre cette solidité de caractère qui tient un juste milieu entre la trop grande crainte et la trop grande confiance. Les autres défauts proviennent de la pauvreté qui engendre la ruse et le mensonge, la gourmandise, le jeu et l'ivrognerie, une certaine rapacité et l'esprit de vengeance [1]. »

---

[1] P. Legrand de la Lyraye, missionnaire. Extrait des *Notices coloniales* publiées par le gouvernement de la république à l'occasion de l'exposition d'Anvers, 1885.

STATISTIQUE GÉNÉRALE. — L'Indo-Chine française se divise en quatre parties diversement administrées, offrant une population totale approximative de 16.000.000 d'habitants, et une superficie de 400.000 kilomètres carrés, soit une densité de 40 habitants par kilomètre carré.

Ce sont : la basse Cochinchine, administrée directement par la France, le royaume de Cambodge, le royaume d'Annam et le Tonkin placés sous le protectorat français [1].

[1] ÉTYMOLOGIES des principaux termes géographiques de la cartographie indo-chinoise :

FRANÇAIS	ANNAMITE	CAMBODGIEN	CHINOIS	LAOTIEN
Baie	vioung	au, scremot	haï-ouan	ao
Canton	tong	srek		
Cap	moui	chrouy	haï-ko	
Colline	hone	dambank		po
Estuaire	cua, koua	peam, bank	haï-teou	ta-nâme
Étang	ao	tépang, nong	yen-tung	
Fleuve	choug, rach	tenlé, strung	kiang	mê-nâme
Forêt	rung	prey	ltn	pu
Ile	go, hon	co, hon, ca	haï-tao	ko
Lac	ho		heou, fou	nang, nôme
Marché	kieu, cho			
Montagne	moui, mui	pnom (phnom)	chon, chonm	phon
Province	tinh, tigne	khet	sen-tao	
Rapide	thac	stong	tan-teou	keng,
Rivière	khé, preeck	touté, stung	ho, ku	sé, éou
Sauvage	moï, muong	penong		ban
Village	lang, sa	phum	sen	
Ville, 1er ordre	tham, dinh	krong	yen, fou	muong
— 2e ordre	phu (fou)		tchou, tcheou	
— 3e ordre	huyen		hien	

Prononciation dans les transcriptions indo-chinoises :

N final se prononce comme en latin, soit *nn* doublé.
Nh se prononce comme *ñ* espagnol, soit *gn*.
Ng final se prononce *n* nasal, comme dans *long*.
Ay ou aï se prononce *aïe*, un seul son.
Ei se prononce *eïe*; et oï, *oïe*.
U comme *ou*; x comme *s*; s comme *ch*.

COCHINCHINE

La Cochinchine est peuplée de 1.700.000 habitants (en 1886) sur une superficie de 60.000 kilomètres carrés, ce qui donne une population relative de 28 habitants par kilomètre carré.

La population est formée presque entièrement de Cochinchinois ou Annamites qui appartiennent, comme les Chinois, à la race jaune ou mongolique. Un de leur caractère ethnographique est l'écartement du gros orteil, ce qui leur a fait donner le nom indigène de *Giaochi*. Leur religion bouddhiste, leur culte des ancêtres, leurs mœurs démocratiques et familiales sont ceux des Chinois, qui ont été longtemps les maîtres du pays.

Aux Cochinchinois proprement dits s'ajoutent 100.000 Cambodgiens, 10.000 Moïs ou montagnards sauvages, 60.000 Chinois immigrants ou natifs et 2.000 européens, presque tous Français.

On compte 50.000 indigènes catholiques convertis par les missionnaires. Beaucoup d'enfants fréquentent aujourd'hui les nouvelles écoles françaises, où l'Annamite est enseigné en caractères latins en même temps que le français.

ADMINISTRATION. — La colonie est administrée par un gouverneur général civil, assisté d'un conseil colonial composé de six membres français et de six membres annamites élus. Elle nomme un député au parlement français.

La Cochinchine était anciennement divisée en six provinces, désignées par les noms de leurs chefs-lieux : Saïgon, Bien-Hoa, Mytho, Vinh-Long, Chaudoc et Hatien.

Depuis 1876, elle comprend seulement quatre circonscriptions ou provinces, subdivisées en arrondissements : (*huyen*), cantons ; et (*tong*), villages. Ce sont, au nord-est : 1° la circonscription de Saïgon, avec les six arrondissements de Saïgon, Tay-Ninh, Thudaumot, Bien-Hoa, Baria et le vingtième arrondissement.

2° La circonscription de Mytho, quatre arrondissements : Mytho, Tan-An, Gocong et Cholon.

3° La circonscription de Vinh-Long, quatre arrondissements : Vinh-Long, Bentré, Tra-Vinh et Sadec.

4° La circonscription du Bassac, au sud-ouest du fleuve, sept arrondissements : Chaudoc, Hatien, Long-Xuyen, Rach-Gia, Cantho, Soctrang et Bac-Lieu.

Villes. — *Saïgon,* 70.000 habitants, chef-lieu de la Cochinchine, est bâtie en plaine sur les bords de la rivière de Saïgon, et entourée de canaux. Détruite au temps de la conquête, elle s'est rebâtie plus belle avec des rues larges, se croisant à angle droit. Le quartier des Européens, d'un niveau plus élevé que le reste de la ville, est vaste et salubre ; il est entouré de nombreux faubourgs ou villages d'indigènes. On y vénère le tombeau de l'évêque d'Adran. — Port excellent, quoique non pourvu encore de docks et de quais, mais accessible aux plus grands bâtiments par la rivière du Donnaï ou Soirap, Saïgon est la principale place de commerce de toute la région ; mais son éloignement de la mer (70 kilomètres) est cause que les paquebots rapides passent en vue des côtes sans s'y arrêter.

Cholon, 40.000 habitants, la plupart chinois, est situé à cinq kilomètres en amont de la capitale ; c'est le grand marché de Saïgon et le principal entrepôt de la colonie pour le riz et tous les produits indigènes. Elle doit son origine à une colonie chinoise qui s'y établit au siècle dernier.

Bien-Hoa, sur le Donnaï ; *Mytho,* sur le Mékong oriental ; *Vinh-Long,* « le jardin de la Cochinchine, » sur un autre bras plus central ; et *Chaudoc,* sur le bras occidental du fleuve, près de la frontière du Cambodge, sont des villes de 5 à 10.000 âmes et des marchés importants.

Les autres chefs-lieux d'arrondissements, quoique moins populeux, sont florissants ; la plupart ne datent que de la conquête.

En général, les villes indiennes, composées de petites cases ou paillotes de facile construction, deviennent vite populeuses dès qu'un marché s'y établit pour attirer le commerce.

A 100 kilomètres de la côte, les îles *Poulo-Condor,* « îles des Calebasses, » peuplées de 500 habitants, sont une station navale précieuse et une colonie pénitentiaire pour nos sujets asiatiques.

INDUSTRIE ET COMMERCE. — Les cultures alimentaires de riz, maïs, igname, patate, manioc, canne à sucre, ananas, poivre et autres épices, celle du coton, de l'indigo, la fabri-

Un sémaphore.

cation de tissus légers, nattes, bijoux, ouvrages en bois et en rotin, ainsi que l'exploitation des salines, sont les principales industries des Annamites, dont les besoins sont d'ailleurs très restreints.

Le commerce intérieur dispose d'une multitude de canaux ou arroyos, de routes assez nombreuses, mais souvent rudimentaires, et d'un chemin de fer qui relie Saïgon et Cholon à Mytho.

Le commerce extérieur s'est élevé en 1883 à 60 millions de francs, dont plus de la moitié pour les exportations qui consistent en riz, poissons secs ou salés, peaux, coton, pour la Chine et le Japon.

Les importations consistent en cotonnades anglaises (pour les 4/5), soieries françaises, fers et ferronneries belges et français, charbon anglais ou australien, vins, liqueurs et comestibles de France, thé de Chine et opium de l'Inde.

Les échanges se font pour les 3/4 avec la Chine et le Japon par l'intermédiaire de Hong-Kong et de Shanghaï, pour 1/4 seulement avec la France et l'Europe.

Les transports ont lieu par les navires anglais, français, allemands et hollandais.

Le commerce extérieur est concentré entre les mains des Chinois et se fait presque entièrement sur les places de Saïgon pour l'importation, et de Cholon pour l'exportation.

Les Messageries nationales et les paquebots anglais font plusieurs services par mois; la durée du voyage de France à Saïgon est de trente à trente-cinq jours.

Un réseau télégraphique sillonne la colonie et des câbles sous-marins relient Saïgon par le cap Saint-Jacques avec Hanoï, Hong-Kong et Singapour; de là avec la France.

CAMBODGE

Le Cambodge actuel n'est qu'un reste de l'antique royaume de *Srok-K'mer,* « pays des Kmers, » dont la puissance et la civilisation, attestées par les superbes ruines d'Angkor, s'étendaient sur une grande partie de la péninsule indo-chinoise. En 1863, le roi Norodom accepta le protectorat de la France; il continua à gouverner par lui-même ses États, jusqu'à ce qu'en 1884, l'administration suprême lui fût enlevée et fût remise aux mains d'un résident général qui représente la République française.

Le Cambodge est borné au nord par le royaume de Siam, à l'est par le Mékong, au sud et à l'ouest par la Cochinchine et la mer.

Sa superficie est évaluée à 100.000 kilomètres carrés et sa population à 500.000 habitants seulement (d'après les renseignements officiels); d'autres disent à 1.000.000. Les rives du Mékong et du Grand-Lac sont seules habitées.

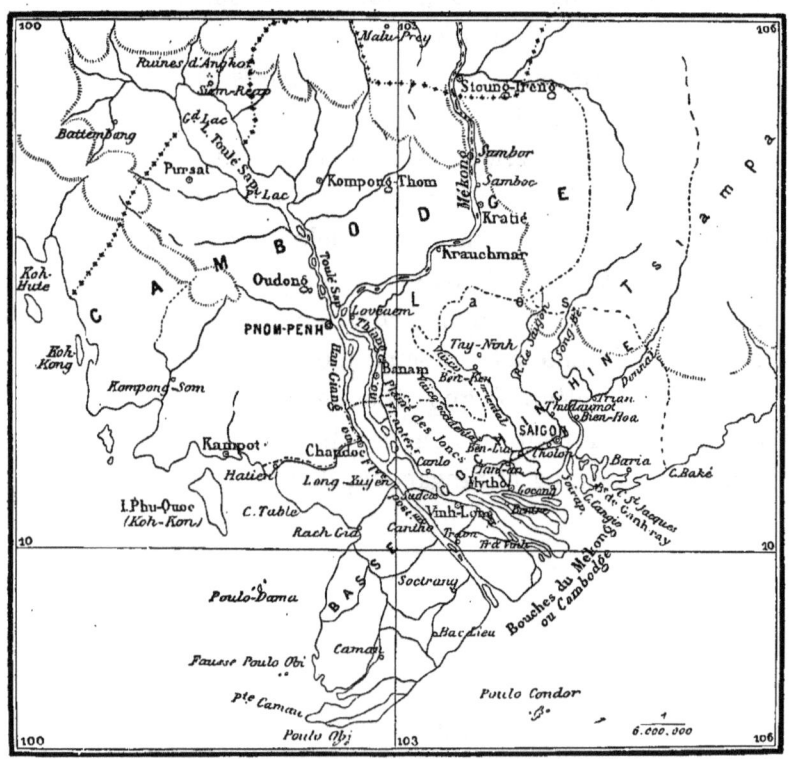

Carte du Cambodge et de la basse Cochinchine.

Les Cambodgiens appartiennent à la race jaune ; ils sont bouddhistes assez fervents. D'un caractère doux et indolent, ils se laissent dominer par les Annamites, les Chinois, les Malais, qui se sont glissés parmi eux.

Le royaume est divisé en huit provinces, qui sont celles de Pnom-Penh, la plus peuplée, Kampot, la seule province maritime, Kratié, Pursat, Kompong-Chuang, Kompong-Thom, Kompong-Triam et Banam.

Pnom-Penh, que l'on prononce Phnom-Penh, la nouvelle capitale du Cambodge, est une ville de 35.000 âmes, située en face des bras du Mékong, dans une position commerciale excellente autant que pittoresque. Les maisons ne sont généralement que des paillotes, ou cases en paille, au milieu desquelles s'élèvent le palais du roi, les maisons en briques des Chinois et les édifices plus importants récemment bâtis pour les administrations françaises.

Oudong, situé un peu en amont, est l'ancienne capitale du pays.

Les autres chefs-lieux de provinces ne sont généralement que des villages.

Commerce. — Les Cambodgiens ne s'occupent que de la culture du sol et de la pêche du Grand-Lac. Le commerce est entre les mains des Chinois.

Le trafic extérieur est de 15 à 20 millions de francs.

Les produits exportés sont : le poisson (pour une valeur de 4 millions), le coton, les haricots pour Singapour; la colle de poisson, les peaux, les nattes pour la Cochinchine; le cardamome, les bois de teinture et de construction pour la Chine.

Les produits importés consistent en sel, provenant de la Cochinchine et destiné aux salaisons de poissons; vins et spiritueux de France, sucres, poteries, tissus anglais et français.

Les transports se font par jonques et par vapeurs sur les nombreux canaux qui, par le Grand-Lac et le Mékong, se relient avec les ports de la Cochinchine.

ANNAM ET TONKIN

Le royaume « d'Annam », dont le nom chinois signifie le « sud paisible », était une extension méridionale du Céleste-Empire dont il était vassal. Il s'appelle aussi Cochinchine;

mais aujourd'hui on réserve ce nom aux provinces méridionales, tandis que le nom d'Annam désigne la partie cen-

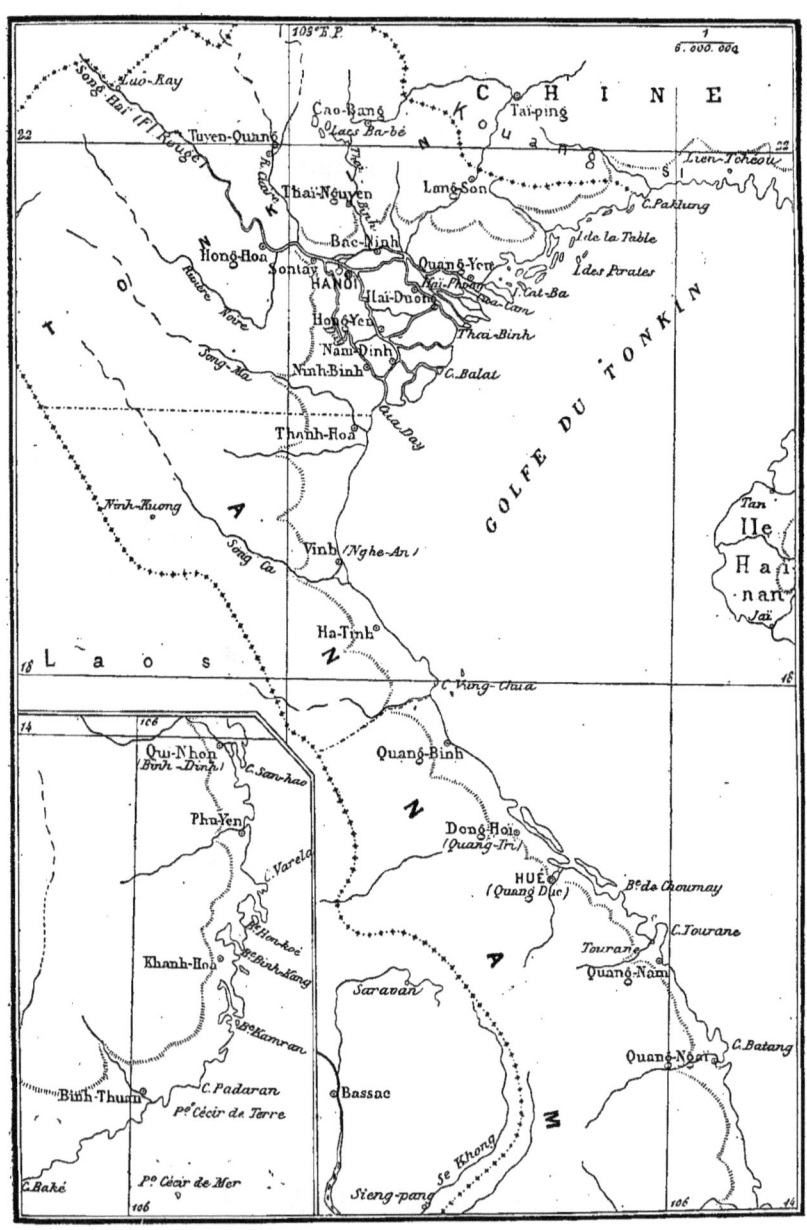

Carte de l'Annam et du Tonkin.

trale, et celui de Tonkin, la partie septentrionale du royaume. Le nom de « Ton-Kin » est une corruption du mot chinois Dong-Kinh, « cour de l'est; » c'est le Bac-Ky des Annamites.

Il formait ci-devant une vice-royauté dépendante de l'Annam, dont il est aujourd'hui séparé administrativement.

L'Annam, réduit à la partie la plus montagneuse, la moins riche de son ancien territoire, est borné au nord par le Tonkin, au sud par la Cochinchine, et il s'allonge entre la mer à l'est et les montagnes à l'ouest, sur une longueur de 1.200 kilomètres et une largeur moyenne de 100 kilomètres.

Sa superficie est d'environ 120.000 kilomètres carrés; et sa population supposée, de 6 à 8 millions d'habitants.

Le Tonkin est borné au nord par les provinces chinoises du Yun-Nan et du Kuang-Si, à l'est par la mer, au sud par l'Annam et à l'ouest par le Laos.

Sa superficie est d'environ 100.000 kilomètres carrés dont 15.000 seulement pour le Delta, et sa population est évaluée, sans preuve, comme pour l'Annam, à 6 ou 8 millions d'habitants.

ETHNOGRAPHIE. — La population de l'Annam et du Tonkin est composée, comme celle de la Cochinchine, principalement d'Annamites, avec un plus fort contingent de Chinois natifs ou immigrants. Les sauvages Moïs habitent le Laos. La religion dominante est le paganisme bouddhiste.

Les missions catholiques, confiées à des missionnaires français et espagnols, sont florissantes; elles forment sept vicariats apostoliques dont trois pour la Cochinchine ou l'Annam, comptant plus de 100.000 chrétiens, et quatre pour le Tonkin, avec 400.000 chrétiens. Malheureusement les dernières guerres ont détruit et ruiné beaucoup de chrétientés, surtout dans l'Annam méridional.

« Les catholiques de la mission française ont fait cause commune avec nous dans les dernières guerres et nous ont été d'un véritable appui. Ils nous ont fourni, dès le commencement, malgré le terrible exemple de 1874, un grand nombre de volontaires qui ont rendu des services appréciés à Nam-Dinh, à la prise de Sontay, etc., et plus tard ils ont fourni le principal noyau des tirailleurs tonkinois. Aussi ils ont été en butte à toutes les vengeances de l'ennemi; des ordres secrets émanant de Chine et de Hué ont prescrit à plusieurs reprises de les traiter comme des Français et de les exterminer. Le vice-roi Hoang-Ké-Vien, chargé, avec l'aide des Pavillons-Noirs, de chasser du Tonkin les barbares de l'occident, a souvent envoyé des troupes contre leurs villages et en a détruit un grand nombre. » (*Notices coloniales officielles*.)

Boutique de marchand à Hué.

ADMINISTRATION. — Le roi d'Annam était ci-devant un monarque absolu. Aujourd'hui son gouvernement est placé sous le contrôle d'un résident général de la République française siégeant à Hué, et de deux résidents supérieurs établis, l'un à Hué pour l'Annam, l'autre à Hanoï pour le Tonkin, qui a une administration particulière.

ANNAM. — L'Annam comprend douze provinces désignées généralement par le nom de leurs chefs-lieux.

Ce sont, du sud au nord : Binh-Thuan, Khanh-Hoa, Phu-Yen, Binh-Dinh (chef-lieu Qui-Nhon); Quang-Ngaï, Quang-Nam, Quang-Duc (chef-lieu Hué); Quang-Tri (chef-lieu Dong-Hoï); Quang-Binh, Ha-Tinh, Nghe-An (chef-lieu Vinh); et Thanh-Hoa. Les trois dernières faisaient ci-devant partie du Tonkin.

VILLES. — *Hué,* capitale du royaume, fut bâtie au XVIIe siècle, à trois lieues de la mer, sur une petite rivière, au milieu d'un triple cercle de montagnes qui lui donnent un aspect riant et pittoresque. Elle comprend deux villes : la citadelle, « ville royale, » immense quadrilatère de 2.600 mètres de côté, à front bastionné, habité par les fonctionnaires et les soldats ; la ville marchande, bâtie sur le canal et composée de cases ou paillottes. Sa population, que l'on estimait à 100.000 habitants et plus, n'est guère que de 30.000 âmes. Son commerce consiste surtout dans l'approvisionnement de la cour.

Tourane, sur une baie au sud de Hué, fut le premier gage donné à la France par Giâ-Long en 1790, et la première ville prise par elle en 1858.

Qui-Nhon, sur la côte sud-est, et dans l'importante province de Binh-Dinh, est un port qui fut ouvert aux Européens dès 1874. Elle a, comme Hué, une citadelle du système Vauban, bâtie par les ingénieurs français au commencement de ce siècle.

TONKIN. — Le Tonkin comprend cinq grandes provinces administrées par des mandarins du premier degré. Ce sont : Hanoï, au centre ; Bac-Ninh, Sontay, à l'ouest ; Haï-Duong, au nord-est, et Nam-Dinh, au sud.

Il y a, en outre, huit petites provinces, dépendantes des premières et administrées par des mandarins de second degré. Ce sont : Ninh-Binh, Hung-Yen, Haï-Phong, Quang-Yen, dans le Delta ; Hung-Hoa, Tuyen-Quang, sur le haut fleuve ; Taï-Nguyen, Cao-Bang avec Langson, sur la frontière chinoise.

VILLES. — Les noms des provinces sont aussi ceux des

Pagode des suppliciés à Hanoï.

villes principales, ou mieux des grands villages qui en sont chefs-lieux.

Hanoï, 80.000 habitants, le chef-lieu du Tonkin et l'ancienne capitale de l'Annam, est située au nord-ouest du delta sur le Song-Haï; elle est entourée de lacs et de marais. Comme tous les centres annamites ou chinois, ce n'est qu'une agglomération de villages, au nombre de cent huit et formant sept cantons. Quelques quartiers, mieux bâtis, contiennent les palais et les bureaux des fonctionnaires. C'est « le grand marché », la grande ville de commerce et d'industrie du pays. Les commerçants chinois y font les affaires en gros.

Nam-Dinh, 30.000 habitants, dans le bas Delta, est la seconde ville du pays; c'est le chef-lieu de la province la plus peuplée et la plus riche en rizières.

Haï-Phong, 10.000 habitants, de création récente, sur le Cua-Cam, où peuvent arriver les gros navires, est devenue le grand port des Européens et l'entrepôt du Tonkin.

Haï-Duong, sur le Thaï-Binh, *Bac-Ninh*, près du Song-Cau; *Sontay*, sur le Song-Haï, villes de 10 à 20.000 habitants, ont été à demi ruinées par la prise des Français. Beaucoup de Chinois qui y faisaient le commerce se sont éloignés.

INDUSTRIE ET COMMERCE. — Comme en Cochinchine, l'agriculture est la principale occupation de l'Annam et du Tonkin. Les produits sont les mêmes, et, à côté du riz et des denrées tropicales, figurent les fruits et légumes d'Europe.

Les animaux domestiques : chevaux, bœufs, buffles, chèvres et porcs sont de taille petite et moins communs qu'en Europe. Par contre la volaille est abondante et à bon marché.

Le fer, le cuivre, l'étain, le charbon, sont exploités.

L'industrie est variée; elle produit tous les objets nécessaires à la vie indigène, mais peu d'articles pour l'exportation.

Le commerce est généralement dans les mêmes conditions qu'en Cochinchine; les villes sont des « grands marchés »; les transports se font par eau dans les deltas, à dos d'hommes et de buffles dans l'intérieur; les routes ne sont que des sentiers; les chemins de fer sont encore inconnus.

Les principales transactions sont aux mains des Chinois

depuis plusieurs siècles ; ce sont eux qui traitent avec les négociants européens et qui introduisent les produits étrangers ; les articles anglais et les cotonnades de Manchester et de Bombay pénètrent non seulement par les vaisseaux venus de Hong-Kong et de Singapour, mais encore en transit par la frontière chinoise.

La valeur du commerce extérieur peut être évaluée sans

Haï-Phong, vue de la rivière.

base certaine à 10 ou 20 millions de francs pour l'Annam, au double ou au triple pour le Tonkin. Les Anglais et les Chinois en tirent le plus grand profit ; puis les Français, les Allemands, les Hollandais.

Les exportations consistent notamment en soies, plantes tinctoriales, coton, laques, cuivre et étain du Yunnan ; — les importations, en cotons anglais, soieries chinoises, médecines, lampisterie, mercerie, miroiterie.

Un câble sous-marin relie Haï-Phong à Saigon et à la France.

OCÉANIE FRANÇAISE

I. — NOUVELLE-CALÉDONIE

Historique. — La Nouvelle-Calédonie fut découverte, en 1774, par le capitaine Cook, qui lui donna le nom primitif de son pays natal (l'Écosse). L'amiral d'Entrecasteaux en releva les côtes en 1791. Des Anglais y exploitaient les bois de sandal, et des missionnaires français s'y étaient établis dès 1843, lorsqu'en 1851 quelques marins français de l'*Alcmène* furent massacrés par les indigènes de Balade, au nord-est de l'île. Par représailles, en 1853, Napoléon III fit prendre possession de la Nouvelle-Calédonie dans le but d'en faire une colonie pénitentiaire, pour remplacer celle de Guyane, reconnue trop insalubre. Les îles Loyalty furent annexées en 1864.

Il est question en ce moment d'annexer à la Nouvelle-Calédonie l'important archipel des *Nouvelles-Hébrides*, découvertes également par Cook ; mais des conventions faites avec l'Angleterre et l'opposition des Anglo-Australiens maintiennent provisoirement la neutralité de ces îles.

Le groupe néo-calédonien comprend, outre la grande terre, l'île des Pins, les îles Loyalty et de nombreux îlots côtiers.

Géographie physique. — La Nouvelle-Calédonie est une île située entre le tropique du Capricorne et le 20e degré de latitude sud, et sur le 163e degré de longitude est de Paris, c'est-à-dire presque aux antipodes de la France.

Les grandes terres voisines sont l'Australie, située à

1.500 kilomètres à l'ouest ; la Nouvelle-Guinée au nord-ouest, et la Nouvelle-Zélande au sud-est. Notre île, de forme très allongée, et orientée du nord-ouest au sud-est, mesure 400 kilomètres de longueur, sur une largeur moyenne de 55 kilomètres, soit 18.000 kilomètres carrés de superficie. Son littoral, très découpé, est formé souvent de hautes falaises de roches anciennes ; il présente au nord les îlots Paaba et Balabio ; au nord-est la baie de Kanala ; au sud-est le cap

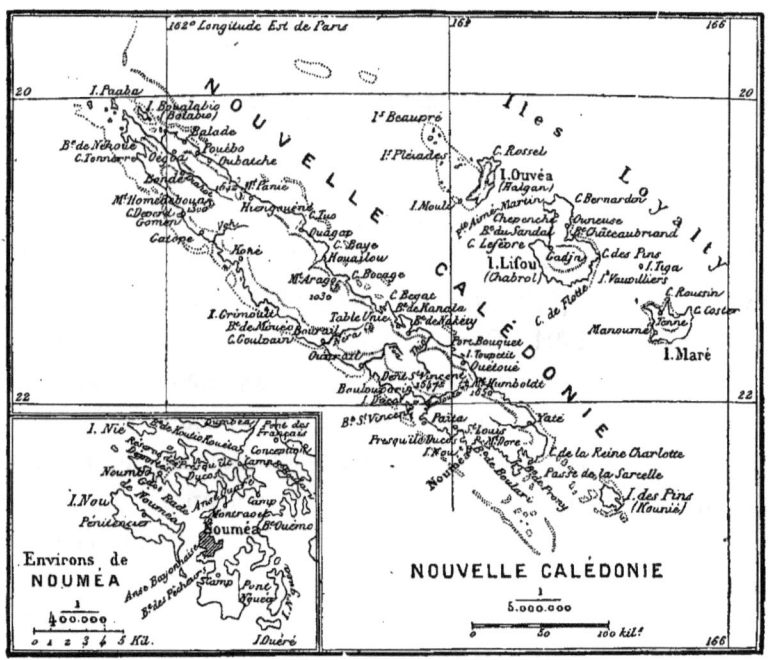

Carte de la Nouvelle-Calédonie.

de la Reine-Charlotte ; au sud-ouest la baie d'Ouaraïl, celle de Saint-Vincent avec l'îlot Ducos ; celle de Nouméa, fermée par l'île Nou et la presqu'île Ducos.

L'île est défendue sur toutes ses faces par une ceinture de récifs présentant un assez grand nombre de passes déterminées. Ces récifs, formés d'immenses bancs de coraux, brisent la mer à une certaine distance ; ils laissent entre eux et le rivage un canal d'eaux tranquilles d'une grande ressource pour mettre en communication les différents points de la colonie, et d'une navigation sûre pour les caboteurs à voile aussi bien qu'à vapeur.

L'intérieur est montagneux et formé de terrains anciens, souvent arides, ce qui donne à l'île un aspect général assez triste. Une double chaîne s'allonge non loin des côtes et présente de nombreux sommets de 1.200 à 1.650 mètres. On distingue, au sud-est, le mont Humboldt, 1.650 mètres, et la Dent-de-Saint-Vincent, 1.547 mètres ; au centre, le mont Arago, 1.030 mètres, et la Table-Unie, visible en mer des deux côtés de l'île; au nord, le mont Panié, 1.642 mètres, et le mont Homedebua, 1.300 mètres. Entre les deux chaînes s'étend une série de plateaux ondulés.

Les deux versants côtiers sont parcourus par des rivières peu longues, mais très larges et abondantes, formant de nombreuses cascades, et navigables seulement à leur embouchure. Les principales sont : le *Diahot*, 100 kilomètres, qui court au nord-ouest, parallèlement à l'axe de l'île; la *Néra*, le *Foa* et la *Tontouta*, au sud-ouest. Plusieurs rivières sont en partie souterraines.

Le climat est tropical, mais tempéré par les brises de mer ou vents alizés du sud-est. La température, qui est de 12° à 20° pendant la belle saison (mai à novembre), monte à 35° pendant l'hivernage (décembre à avril), qui est la saison des pluies et des ouragans ; ceux-ci sont le fléau de la colonie. Néanmoins, le climat est très salubre, ce qui est dû au peu de largeur de l'île, constamment balayée par les vents de mer, et à son sol découvert, produisant en outre un arbre fébrifuge, le *niaouli*, sorte de myrte.

Le règne minéral offre l'or, le nickel, le fer, le cuivre et le plomb. Le règne végétal n'est pas très luxuriant, car beaucoup de terres sont rocheuses et stériles ; mais il est varié et produit maïs, canne à sucre, tabac, café, banane, patate, etc. Sauf le requin, le trépang, la sauterelle, très nuisible, et quelques oiseaux, il y a peu d'animaux sauvages ; par contre, les espèces domestiques importées d'Europe s'y multiplient aisément.

Géographie politique. — La population actuelle du groupe néo-calédonien est d'environ 60.000 habitants, et sa superficie de 20.000 kilomètres carrés, équivalant à 3 ou 4 départements français.

Les habitants se décomposaient, en 1885, en 40.000 indigènes, dont la moitié dans les îles Loyalty, et 20.000 Européens. Parmi ceux-ci, il y a 4.000 résidents libres ou fonctionnaires, presque tous français, 3.000 militaires avec leurs familles, et 10 à 12.000 forçats transportés, en cours de peine ou libérés. Parmi les étrangers, on compte 600 Anglo-Australiens, quelques Allemands et autres.

Pirogue de la Nouvelle-Calédonie.

Les indigènes sont, les uns de race brune ou malaise, de taille assez grande, à cheveux longs et raides, les autres de race noire, plus petits, à cheveux crépus. On leur donne à tous le nom de *Kanaks* ou Néo-Calédoniens. La plupart sont encore sauvages et idolâtres, parfois anthropophages ; ils vivent par tribus de 1.000 à 1.500 individus, sous un même chef. Jaloux de leur indépendance, les Kanaks ont longuement combattu les Français, notamment par l'insurrection sanglante de 1879 ; ils refusent de se mêler aux blancs et de travailler pour eux ; décimés par la guerre et par les maladies introduites par les Européens, leur nombre a décru de plus de moitié depuis la prise de possession.

Les missionnaires catholiques et protestants ont converti 15.000 indigènes.

Le Néo-Calédonien. — « Au moral, le noir calédonien, si l'impression de ceux qui ont pu l'observer n'est pas outrée, se range parmi les plus insociables de l'Océanie. « Je suis « encore à chercher en lui une vertu, dit M. Bourgarel. Il « est intelligent, c'est incontestable; mais il est paresseux, « fourbe, cruel et orgueilleux au delà de toute expression. « La cruauté, la férocité de ce peuple se révèle par l'exis- « tence, trop souvent constatée, de l'anthropophagie, par « l'usage de mettre les têtes des ennemis mangés comme un « trophée au-dessus des maisons, de massacrer sans pitié « les naufragés, etc. »

« D'autres voyageurs, d'autres auteurs sont plus indulgents pour les Néo-Calédoniens; ils reconnaissent les défauts signalés plus haut, mais ils insistent sur certaines de leurs qualités, notamment sur leur intelligence très réelle; ils admirent l'heureuse situation et l'installation de leurs villages, leur extrême habileté dans tout ce qui concerne l'irrigation de leurs jardins, de leurs petites plantations; la finesse, l'éloquence, la réflexion, la maturité de leurs anciens dans les assemblées où se traitent les intérêts populaires. L'anthropophagie a disparu de plusieurs de leurs tribus, où la religion chrétienne a fait de grands progrès.

« Leurs maisons, ou plutôt leurs cases, ont seulement de 2 à 3 mètres de hauteur; les unes sont rondes, les autres sont carrées, et leur forme varie un peu suivant les tribus; toutes ont une charpente de bois et sont recouvertes d'une épaisse couche de paille. Quelques-unes sont doublées d'une couche de l'écorce du *niaouli,* que l'on rencontre partout; mais nulle part on ne trouve d'autre ouverture que la porte, qui a 3 ou 4 pieds de haut au maximum, sur 2 de large. Le mobilier se compose de nattes, de calebasses ou de moitiés de cocos destinées à contenir la provision d'eau, et d'un ou deux vases de terre cuite; on aperçoit aussi, pendus dans un coin, quelques morceaux d'étoffes et des armes. Les poux, les puces et les moustiques fourmillent dans ces infects taudis. Les palais des chefs ont beaucoup plus d'apparence vus du dehors, mais à l'intérieur ils diffèrent peu des cabanes du peuple. Les hommes et les femmes portent autour des reins une ceinture composée d'une espèce de corde en fil de coco ou de bourao, à laquelle sont suspendues de petites tresses généralement de la même nature, qui ont de 10 à 15 centimètres de long, et forment plusieurs couches, comme dans une épaulette.

Cases de la Nouvelle-Calédonie.

« Pour armes, les Néo-Calédoniens ont le casse-tête, la hache, la lance et la fronde; ils connaissent l'arc et la flèche, mais ne s'en servent guère qu'à la chasse. Parmi leurs coutumes particulières, on peut signaler le *tabou*, si remarquablement caractéristique de toutes les communautés océaniennes, et que les immigrants polynésiens ont dû apporter ici avec eux[1]. »

[1] Vivien de Saint-Martin, *Nouveau Dictionnaire de géographie universelle*.

On appelle *tabou* l'interdiction que les prêtres des îles de la Polynésie prononcent sur une personne ou sur un objet, pour lui donner une sorte de sainteté ou d'inviolabilité. C'est ainsi que les souverains sont *tabous*; les toucher, et parfois même lever les yeux sur eux, c'est encourir la mort, ou du moins une peine très sévère. Le terrain consacré à un dieu ou à la sépulture d'un grand chef est tabou. On devient aussi tabou rien qu'en touchant une personne supérieure par le rang.

ADMINISTRATION. — La colonie est administrée par un gouverneur général civil, et divisée en cinq arrondissements : Nouméa, Ouaraïl, Bouraïl, Diahot et Kanala. Elle forme un vicariat apostolique.

Nouméa ou Fort-de-France, ville de 4.000 habitants, est située au sud-ouest de l'île, dans une anfractuosité d'une grande baie; malheureusement, elle n'a pour eau potable que celle de citerne. Elle possède une belle rade abritée par l'île *Nou,* où se trouve le pénitencier-dépôt, et par la presqu'île *Ducos,* qui sert aussi de lieu de déportation.

Ouaraïl et *Bouraïl* sont deux autres pénitenciers situés sur la côte sud-ouest.

Diahot est un groupe de petites localités situées dans une vallée de même nom, et *Kanala* est un centre important sur une baie de la côte est. Les exploitations minières et agricoles se trouvent dispersées notamment dans les vallées du Thio, du Diahot, du Foa.

L'île des *Pins,* ou Kounié, distante de 50 kilomètres, est montueuse, volcanique, couverte de conifères. Longtemps réservée aux indigènes, elle reçut, en 1871, un grand établissement pénitencier pour les communards parisiens.

Les îles *Loyalty* (en anglais, Loyauté), sont au nombre de trois grandes : Lifou ou Chabrol, Maré et Ouvéa ou Halgan. Elles sont de formation corallaire, très boisées et peuplées de 15.000 indigènes convertis et de quelques rares Européens. Leur commerce est presque nul.

Les *Nouvelles-Hébrides* comprennent six grandes îles, notamment Espiritu-Santo, et de nombreux îlots, avec une superficie de 150.000 kilomètres carrés. Il s'y fait actuellement des tentatives de colonisation française et anglo-australienne. Si un jour elles sont annexées à la Nouvelle-Calédonie, elles nous donneront une population de 70.000 indigènes de race noire, chétive, mais tranquille. Déjà les Néo-Hébridais sont engagés par les Calédoniens comme domestiques et comme travailleurs aux plantations.

COMMERCE. — L'industrie, nulle pour les naturels, est très peu développée pour les blancs; elle consiste dans l'élevage du bétail, quelques cultures de café, vanille, tabac, manioc, légumes, etc. On essaye l'exploitation de la houille, du nickel, qui est très abondant, du cuivre et autres métaux.

Mais la Nouvelle-Calédonie est surtout une colonie pénitentiaire; les milliers de condamnés aux travaux forcés, détenus dans une dizaine de localités, sont employés soit dans les chantiers et ateliers de l'État, soit dans les concessions et les exploitations rurales ou minières; ils construisent des routes ou fabriquent une foule d'objets en fer et en bois propres à la marine, à l'industrie et à l'agriculture.

Le commerce de l'île s'est élevé, en 1883, à 17.000.000 de francs, dont les deux tiers pour les importations, qui consistent en approvisionnements de vivres : bétail, vins, liqueurs, épiceries, articles d'habillements pour les colons et les transportés.

Il exporte de l'huile de coco, des écailles de tortue, des minerais de nickel et autres.

Le seul port de commerce est Nouméa, qui est en relation régulière, par vapeurs anglais et français, surtout avec San-Francisco, Sydney et l'Australie, la Nouvelle-Zélande, Taïti et avec la France par Bordeaux. Le cabotage tient lieu de routes, qui manquent encore; un fil télégraphique fait le tour de l'île, et un câble sous-marin la relie à Sydney.

II. — TAÏTI ET DÉPENDANCES

La France possède dans la Polynésie orientale plusieurs archipels dont l'importance est généralement peu considérable. En voici la statistique :

```
1° Iles Taïti,      superficie 1 175 kilom. carrés, population 10 000 habit.
2° Iles Touamotou,     —        900 kilom. carrés,     —       8 000 habit.
3° Iles Marquises,     —      1 245 kilom. carrés,     —       6 000 habit.
4° Iles Tubuaï,        —         35 kilom. carrés,     —       1 000 habit.
```

Ce qui donne une population de 25.000 habitants dispersés sur une centaine d'îles dont la superficie totale est de 3.355 kilomètres carrés, équivalant à la moitié d'un département français.

Ces îles occupent, sur la carte de l'océan Pacifique, un espace immense du 8e au 28e degré de latitude sud, et du 130e au 160e degré de longitude ouest de Paris, soit 3.000 kilomètres du nord au sud et 2.400 kilomètres de l'est à l'ouest.

Les îles de la Polynésie française sont administrées par un gouverneur général siégeant à Papéiti, capitale de Taïti ; des résidents administrent les divers groupes d'îles.

I. — Les iles Taïti furent découvertes en 1606 par l'Espagnol Quiros. Le capitaine Cook les explora en 1768 et leur donna le nom d'archipel de la « Société », en l'honneur de la Société royale de Londres. Bougainville l'appela la « Nouvelle Cythère », et fit une description aussi enthousiaste qu'exagérée de la nature enchanteresse de Taïti, de la douceur des mœurs des habitants et de la perfection de leur régime gouvernemental basé sur l'état de nature.

Dès 1797, des missionnaires anglais convertirent les Taïtiens au protestantisme, améliorèrent leurs mœurs, aidèrent l'un des chefs de l'île, devenu le roi Pomaré Ier, à conquérir les îles voisines et à établir une sorte de monarchie constitutionnelle avec parlement et ministres responsables. En 1842, l'amiral français Dupetit-Thouars supplanta l'influence anglaise dans l'esprit de la reine Pomaré IV, qui sollicita le protectorat de la France. En face d'une protestation de la part du gouvernement anglais, le protectorat fut d'abord refusé par Louis-Philippe ; toutefois, après quelques troubles et un payement d'indemnités au consul anglais Pritchard, le protectorat français sur Taïti fut établi de fait en 1847, et transformé en une annexion pure et simple en 1880, par suite de l'abdication du dernier roi, Pomaré V.

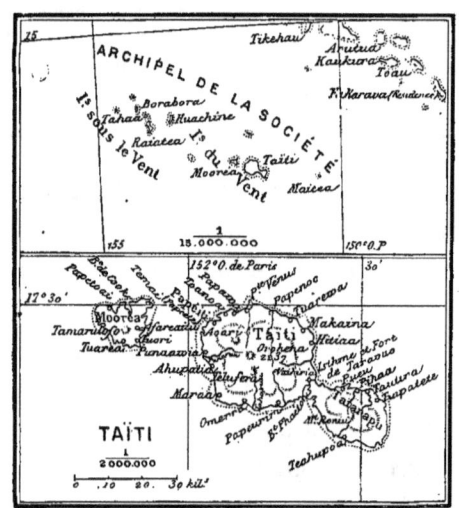
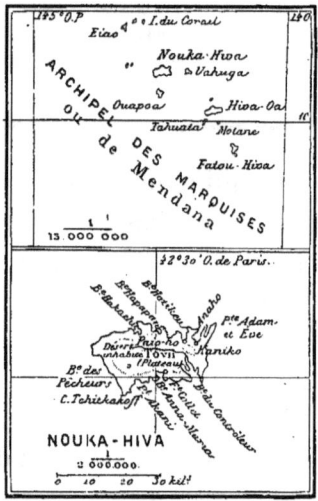

Carte des îles Taïti et de leurs dépendances.

Les îles Taïti ou de la Société forment deux groupes, savoir : au sud-est, les îles DU VENT : *Taïti, Moorea* et quelques îlots ; au nord, les îles SOUS-LE-VENT : *Raïatea, Bora-Bora, Huachine* et une dizaine d'autres.

L'Angleterre, qui avait des droits sur ces dernières îles, vient de les céder, dit-on, à la France, par suite d'un accommodement relatif aux droits de pêche que la France possède sur les côtes de Terre-Neuve.

TAÏTI, ou *Tahiti-Taïarapu,* est une île double, formée de deux îles ou presqu'îles montagneuses, unies par l'isthme de Taravao, qui n'a que 14 mètres d'altitude à peine, et qui est large de 2 kilomètres. Taïti, la partie la plus grande au nord-ouest, a pour sommet l'Orohena, 2.237 mètres, formant le bord d'un immense cirque ou cratère dit du Papenoo, volcan analogue à ceux de l'île Bourbon. Des lacs, des cascades, de nombreuses rivières torrentielles, dont la plus importante est le Papenoo, jointes à une grande fertilité sur la côte et à un climat délicieux, rendent le séjour de l'île enchanteur et sans danger pour les Européens.

La forme de Taïti est ronde, tandis que la presqu'île de Taïarapu est ovale. L'isthme, défendu par le fort de Taravao, protège au sud la baie Phaéton, d'accès assez difficile. Le littoral, généralement élevé, sauf au sud, où s'étend une plaine de 1 à 3 kilomètres de largeur, est partout entouré de récifs corallaires très dangereux, ouverts par quelques passes navigables.

L'île *Moorea*, également montagneuse, possède les deux baies très vastes de Papatoai et de Cook.

Les îles Taïti sont peuplées d'un millier d'Européens, la plupart français, et de 7.000 indigènes de race brune ou polynésienne, de mœurs douces, indolents, civilisés et convertis au protestantisme ; c'est le reste d'une population autrefois bien plus considérable. Ils habitent de petits villages sur la côte et dans les vallées.

Papéiti ou Papeete, ci-devant « capitale » de Taïti, est le chef-lieu des établissements français de la Polynésie. C'est une ville de 3.000 habitants, composée de cases en bambou, entourées de jardins verdoyants. Situé sur la côte nord-ouest de l'île, son port est sûr, assez vaste et profond; il concentre tout le commerce, non seulement de l'île, mais encore de toute la région.

Le commerce, qui s'élève à 8 ou 10 millions de francs, consiste surtout dans l'exportation de nacre en coquilles (pour 1 million de francs), de citron, vanille, coprah (graine de coco), oranges, que Papeete expédie principalement à San-Francisco, — et dans l'importation d'étoffes, vins, farines, biscuits, viandes salées, bois de construction. Une route fait le tour de l'île.

Le trafic est surtout aux mains des Allemands et se fait par vaisseaux étrangers et français avec San-Francisco, la France par Bordeaux, l'Europe et l'Australie.

II. — Les iles Marquises, ainsi appelées en l'honneur du marquis de Mendoza, par l'Espagnol Mendana qui les découvrit en 1594, appartiennent à la France depuis 1842. Situées à 1.300 kilomètres nord-est de Taïti; on en compte 15, dont les principales sont : *Nouka-Hiva,* chef-lieu Païo-Ho, siège

Paysage de Taïti.

du résident français; *Hiva-Oa,* ou la Dominique, haute de 1.260 mètres.

Toutes ces îles sont volcaniques, montagneuses, bien arrosées, fertiles en denrées tropicales. Elles sont peuplées de 6.000 indigènes ou Marquésans, de race polynésienne, de belle taille, convertis au catholicisme, mais moins civilisés que les Taïtiens.

Le commerce, peu considérable (300.000 francs), est fait

par les caboteurs venant de Taïti. A peine compte-t-on 200 Français dans ces parages.

III. — Les iles Touamotou, découvertes par Carteret en 1767, explorées par Bougainville en 1768, furent occupées

Une Taïtienne (métisse).

par les Anglais de 1830 à 1855, et appartiennent à la France depuis 1859. Elles forment un immense archipel d'une centaine d'îles, dont la plupart ne sont que des attolons ou bancs de récifs corallaires; chaque attolon affecte la forme d'un anneau ou d'un croissant, et renferme au centre une lagune ou *lagon* d'eau verte dans laquelle se pêche l'huître perlière.

Les plus grands attolons, *Rairoa* et *Fakarava,* qui est le chef-lieu, ont jusqu'à 40 kilomètres de largeur et 100 kilo-

Baie de Mataraï à Taïti.

mètres de circuit, tandis que leur anneau n'a qu'une épaisseur d'un demi-kilomètre. Les polypes ou madrépores qui les ont construites n'ont pu les élever qu'au niveau de la mer; mais, grâce à des soulèvements sous-marins, ces attolons ont émergé et se sont couverts d'un peu de végétation, puis les naturels y ont planté le cocotier qui, avec la pêche, fait leur principale subsistance.

Ci-devant ces îles s'appelaient *Iles Basses* ou *Iles Pomoutou,* c'est-à-dire soumises. Les habitants ont demandé à ce qu'on les appelât plutôt îles « Touamotou », mot qui veut dire lointaines. Ces indigènes, au nombre de 7.000, sont des métis de Taïtiens et de nègres; ils sont catholiques et vivent de la pêche des perles.

Au sud-est de Touamotou, les îles *Gambier* ou *Mangaréva,* annexées en 1844, sont au nombre de 6, enfermées dans une même ceinture de coraux. Elles comptent à peine 800 habitants, convertis au catholicisme par les Pères de Picpus. La principale, Mangareva, haute et volcanique, renferme le chef-lieu Rikitea. Le commerce est de 100.000 francs et provient de la vente de la nacre.

Au sud de Taïti, se trouve le groupe des îles *Toubouaï,* annexées en 1874. Hautes et volcaniques, elles n'ont que 500 habitants, qui sont catholiques. On y rattache, plus au sud, l'île *Rapa* ou Opara, 150 habitants, annexée en 1885.

On considère aussi parfois comme protégées par la France les îles *Wallis,* situées au nord des îles anglaises de Fidji ou Viti; mais il n'y a pas eu d'annexion officielle, et le commerce français y est nul.

Signalons enfin l'îlot de *Clipperton,* situé à l'extrémité de l'Océanie, non loin des côtes du Mexique, au sud des îles Revillagédo, par 10° 17' de latitude nord et 111° 27' de longitude occidentale de Paris. Ce n'est qu'un attolon rocheux, sans étendue, mais qui peut devenir un point de relâche pour les navires et acquérir de l'importance pour nous lorsque l'ouverture du canal de Panama aura développé la navigation dans ces parages.

La pêche des perles aux iles Basses. — « La plonge commence dans la matinée; avant d'entamer le travail quotidien, les pêcheurs se groupent sur le bateau et chargent le plus digne ou le plus respectable d'entre eux de réciter une prière que tous suivent avec ferveur. Le bateau est sur le lieu de pêche. Les apprêts sont faits; ils ne sont pas longs. Pour tout vêtement, l'indigène a son *pareo,* pour tout outil une lunette. Destinée à examiner, de la surface, les fonds que le plongeur doit explorer, cette lunette est assez semblable à une lunette de calfat : elle se compose de quatre planches, longues de 40 à 45 centimètres, larges de 25 à 30, formant une chambre dont l'une des deux extrémités est ouverte.

« Le plongeur touamotu est, à bon escient, considéré comme le meilleur plongeur de la terre. L'Indien employé aux tra-

Rade de Taïti.

vaux de la pêche dans le golfe Persique et à Ceylan, et qui passe à bon droit comme un des meilleurs fouilleurs de mer, ne peut lui être comparé. Celui-ci descend dans l'eau au moyen d'un poids de 20 livres attaché à ses pieds; sa ceinture contient encore 7 à 8 livres de lest, servant à le maintenir dans les profondeurs quand il s'est défait de son premier fardeau ; il se tamponne les yeux et les oreilles avec du coton imbibé d'huile, s'applique un bandeau sur la bouche, va visiter les fonds de 40 pieds, reste de 50 à 90 secondes sous l'eau, et remonte ensuite en s'aidant de la corde dont il était accompagné.

« Point n'est besoin de tout cet appareil pour le Touamotu, ni de toutes ces précautions. Ses seuls préparatifs consistent, quelques instants avant la plonge, à faire fonctionner fortement ses poumons par d'énergiques mouvements d'inspiration et d'expiration. Cela fait, il prend une dernière et copieuse provision d'air, puis, dégagé de tout vêtement, se laisse choir au fond de l'eau, les pieds premiers, et sans que ceux-ci soient munis d'aucun poids capable d'accélérer la rapidité de sa chute. Il peut descendre, non à 40 pieds, mais à 25 et 30 brasses; rester sous l'eau, non 90 secondes au maximum, mais 2 et même 3 minutes, et, une fois sa cueillette faite, il revient à la surface, sans le secours d'aucun cordage, avec une incroyable promptitude. Chaque plonge, dans les grands fonds, dure en moyenne de 1 minute à 1 minute 1/2, rarement 2 minutes, exceptionnellement 3.

« Des maisons de commerce ont essayé, sans y réussir, de mettre en honneur le scaphandre parmi les indigènes. Ceux-ci refusent de s'en servir, prétendant, et cela paraît fondé, que l'usage de cet appareil détermine rapidement chez eux la paralysie des membres inférieurs. Trois Européens emploient le scaphandre et, grâce à lui, font de très fructueuses pêches; ils assurent en outre que le scaphandre fait fuir les requins. Rarement ils remontent à la surface sans ramener plusieurs nacres à la fois, tandis que le plongeur indigène doit se contenter de les détacher rapidement, et il est bien rare qu'il en rapporte deux en même temps.

« Après le travail du jour, les plongeurs se mettent en devoir d'ouvrir les huîtres récoltées, se servant pour cela d'un large couteau qu'ils manient avec une grande dextérité. Du premier coup, le muscle adducteur est tranché. Chaque coquille et son contenu sont ensuite examinés avec un soin extrême, pour qu'aucune perle n'échappe à leurs méticuleuses recherches et ne passe inaperçue. Les patrons ne manquent pas d'assister à cette opération; car, bien que dénué de toute poche pour la dissimuler, le Tuamotu a vite fait d'avaler la perle qu'il vient de découvrir. Les coquilles appartenant aux pêcheurs indépendants sont, une fois vidées, déposées dans le sable humide jusqu'au jour de la vente, afin que l'évaporation ne leur fasse rien perdre de leur poids.

La pêche des perles.

« La plonge se pratique d'un bout de l'année à l'autre et plus spécialement pendant les mois de novembre, décembre, janvier et février. En juin, juillet, août et septembre, elle n'a lieu que l'après-midi, la température de l'eau étant trop fraîche dans la matinée [1] ».

[1] Extrait des *Notices coloniales officielles*.

AMÉRIQUE FRANÇAISE

I. — LA GUYANE

Historique. — La Guyane est cette immense contrée de l'Amérique méridionale circonscrite entre l'Océan d'une part, le fleuve des Amazones, son affluent le Rio-Negro, et l'Orénoque, d'autre part. Politiquement cette contrée, vaste quatre fois comme la France, est divisée en cinq parties : Guyane anglaise, hollandaise et française au nord-est; partie brésilienne au sud, et partie vénézuélienne à l'ouest.

Cette région, découverte par Colomb et Améric Vespuce (1498-99) ne reçut les premiers colonisateurs français qu'au commencement du xviie siècle. En 1637, des marchands de Rouen vinrent fonder un comptoir et le fort Louis dans l'île de Cayenne. En 1651, se forma la *Compagnie de la France équinoxiale,* pour l'exploitation des terres « situées entre l'Amazone et l'Orénoque », mais la possession de ce territoire fut disputée par les Anglais, les Hollandais et les Portugais, et le traité d'Utrecht, 1713, n'attribua à la France que la partie comprise entre le Maroni, à l'ouest, et « la rivière que Vincent Pinçon avait découverte en 1500 ».

Or, comme il s'agit de savoir quelle est cette rivière dont la situation est mal déterminée, il en résulta une contestation avec le Portugal d'abord, le Brésil ensuite, contestation qui dure encore actuellement. En 1817, après la restitution de la colonie par les Portugais qui, aidés des Anglais, nous l'avaient enlevée, on convint de fixer provisoirement la limite au fleuve

Oyapock, laissant en litige l'espace compris entre l'Oyapock et le cap Nord, à l'embouchure de l'Amazone.

Quoi qu'il en soit, la colonie ne fit jamais de progrès sérieux, faute de colons, malgré plusieurs tentatives faites par le gouvernement.

En 1763, Choiseul y expédia 15.000 Alsaciens et Lorrains, qui y périrent presque tous, tués par la faim et l'insalubrité du pays. En 1797, la Révolution y déporta un grand nombre de ses victimes; le coup d'État du 2 décembre 1852 y envoya

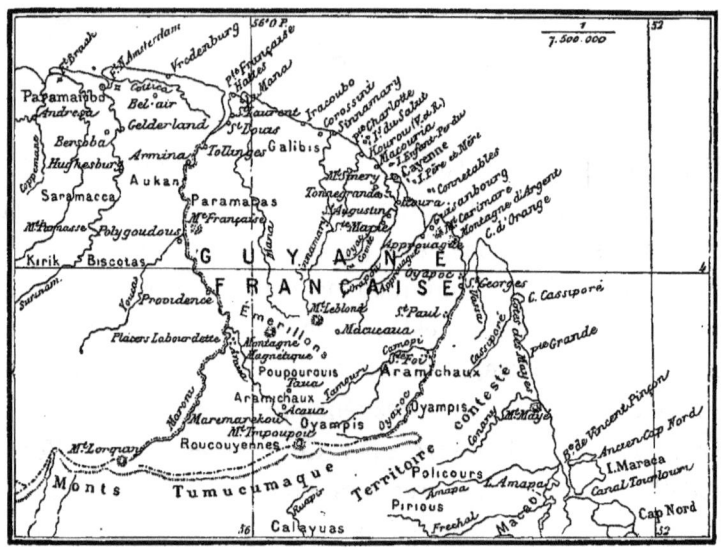

Carte de la Guyane.

des condamnés politiques; plus tard, la Guyane reçut les condamnés pour crime de droit commun. Chaque fois une mortalité effrayante s'établit, et celle de 1867 détermina le gouvernement à expédier les forçats de peau blanche en Nouvelle-Calédonie, réservant la Guyane pour les noirs, les Algériens et les Annamites.

Ces essais malheureux ont jeté, à tort ou à raison, le plus grand discrédit sur Cayenne et la Guyane française, dont la situation est peu brillante.

Géographie physique. — La Guyane française est bornée au nord-est par l'Atlantique, au sud-est par l'Oyapock, qui la sépare du territoire contesté, au sud par le Brésil ou les monts Tumuc-Umac, à l'ouest par le Maroni qui fait la limite de la colonie hollandaise de Surinam; elle est comprise entre 2º et 6º de latitude nord, 52º et 57º de longitude ouest de Paris.

La côte, longue de 350 kilomètres, est peu accidentée, essentiellement basse, marécageuse et sablonneuse, presque à fleur d'eau; la mer y manque de profondeur pour l'accès des navires; aussi n'a-t-elle qu'une rade, celle de Cayenne, accessible aux grands bâtiments. Les embouchures de fleuves sont envasées; celle de l'Oyapock forme un grand estuaire bordé à l'est par le cap Orange. Le cap Mana est le plus septentrional. Les îles du Salut sont en face du cap Charlotte.

L'intérieur de la Guyane se divise en Terres-Basses et Terres-Hautes. Les *Terres-Basses* bordent la mer et remontent les vallées de fleuves jusqu'aux premiers sauts ou rapides, qu'elles franchissent à une distance variable de 20 à 80 kilomètres. Ce sont des alluvions argileuses, les unes sèches, nommées *savanes,* les autres marécageuses, tourbeuses et noyées que l'on appelle *pripris,* et où croissent les forêts de manguiers et de palétuviers; les marais tremblants sont des tourbières en formation, des amas d'herbes flottant sur un fond de terre molle. Les *Terres-Hautes* commencent avec les premières collines qui bordent les rivières et se relient par plateaux étagés avec la chaîne des monts Tumuc-Umac ou Tumucumaque, située au sud. Ces monts, qui paraissent atteindre à peine 500 mètres d'altitude, forment le partage des eaux du bassin de l'Amazone.

En somme, la Guyane, sauf les plaines côtières, est un plateau peu élevé, surmonté çà et là de collines de 300 à 400 mètres, et caractérisé par d'immenses forêts vierges qui s'étendent à des profondeurs inconnues, dans lesquelles se cachent les sources de plusieurs cours d'eau.

Les fleuves principaux sont : le Maroni, la Mana, le Sinnamary, le Kourou, la Comté, l'Approuague et l'Oyapock, qui coulent tous parallèlement du sud au nord, ou au nord-est.

Le *Maroni,* à la frontière franco-hollandaise, long d'environ 500 kilomètres, est le plus important; formé de l'Araua et du Tapanahoni, il sort des forêts vierges, traverse des placers aurifères, et forme comme tous les autres fleuves de la région, en descendant les plateaux, de nombreux sauts ou rapides qui interceptent la navigation. Son cours inférieur est rempli d'îles.

L'*Oyac*, ou la *Comté*, reçoit dans sa partie inférieure la rivière de Cayenne et se divise en deux bras qui, sous le nom de *Tour-de-l'île*, enveloppent l'île de Cayenne.

L'*Oyapock* forme la frontière provisoire du territoire con-

La montagne d'Argent (Guyane).

testé, qui a pour limite au sud la rivière d'Amapa ou celle de l'Araguary.

Le *climat* tropical de la Guyane est chaud, humide et fiévreux; son insalubrité pour les blancs est passée en proverbe : « Cayenne est le tombeau des Européens. » Cela est vrai pour la côte, seule habitée jusqu'aujourd'hui; mais il est probable que les plateaux intérieurs sont plus sains.

La température ne varie qu'entre 20° et 35°, avec une moyenne de 28°; il tombe plus de 4 mètres d'eau annuellement. Les vents soufflent habituellement du nord-est et de l'est. De décembre à juillet, c'est la saison pluvieuse ou hivernage; la saison sèche, plus courte, va de juillet à octobre-novembre. Un beau temps relatif vient en mars. Il y a moins d'ouragans et de raz-de-marée qu'aux Antilles.

Les productions naturelles y sont variées : l'or et sans doute d'autres métaux ne lui manquent pas. La Guyane est le légendaire Eldorado, le pays de l'or ou de « l'Homme doré ». Le règne végétal y est d'une puissance exceptionnelle. Il y a abondance de bois de charpente, de marine, de teinture, d'ébénisterie : acajou, palissandre, ébène verte, bois de rose, cendre jaune, bois violet, bois d'angélique, cèdre noir, arbre à pain, arbre à lait, gommier, palmiers de toute espèce.

Parmi les animaux, citons une foule de singes, le jaguar, le tapir, l'armadille, l'agouti, le fourmilier, le paresseux, les perroquets, les oiseaux-mouches, les reptiles : iguanes, alligators, tortues, les poissons; en outre des myriades d'insectes ennemis de l'homme, qui ne contribuent pas peu à rendre le séjour de cette contrée peu commode.

« Des petits aux grands, des bons aux féroces, des plus laids aux plus beaux, cette misérable France équinoxiale a des animaux à foison; c'est l'homme qui lui manque : moustiques bourdonnants et suçants; mouche « hominivore » ou plutôt homicide, car elle entre dans le crâne par la bouche ou l'oreille, pond ses œufs, et l'on meurt de la méningite; fourmis qu'un ruisseau n'effraye pas, que la poudre seule fait reculer; scorpions et mille-pattes; l'araignée-crabe, monstre velu; le crapaud pipa, monstre pustuleux; l'anguille électrique, dont le choc terrasse; le corail, court serpent mortel à ceux qu'il pique; le boa, long de huit mètres, assez fort pour enrouler, écraser, ensaliver, engloutir et digérer les grosses bêtes qui courent dans la savane; le caïman, le jaguar, le tapir avec son rudiment de trompe; des singes sans nombre; des oiseaux de tout plumage et de toute envergure, dont l'un, l'urubu, noir vautour, est ici comme ailleurs, en Amérique torride, le grand entrepreneur de salubrité publique, par la prompte expédition des charognes [1]. »

---

[1] Onésime Reclus, *La France et ses colonies.*

Géographie politique. — La Guyane française compte une population coloniale de 20.000 habitants à peine, sur un ter-

Flore de la Guyane.

1. Rafflesia Arnoldi.   2. Niphobolus putescens.
3. Phalænopsis amabilis.   4. Ærides suaveolens.   5. Cycas circinnalis.
6. Nepenthes distillatoria.   7. Scindapsus pertusus.

ritoire évalué vaguement à 70 ou 100.000 kilomètres carrés, dont un dixième est exploité. On y compte seulement

2.000 blancs, y compris les troupes et le personnel des administrations. Les blancs créoles, au nombre de 1.000 sont de diverses nationalités. Les indigènes sont des indiens Galibis, Approuagues, Arovacas, Émérillons, Roucouyennes, qui sont plus ou moins nomades et sauvages; des nègres marrons descendants d'esclaves évadés et vivant dans les bois; des mulâtres et quelques coolies hindous et chinois, reste de ceux qui furent engagés comme travailleurs aux mines et aux cultures. On y parle le français ou le créole. Le catholicisme domine.

Administration. — La colonie a un gouverneur civil résidant à Cayenne, ainsi qu'un préfet apostolique et une cour d'appel. Elle nomme un député à la Chambre française. Elle est divisée en 14 *communes* dont une *urbaine*, Cayenne; les autres *rurales* ou *quartiers*.

Les centres d'habitations se trouvent tous aux embouchures des fleuves et en portent ordinairement le nom. Tels sont : *Saint-Laurent* du Maroni, le plus florissant, ayant un grand pénitencier d'Arabes; — *Mana,* fondée en 1828 par les religieuses de Saint-Joseph-de-Cluny; — *Sinnamary,* qui date de deux siècles; — *Kourou,* avec ses pénitenciers de la côte et des îles du Salut; — *Cayenne,* ville, et *Cayenne-Tour-de-l'île,* avec les îlots côtiers du Père et de la Mère; — *Approuague,* ancienne station, ayant des lavages d'or; — *Oyapock,* où en 1725 le P. Fauque fonda l'établissement Saint-Paul, et où existaient les pénitenciers de Saint-Georges et de la Montagne-d'Argent.

Malheureusement la Guyane, loin de prospérer, est en décadence. Il en est ainsi pour les essais de cultures de denrées coloniales, comme pour l'extraction de l'or dans les placers aurifères et le lavage des sables de rivières, qui donnèrent cependant pour 4 millions d'or en 1877. Les tentatives de colonisation pour les condamnés transportés dans de nombreux pénitenciers n'ont guère eu plus de succès; tout paraît avoir échoué soit devant la mortalité, soit pour cause de mauvaise administration. Les bras manquent pour les cultures, qui sont réduites à 7.000 hectares de plantations de canne, café, rocou, coton, « vivres » ou légumes, et dont les produits sont insuffisants même pour les besoins des rares colons.

Vue de Cayenne.

Les pénitenciers ne sont plus qu'au nombre de quatre : ceux de Saint-Laurent, sur le Maroni, pour les Arabes d'Algérie, de la rivière Kourou, des îles du Salut et de Cayenne.

Cayenne, le chef-lieu de la Guyane, est une belle ville, construite en bois; elle a 8.000 habitants, la plupart nègres ou mulâtres. Elle est située en avant d'une île fluviale formée par la rivière de Cayenne s'embranchant avec la rivière Oyac. Sa rade est bonne, mais son port ne peut recevoir que des bâtiments de 500 tonneaux.

Cayenne concentre tout le commerce extérieur, qui s'élève à peine à 8 millions de francs, dont un million seulement pour les exportations de produits coloniaux : or, sucre, rocou, poivre et clous de girofle, peaux brutes.

Les importations comprennent pour 7 millions de marchandises : tissus et vêtements, chaussures, viandes salées et conserves, liqueurs, vins, destinés aux résidents et colons, et provenant presque exclusivement de France, sauf la morue de Terre-Neuve.

La Guyane est en relations mensuelles avec la Martinique par les transatlantiques français et anglais; mais elle n'est pas encore reliée par télégraphe avec la France.

Telle est la situation peu satisfaisante de notre Guyane après deux siècles de colonisation, et ce médiocre résultat se comprend d'autant moins que les parties anglaise et hollandaise, où le climat et les conditions naturelles sont les mêmes, jouissent d'une prospérité croissante. La Guyane hollandaise compte 80.000 habitants et fait un commerce de 40 millions, et la Guyane anglaise, avec 250.000 habitants, produit un trafic de plus de 140 millions.

Espérons que notre « France équinoxiale » sortira un jour de sa torpeur et que, imitant ses voisines, elle sera non plus une charge, mais une source de profit et un moyen d'extension pour l'influence de la mère patrie.

II. — LES ANTILLES

Historique. — Les îles Antilles, si fertiles et si avantageusement situées entre les deux Amériques, furent les premières terres découvertes par Christophe Colomb en 1492 et 1493.

Exploitées ou colonisées d'abord par les Espagnols, un grand nombre d'entre elles tombèrent au xviie siècle aux mains des Anglais et des Français. C'est en 1625 seulement que Richelieu fonda la *Compagnie française des Indes occidentales,* et que le sire d'Esnambuc, « capitaine du roy dans les mers du Ponant (de l'occident), » vint occuper Saint-Christophe; on prit ensuite successivement la Guadeloupe, la Martinique, la Dominique, la Grenade, Tabago, Saint-Vincent et la plupart des îles du Vent, ainsi que la partie occidentale de la grande île d'Haïti ou Saint-Domingue. Malheureusement cette colonisation ne fut longtemps qu'une exploitation à outrance des hommes et des choses : les indigènes caraïbes furent massacrés et l'on dut recourir au travail des esclaves nègres enlevés en Afrique ; des îles furent vendues à des particuliers, dont l'un obtint pour 60.000 livres la Martinique et Sainte-Lucie ; des guerres de rivalité, des brigandages dévastèrent sans relâche ces colonies que l'on ne considérait à cette époque que comme des entreprises purement financières.

En 1672, Louis XIV racheta à une deuxième compagnie, pour 5 millions de livres, les îles Antilles, que l'Angleterre nous enleva plusieurs fois, de 1759 à 1810. En 1790, les noirs de Saint-Domingue, libérés trop brusquement et imprudemment par les décrets révolutionnaires de l'Assemblée constituante, se révoltèrent et se rendirent maîtres de l'île Haïti, qui forme aujourd'hui deux États indépendants. En 1815, les Anglais nous rendirent celles des Antilles qui nous restent, c'est-à-dire la Martinique, la Guadeloupe et ses dépendances et la moitié de Saint-Martin. L'île Saint-Barthélemy que nous avions cédée à la Suède en 1784, nous fut rétrocédée en 1877, moyennant compensation financière.

Géographie physique. — Les Antilles françaises sont situées par 14-18° de latitude nord et 63-65° de longitude ouest ; elles font partie de l'archipel des îles Sous-le-Vent ou des petites Antilles occidentales, qui décrit une courbe remarquable des côtes de la Guyane aux grandes Antilles.

Elles sont au nombre de deux grandes îles : la Martinique et la Guadeloupe, séparées par la Dominique anglaise, et de plusieurs petites îles, savoir : la Désirade, Marie-Galante, les Saintes, voisines de la Guadeloupe, l'île Saint-Barthélemy et l'île Saint-Martin, situées plus au nord.

Carte des Antilles françaises et de la Martinique.

La Martinique, ainsi nommée, soit de son nom caraïbe la *Madinina*, soit par Christophe Colomb qui la découvrit le jour de la Saint-Martin (1493), est une île longue de 70 kilomètres sur 30 de largeur et de 987 kilomètres carrés de superficie. Sa forme, elliptique, allongée, est fortement ébréchée au sud-ouest par les deux baies de Fort de France et du Marin, que sépare la presqu'île du Diamant. La côte orientale projette la presqu'île de la Caravelle et dessine de nombreuses baies renfermant une multitude d'îlots appelés Cayes, de l'espagnol « Cayos », rochers. Ces baies sont malheureusement rendues inhospitalières par des bancs de récifs madréporiques.

Son sol volcanique, montagneux, est surmonté de pitons boisés et de mornes ou collines de laves ; il est dominé au nord-ouest par la montagne Pelée, 1350 mètres, et par les pitons du Carbet; la partie sud est moins élevée et de nature plus argileuse.

Consultation d'un guérisseur nègre (Martinique).

Parmi les nombreux torrents, souvent à sec en hiver, qui sillonnent les flancs des montagnes, les principaux sont la rivière du Lézard et la rivière Salée.

La GUADELOUPE fut ainsi baptisée par Christophe Colomb, soit par vénération pour Notre-Dame de la Guadeloupe, soit à cause de sa ressemblance avec les montagnes estramaduriennes de même nom en Espagne. C'est une île double, en réalité formée de deux îles distinctes, séparées par la *rivière Salée*, sorte de canal maritime naturel, large de 20 à 50 mètres, qui semble creusé dans un isthme de terres basses. — L'île occidentale, de forme ovalaire, ou la Guadeloupe proprement dite, est aussi appelée la *Basse-Terre*, mais improprement, car c'est une île volcanique, montagneuse, élevée de 1.480 mètres au

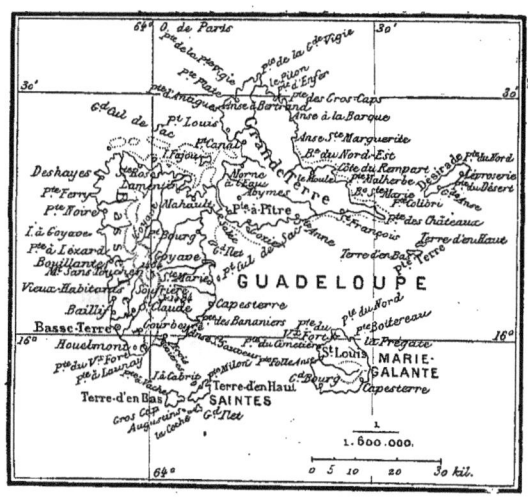

Carte de la Guadeloupe et de ses dépendances.

mont Sans-Toucher, et 1.484 mètres au piton de la Soufrière, volcan en activité. Son cours d'eau principal est la Rivière à Goyave; son littoral escarpé, bordé de brisants, est peu accessible. L'île orientale, faussement appelée la *Grande-Terre*, est la plus petite des deux : c'est une île basse, sans collines, sauf quelques mornes, sans bois ni rivières, car son sol calcaire boit l'eau pluviale; elle est néanmoins très fertile et renferme les plus grandes cultures de canne à sucre.

Entre les deux terres s'ouvrent deux golfes appelés, au nord, le Grand-Cul-de-Sac-Marin, terminé par la baie de Lamentin; au sud, le Petit-Cul-de-Sac, avec la baie de Pointe-à-Pitre. La Grande-Terre, de forme triangulaire, projette à l'est la longue pointe des Châteaux, terminée par des aiguilles basaltiques, et s'avançant comme pour séparer l'île de la Désirade de deux îlots qui, sans doute par opposition à la Grande-Terre, ont été appelés Petite-Terre.

La *Désirade,* ou la « Désirée », est la première terre que l'on aperçoit en venant d'Europe ; c'est une île de forme allongée, rocheuse et peu fertile.

L'île *Marie-Galante* est ainsi appelée de la goélette de Christophe Colomb, la *Maria-Galanda* (Marie-Gracieuse). De forme arrondie, elle est plate à l'intérieur, fertile et bien boisée.

L'archipel des *Saintes, Los Santos,* est formée de six îlots volcaniques découverts par Christophe Colomb le jour de la Toussaint.

Les îles *Saint-Barthélemy* et *Saint-Martin* sont situées à 50 lieues nord de la Guadeloupe, au milieu d'îles anglaises et hollandaises. Saint-Barthélemy est un îlot de 21 kilomètres carrés, tellement sec que souvent il faut aller chercher de l'eau potable dans les îles voisines. — L'île Saint-Martin, plus considérable que la précédente (55 kilomètres carrés), n'appartient à la France que pour les deux tiers, la partie nord avec l'îlot Tintamarre.

Climat et productions. — Par leur situation intertropicale, par leur nature volcanique et leur peu d'étendue, les Antilles ont les plus grandes analogies avec l'île de la Réunion. Même climat chaud, mais tempéré par les brises de mer, même température variant de 17º à 33º, même somme de pluies abondantes (3 à 4 mètres), torrentielles et périodiques, même succession de saisons : hiver sec et rafraîchissant, été pluvieux et chaud (car les pluies accompagnent toujours le soleil dans sa course). Il y a toutefois cette différence que, situées dans l'hémisphère opposé, les Antilles ont l'été en même temps que l'Europe, de mai à septembre, alors que Bourbon a son hiver, et réciproquement.

Les ouragans, les raz-de-marée, les tremblements de terre presque annuels, font parfois de grands ravages. En 1838 Fort-de-France, et en 1843 Pointe-à-Pitre, ont été complètement détruits.

Les minéraux sont presque nuls, sauf le soufre et le sel marin. — La flore est riche en espèces tropicales : palmiers, fougères arborescentes, conifères, arbre à pain, mancenilier, avocatier, muscadier, caféier, goyavier, giroflier, tamarin, campêche, acajou, térébinthe, cotonnier, cacaoyer, ananas, etc. — La faune indigène, peu considérable, est pauvre en mammifères ; mais les reptiles, les vipères, les poissons sont communs. On y pêche même la baleine. Le manicou, sorte de marsupiau de la Martinique, et l'agouti, rongeur de la Guadeloupe, ont une chair comestible. Les espèces domestiques ont été importées d'Europe.

GÉOGRAPHIE POLITIQUE. — La population totale des Antilles françaises est de 330.000 habitants, non compris 15 à 20 mille travailleurs immigrants. Leur superficie, de 2.630 kilomètres carrés, n'égale que la moitié d'un département français ; mais la densité de population est de 125 habitants par kilomètre carré : presque le double de celle de la France.

En voici le tableau statistique :

1° MARTINIQUE,	superficie 987 kilom. carrés,	population	165 000 habit.
2° GUADELOUPE,	— 1380 kilom. carrés,	—	140 000 habit.
3° DÉSIRADE,	— 26 kilom. carrés,	—	2 000 habit.
4° MARIE-GALANTE,	— 150 kilom. carrés,	—	15 000 habit.
5° LES SAINTES,	— 13 kilom. carrés,	—	1 600 habit.
6° SAINT-BARTHÉLEMY,	— 21 kilom. carrés,	—	3 000 habit.
7° SAINT-MARTIN,	— 55 kilom. carrés,	—	4 000 habit.

Ces îles sont peuplées pour un dixième de blancs ou créoles descendants de Français; pour les huit dixièmes, de nègres libérés et gens de couleur (mulâtres, quarterons, griffons, capres), résultant du mélange des deux races. Le dernier dixième comprend les Européens, soldats, fonctionnaires, et les travailleurs immigrants indous et chinois qui forment la population flottante. Il est regrettable que la race indigène caraïbe ait entièrement disparu par le massacre qu'en ont fait les premiers colons blancs.

Les mulâtres, qui constituent la masse du peuple antillien, sont intelligents, mais peu travailleurs, et leurs sympathies ne sont pas grandes pour les blancs dont le nombre et l'influence diminuent.

La langue française est d'un emploi presque exclusif dans nos Antilles; elle domine aussi dans la Dominique anglaise et à Haïti. La plupart des écoles primaires sont tenues par les congréganistes. Le christianisme est généralement professé.

Paysage de la Martinique.

Administration. — Les Antilles françaises forment deux gouvernements, dont l'un comprend la Martinique seule, et l'autre la Guadeloupe avec ses dépendances, qui sont toutes les petites îles. Chaque gouvernement nomme deux députés à la Chambre française.

La Martinique compte 165.000 habitants; elle est divisée en deux arrondissements : Fort-de-France et Saint-Pierre, et comprend vingt-six communes, qui sont beaucoup plus vastes que celles de la métropole.

Fort-de-France, 12.000 habitants, est le siège du gouvernement et de la cour d'appel. Située sur une rade superbe, son port est excellent, sa position militaire magnifique. Le fort Saint-Louis, sur une presqu'île rocheuse, le domine.

Saint-Pierre, 23.000 habitants, ville épiscopale, sur la côte ouest, manque de port, mais sa bonne rade foraine en fait la principale place de commerce des Antilles françaises.

Les autres centres populeux sont le *Lamentin,* le *Marin,* la *Trinité,* la *Basse-Pointe.*

La GUADELOUPE a 140.000 habitants, et ses dépendances 25.000 ; elles forment ensemble trois arrondissements : la Basse-Terre, Pointe-à-Pitre et Marie-Galante, comprenant trente-quatre communes.

La ville de *Basse-Terre* est le chef-lieu du gouvernement, le siège de la cour d'appel et de l'évêché. Située sur la côte sud-ouest de l'île occidentale qui porte le même nom, elle n'a qu'une rade foraine, et sa population, en décadence, n'est plus que de 8.000 habitants.

Au contraire, *Pointe-à-Pitre,* 17.000 habitants, est florissante. Située entre les deux îles, au sud-ouest de la Grande-Terre, sa belle rade, bien abritée, en fait la principale place de guerre et de commerce de la colonie.

Le *Moule,* 8.000 habitants, et *Port-Louis* dans la Grande-Terre, *Sainte-Marie* et *Capesterre* dans la Basse-Terre, sont d'autres petites villes maritimes.

La DÉSIRADE, 2.000 habitants, ne forme qu'une commune dont le chef-lieu est le bourg de la Grande-Anse. Elle possède une léproserie.

MARIE-GALANTE, 15.000 habitants, forme un arrondissement et trois communes. Son chef-lieu est Grand-Bourg, au sud-ouest de l'île. Culture de canne et pêche.

Les SAINTES, 1.600 habitants, forment les deux communes de Terre-de-Haut et de Terre-de-Bas. Rocheuses, bordées de récifs et bien fortifiées, elles sont le Gibraltar français des Antilles. Les habitants sont d'excellents marins et pêcheurs.

L'île Saint-Barthélemy, 3.000 habitants, forme la commune du Carénage, port que les Suédois avaient appelé Gustavia, et qui fut longtemps une retraite de flibustiers.

La partie française de l'île Saint-Martin, 4.000 habitants, forme la commune du Marigot. Elle renferme d'excellents mouillages et ses eaux sont très poissonneuses. — La partie

Paysage de la Guadeloupe.

hollandaise a d'importantes salines et pour chef-lieu Philippsburg, port actif.

Commerce. — Les Antilles sont, comme la Réunion, des *colonies à cultures* ou *à plantations* de canne à sucre, produit dominant, cacao, café, qui fut un instant abandonné, coton, rocou, vanille, tabac, épices, etc. A ces cultures industrielles se joignent les cultures de « vivres » du pays : manioc, banane, igname, patate, arbre à pain, ananas. La canne à sucre fait la vraie richesse des Antilles ; elle se cultive sur les côtes jusqu'à 300 mètres d'altitude, le café jusqu'à 600 mètres ; au delà s'étagent les forêts d'acajou, de bois de campêche, de bois de fer, de catalpas, etc.

La pêche est une grande ressource pour l'île Marie-Galante. Saint-Martin exploite des salines. Le soufre des volcans de la Soufrière est abondant mais inexploité.

Les routes coloniales sont assez nombreuses, et la Grande-Terre possède même quelques chemins de fer à voie étroite qui desservent les usines à sucre.

Le commerce annuel s'élève, année moyenne, à 120 millions de francs, se partageant par moitié entre la Martinique et la Guadeloupe et aussi à peu près par moitié en exportations et importations.

Les exportations consistent pour les 5/6 en sucre et ses dérivés : rhum et tafia (eaux-de-vie), sirops et mélasses, puis en rocou, vanille, casse, bois de teinture. — Les importations consistent en vins, viandes salées et beurre, habillements, objets de luxe, outils et métaux ouvrés, venant de France, morue de Terre-Neuve, farines des États-Unis, guano, houille anglaise.

Les échanges se font avec la France, pour la moitié (2/3 des exportations et 1/3 des importations), le reste avec les États-Unis, l'Angleterre, les Antilles anglaises et espagnoles, Haïti. — Le pavillon étranger (américain, anglais) prévaut pour les transports sur le pavillon français. Ce dernier correspond surtout avec le Havre, Saint-Nazaire, Bordeaux, Marseille.

Les grands marchés coloniaux sont Saint-Pierre de la Martinique et Pointe-à-Pitre, où, ainsi qu'à Fort-de-France, les transatlantiques français et anglais font relâche.

Des câbles sous-marins relient les Antilles françaises et leurs voisines à l'Europe par les États-Unis et Terre-Neuve, et par le Brésil et Lisbonne.

Ajoutons, comme termes de comparaison, que le commerce de Haïti s'élève à 100 millions, celui des Antilles anglaises à 300 millions et celui de Cuba et Porto-Rico, aux Espagnols, à plus de 1 milliard de francs.

III. — SAINT-PIERRE ET MIQUELON

Historique. — Après la découverte de l'Amérique par Christophe Colomb en 1492, et pendant qu'au xvie siècle l'Espagne fondait d'immenses et riches colonies dans les parties centrales et occidentales de ce vaste continent, les Français, de même que les Anglais, portèrent leurs efforts vers l'Amérique septentrionale. En 1494, Jean Cabot, Vénitien au service de l'Angleterre, découvrit Terre-Neuve et le Labrador. En 1524, Verazzani, florentin, envoyé par François Ier, explora les côtes du Canada, et, dix ans après, Jacques Cartier, de Saint-Malo, remontait le fleuve Saint-Laurent.

Mais c'est en 1608, avec la fondation de Québec par Champlain, que commence la colonisation du Canada ou de la Nouvelle-France, tandis que nos voisins créaient la Nouvelle-Angleterre un peu plus au sud. Les explorations des missionnaires français et de Cavalier de la Salle (1680) ajoutèrent au Canada les bassins des grands lacs et la vallée du Mississipi, qui reçut le nom de Louisiane, en l'honneur de Louis XIV.

Au commencement du siècle dernier, les colons français, au nombre de 30 ou 40.000, occupaient donc en Amérique un territoire six ou huit fois plus vaste que la métropole; c'était trop peu en présence des Anglais déjà beaucoup plus nombreux dans le voisinage. Aussi les guerres d'Europe leur ont été funestes.

Dès 1713, le traité d'Utrecht nous enlevait Terre-Neuve, l'Acadie et les terres de la baie d'Hudson, et en 1763, le traité de Paris donnait à l'Angleterre le reste du Canada, ne nous laissant que les deux îlots de Saint-Pierre et Miquelon, et un droit de pêche sur les côtes de Terre-Neuve.

Toutefois il est bon de remarquer que si le Canada ne nous appartient plus politiquement, si les Anglais y sont aujourd'hui trois fois plus nombreux que les nôtres, la population des provinces de Montréal et Québec est restée française de cœur comme d'origine, de mœurs, de religion et même d'institutions; en effet, depuis 1867, le *Dominion of Canada* jouit d'une autonomie complète sous la couronne britannique, qui laisse à chaque État le soin de se gouverner. Aussi, à part la fiction de souveraineté anglaise, qui protège plutôt qu'elle ne gêne le développement de ces colonies, le bas Canada, avec ses 1.200.000 Français, est-il en dehors de l'Europe la plus importante, comme la plus belle, la plus florissante des expansions de la mère patrie, celle qui montre le mieux la faculté colonisatrice de notre race lorsqu'on la laisse s'épanouir en liberté.

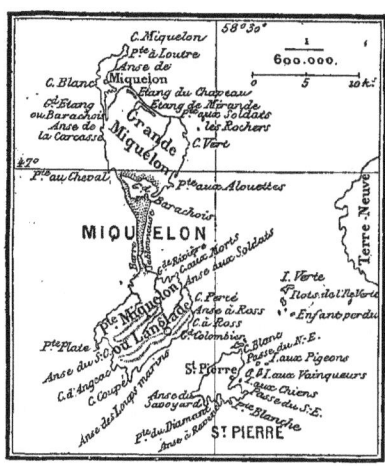

Carte des îles Saint-Pierre et Miquelon.

Saint-Pierre et Miquelon sont deux petites îles situées à 6.600 kilomètres de Brest, sur la côte sud de Terre-Neuve, par 47° de latitude nord et 58° 30' de longitude ouest.

Peuplées de 5.000 habitants; d'une étendue de 325 kilomètres carrés à peine, formées de plateaux rocheux, granitiques, hauts de 200 mètres, tellement stériles que les sapins n'y atteignent pas la taille d'un homme; placées sous un climat brumeux et froid qui en rend le séjour en hiver peu agréable, ces deux îles n'ont de valeur pour nous que comme rendez-vous pour nos pêcheurs en été.

Miquelon, neuf fois plus étendue que sa voisine, est une île double, formée de deux îlots rocheux réunis par une dune ou barre sablonneuse longue de 10 kilomètres, sorte d'isthme qui plus d'une fois a été coupé par la vague et où trop souvent les navires vont s'échouer. Au nord, la grande Miquelon renferme l'anse et la ville de Miquelon, ainsi que deux vastes lagunes nommées *barachois,* où les barques trouvent un abri; au sud, la petite Miquelon, presque aussi grande que sa sœur jumelle, porte le nom de Langlade et manque de ports.

L'île Saint-Pierre est séparée de Langlade par un canal de 4.000 mètres de largeur; elle n'a que 25 kilomètres carrés de surface et 5 à 7 kilomètres d'étendue; mais elle possède une belle et vaste rade au fond de laquelle s'est bâtie la ville de Saint-Pierre. Cette rade, fermée à l'est par les îlots dits aux Chiens (phoques), aux Vainqueurs et aux Pigeons, et par le Grand-Colombier, est le principal rendez-vous de tous les navires se rendant aux bancs : là aussi se trouvent les principales sécheries de poissons.

La ville de *Saint-Pierre,* chef-lieu de la colonie, siège d'un tribunal de première instance et d'une préfecture apostolique, est construite en bois du nord; elle n'a qu'une population sédentaire de 4.000 habitants, presque tous français, et une population flottante qui double son importance en été. On y construit des goélettes et pirogues de pêcheurs.

La pêche et la préparation de la morue constituent la seule industrie de la colonie et en occupent toute la population.

La pêche se fait dans tout le golfe Saint-Laurent, sur le banc de Saint-Pierre et sur le Banquereau situés au sud de l'île, mais surtout sur le grand banc de Terre-Neuve. Ces bancs sont des fonds couverts d'un énorme amas d'alluvions déposées à leur point de rencontre par les eaux chaudes du Gulf-Stream et les eaux froides du courant polaire. C'est là que se développent ou arrivent à certaines époques fixes et en bandes innombrables, la morue, le hareng, le capelan et d'autres poissons. C'est là que, chaque année, les pêcheurs anglais, américains, hollandais et français, viennent se réunir. Les ports bretons et normands de Saint-Malo, Granville, Fécamp, Dieppe, y envoient de trois à quatre cents goélettes montées par 800 ou 1.000 marins exercés. Trente millions de kilogrammes de poissons forment la part de nos pêcheurs, tandis que leurs concurrents de diverses nationalités en prennent huit ou dix fois plus : telle est l'abondance de cette production de l'Océan.

La morue se prend au moyen de filets flottants dits seines ou de lignes de fond. Les hameçons sont amorcés avec du poisson plus petit, hareng ou capelan, qu'il a fallu acheter ou pêcher tout d'abord. Chaque jour, sur le bateau, la morue prise est vidée, désossée, salée : c'est la *morue verte* qui, ne pouvant se conserver longtemps, est expédiée rapidement en France, aux Antilles, à Bourbon; la *morue* dite *sèche* peut se conserver indéfiniment; c'est celle qui, après avoir été vidée et lavée, est étendue sur la grève pour sécher à l'air et au soleil. Les sécheries demandent un espace considérable; celles des Français se trouvent non seulement aux îles Miquelon et Saint-Pierre, mais encore sur les côtes ouest, nord et nord-est de Terre-Neuve, où la France a conservé ses droits de sécherie, droits exclusifs ou partagés avec les Anglais.

L'industrie de la pêche, excellente école de marins, est encouragée par le gouvernement français au moyen de primes d'armement accordées par le commerce national entre la France et ses colonies. Toutefois chaque année voit diminuer le nombre de nos compatriotes qui font ce rude métier.

Le commerce de la colonie est néanmoins florissant; il s'est élevé dans les quinze dernières années de 10 à 25 millions de francs, dont 15 millions pour les exportations de morue verte, morue sèche, huile de foie de morue, rogue (œufs de morue qui servent d'appâts), saumon, capelan et autres poissons, expédiés vers la France et ses colonies. Les importations consistent en vêtements et objets de consommation, vins, eaux-de-vie, venus de France, des États-Unis, du Canada et des Antilles ; en outre le sel de Cadix nécessaire aux salaisons.

Saint-Pierre est en communication fréquente avec les nombreux paquebots transatlantiques. Deux câbles sous-marins viennent y atterrir : un câble anglais et le câble français qui relient Brest aux États-Unis.

Terminons cette notice par quelques détails sur l'intéressant type des pêcheurs de Saint-Pierre et Miquelon.

TYPE DU PÊCHEUR DE TERRE-NEUVE. — « Les trois races qui

formèrent la population primitive des îles ont produit, en se mélangeant, un type qui ne présente aucune originalité, mais chez lequel on retrouve, avec un langage émaillé de vieux français, de mots bretons et basques et d'expressions normandes, les coutumes de ces contrées. Leurs noms mêmes sont ceux que portent les vieilles familles du pays dont ils

Pêche de la morue.

sont partis; nous avons noté, comme les plus connus de nous, des noms fort communs en Normandie : des Aubert, des Coste, etc.

« La majeure partie des habitants sont marins. Ce sont ces rudes pêcheurs, honnêtes et robustes, qui, méprisant le danger sans cesse affronté, vont au milieu des périls sans nombre demander à l'Océan de quoi subvenir aux besoins de leurs familles; populations laborieuses qui « vivent mouillées », a dit un grand poète, et dont toute l'histoire tient entre le flot qui monte et la vague qui s'en va.

« Quand l'hiver a suspendu tous les travaux extérieurs; quand les bateaux, désormais inutiles, dorment halés sur les grèves, quand la neige a couvert la terre d'une couche épaisse et rendu les communications presque impossibles, la femme répare les dommages éprouvés par la garde-robe pendant la rude saison qui vient de finir, tricots, bas et vareuses pour la campagne prochaine, dont on attend l'ouverture avec impatience; le mari raccommode, met en ordre les engins, et fabrique ces longs filets à mailles étroites dont il se sert pour la pêche aux harengs.

« Lorsque l'été arrive, l'aspect de la rade de Saint-Pierre change tout à coup; les maisons où l'on se tenait barricadé s'ouvrent de toute part; les auberges, qui sont en grand nombre, depuis le Lion-d'Or jusqu'au moindre cabaret, arborent à leurs fenêtres des appâts séduisants de bouteilles de tous les formats, et une multitude de navires venant du large débarquent sur le quai une population nouvelle qui arrive de tous les ports de France, depuis Bayonne jusqu'à Dunkerque, et qui fait monter le chiffre des habitants de l'île à dix, douze et même quinze mille âmes.

« Et c'est là, à sa façon, à un certain point de vue, une population très distinguée, très fière d'elle-même, qui se considère comme une espèce d'élite dans la création, et qui, en vérité, n'a pas tout à fait tort. En un mot, ce sont les pêcheurs des bancs, qui font là leurs provisions de vivres pour eux-mêmes, d'appâts pour le poisson qu'ils veulent prendre. Le costume de ces matelots atteint les dernières limites possibles du désordre pittoresque. Des bottes montant jusqu'à mi-cuisse, des chausses de toile ou de laine, amples comme celles de Jean Bart sur l'enseigne des marchands de tabac, des camisoles bleues et blanches, ou rouges, ou rouges et blanches, des vestes ou des vareuses de tricot qui n'ont plus de couleur, si jamais elles en ont eu, des cravates immenses, ou plutôt des pièces d'étoffe accumulées, tournées, nouées autour du cou, des *suroits* énormes pendant sur le dos, ou bien des bonnets de laine bleue enfoncés sur les oreilles ; et, sortant de toutes ces guenilles, des mains comme des battoirs, des visages plutôt basanés que de couleur humaine, plutôt noirs que basanés, couverts de la végétation désordonnée d'une barbe qui depuis quinze jours n'a pas vu le

Pêche de la baleine (Mers polaires).

rasoir ; voilà l'aspect honoré, respecté, admiré du pêcheur des bancs.

« Il reste encore un point important pour que la description soit complète. Prenez l'homme ainsi qu'il vient d'être dit, roulez-le pendant deux bonnes heures dans la graisse de tous les poissons possibles, alors il ne manquera rien à la ressemblance. Car il faut le concevoir huileux au premier chef, sans cela ce ne serait plus le vrai pêcheur.

« Ainsi fait, il descend de sa goélette, aussitôt qu'il a mouillé, et va s'offrir avec bonhomie, mais avec le juste sentiment de ce qu'il vaut, à l'accueil chaleureux et admiratif de l'habitant. Il marche dans le sentiment de sa gloire sur ce sol qui l'appelle depuis un mois. Les mains dans les poches, la pipe à la bouche, il rappelle Adam dans le paradis terrestre, il en a l'innocence et la satisfaction d'être au monde, dont il se considère aussi, en toute humilité, comme la merveille; et, encore une fois, il a raison, car il n'est pas un homme de mer, depuis l'amiral jusqu'au mousse, qui ne pense cela de lui [1]. »

[1] Comte de Gobineau, *Voyage à Terre-Neuve* (*Tour du monde*).

FIN

TABLE DES MATIÈRES

INTRODUCTION

DES COLONIES EN GÉNÉRAL

I. — La concurrence coloniale. 7
II. — Diverses sortes de colonies. 12
III. — Utilité et nécessité des colonies. 14
IV. — Aperçu chronologique de la colonisation française. 19

AUTEURS CITÉS. — Leroy-Beaulieu, page 16. A. Delaire, 17. J. Duval, 19.
CARTE. — Planisphère des colonies françaises, 9.
GRAVURE. — Une place à Biskra (frontispice).

ALGÉRIE

CHAP. I. — L'histoire et la conquête[1]. 25
— II. — Géographie physique. — Configuration générale. Les côtes. Les montagnes. Les cours d'eau et les lacs. Le climat et les productions. 43
— III. — Géographie politique. — Ethnographie. Administration. Provinces et villes. 75
— IV. — Géographie économique. — Agriculture. Industrie. Commerce. 121
ÉTYMOLOGIES des mots arabes et berbères usités dans la géographie du nord de l'Afrique. 129

AUTEURS CITÉS. — Louis Blanc, 33. La C^{sse} Drohojowska, 37. Élisée Reclus, 43, 91, 110, 119, 123. Général Daumas, 65. Ch. Desprez, 68. V. Largeau, 71. G. Nachtigal, 72. O. Niel, 75. Moll, 79. Onésime Reclus, 80, 82. Aug. Cherbonneau, 84, 86. M. Wahl, 85. X., du *Magasin pittoresque*, 116.
CARTES. — L'Algérie, 24. Provinces d'Oran, 90; d'Alger, 99; de Constantine, 109.
GRAVURES. — Abd-el-Kader, 31. Prise de Constantine, 39. Berger kabyle, 51. Les chotts algériens, 59. Le simoun, 67. Les sauterelles, 69. L'alfa et le palmier, 73. Maure marchand, 76. Nègre badigeonneur, 77. Biskri portefaix, 77. Tente arabe, 83. Oran, 91. Tlemcen, 93. Sidi-bou-Médine, 95. Mosquée à Alger, 101. Tombeau de la Chrétienne, 103. Ghardaïa, 107. Constantine, 111. Château de Bougie, 113. Bains Maudits, 115. El-Kantara, 118. Tougourt, 120.

[1] Chacune des colonies est traitée dans le même ordre de matières que l'Algérie, bien que les divisions ne soient pas toujours indiquées aussi distinctement.

TUNISIE

Chap. I. — Notice historique 131
— II. — Géographie physique. 146
— III. — Géographie politique. 151

Auteurs cités. — Mgr Lavigerie, 140, 158. Saint Vincent de Paul, 143. Victor Guérin, 144. A. Cherbonneau, 153. O. Niel et Vivien de Saint-Martin, 159.

Carte de la Tunisie, 132.

Gravures. — Tunis, 133. Tunisienne et son enfant, 137. Une caravane au Sahara, 149. La Goulette, 155. Mosquée de Kairouan, 157. Bizerte, 160. Sousse, 161. Monastir, 162. Amphithéâtre d'El-Djem, 163.

SÉNÉGAL

Chap. I. — Notice historique 167
— II. — Géographie physique. 175
— III. — Géographie politique 181

Auteurs cités. — P. Gaffarel, 171. Muiron d'Arcenat, 186. *Notices coloniales*, 192.

Carte de la Sénégambie française, 168.

Gravures. — Tili, chef de Bamakou, et Dionké, chef de Sikoro, 171. Poste de Médine, 172. Fort de Bamakou, 173. Baobab, 180. Guerrier peul, 182. Berger peul, 183. Femme peule, 184. Bakel, 188. Dakar, 189.

GUINÉE

Historique et géographie. — Côte d'Ivoire et côte des Esclaves. 194

Auteurs cités. — Hue et Haurigot, 198. P. Loti, 201.

Carte des côtes de Guinée, 194.

Gravures. — Grand-Bassam, 196. Assinie, 197. Un missionnaire dans les lagunes, 199.

GABON ET CONGO

Chap. I. — Notice historique 202
— II. — Géographie 207

Auteurs cités. — Henri Stanley, 212, 221-224. Alfred Marche, 216. De Brazza, son *Troisième voyage*, 224-233.

Carte du Gabon et du Congo, 203.

Gravures. — L'évangélisation des nègres, 205. Chasse à l'éléphant, 211. L'hippopotame et le crocodile, 212. Indigènes de l'Afrique centrale, 214. Les débuts de Libreville, 215. Station de Franceville, 219. Un roi au Congo, 223. Types de Batékés, 231.

RÉUNION

Notice historique et géographie. 234
Iles Kerguélen, Saint-Paul et Amsterdam. 244

TABLE DES MATIÈRES

AUTEURS CITÉS. — *Revue de Géographie*, 238. *Journal officiel*, 240.
CARTE de l'île de la Réunion, 235.
GRAVURE. — Un village d'indigènes, 241.

MADAGASCAR

CHAP. I. — Notice historique 245
— II. — Géographie physique. 251
— III. — Géographie politique. 255

AUTEURS CITÉS. — Vivien de Saint-Martin, 259. P. Abinal (Superstitions des Malgaches), 259-267. Docteur Lacaze, 268.
CARTE de Madagascar, 246.
GRAVURES. — Types hovas, 247. Tananarivo. Une batterie de canons, 248. Entrée du palais, 249. Palais de la reine, 250. Pont de bois et porteurs, 253. Soldat hova, 255. Indigène vendant du charbon, 256. Femme de Madagascar, 257. Vue de Tananarivo, 269. Rade de Mazunga, 270.

SATELLITES DE MADAGASCAR. — Sainte-Marie, Nossi-bé, Mayotte et les
Comores. 272

CARTE de ces îles, 272.
GRAVURE. — Vue de Mayotte, 274. Lac sur les montagnes, 275.

OBOCK ET L'INDE

CHAP. I. — Obock et Tadjourah 277
— II. — L'Inde française. — Histoire et géographie. 279

CARTES. — Obock, 278. Carte historique de l'Hindoustan, 280. Les territoires de l'Inde, 284.
GRAVURE. — Mort de Tippoo-Saïb, 283.

INDO-CHINE FRANÇAISE

CHAP. I. — Notice historique 287
— II. — Géographie physique. 296
— III. — Géographie politique. — Cochinchine, Cambodge, Annam et
Tonkin 304

AUTEURS CITÉS. — MM. Geffroy et Chambost, 292-295. P. Legrand de la Lyraye (Mœurs des Annamites), 305-313.
CARTES. — L'Indo-Chine, 288. Cambodge et Cochinchine, 319. Annam et Tonkin, 321.
GRAVURES. — Citadelle d'Hanoï, 289. Citadelle de Hué, 291. Habitation sur pilotis à Hué, 299. Rocher citadelle de Ninh-Binh, 301. Habitation annamite, 305. Guerriers annamites, 307. Ambassadeurs, 309. Bonze et bonzesse, 311. Un sémaphore, 317. Boutique de marchand à Hué, 323. Pagode des suppliciés à Hanoï, 325. Haï-Phong, vue de la rivière, 327.

OCÉANIE FRANÇAISE

Chap. I. — Nouvelle-Calédonie et Nouvelles-Hébrides 328
 — II. — Taïti et dépendances (Touamotou, Gambier et Marquises. . 336

Auteurs cités. — Vivien de Saint-Martin, 333. *Notices coloniales*, 345.

Cartes. — Nouvelle-Calédonie, 329. Taïti et ses dépendances, 337.

Gravures. — Pirogue de la Nouvelle-Calédonie, 331. Cases de la Nouvelle-Calédonie, 333. Paysage de Taïti, 339. Une Taïtienne (métisse), 340. Baie de Matavaï, 341. Rade de Taïti, 343. La pêche des perles, 345.

AMÉRIQUE FRANÇAISE

Chap. I. — Guyane. 346
 — II. — Antilles, Martinique, Guadeloupe, etc. 355
 — III. — Saint-Pierre et Miquelon. 365

Auteurs cités. — Onésime Reclus, 350. Cte de Gobineau, 372.

Cartes. — La Guyane, 347. Les Antilles françaises et la Martinique, 356. La Guadeloupe et ses dépendances, 358. Saint-Pierre et Miquelon, 366.

Gravures. — La montagne d'Argent (Guyane), 349. Flore de la Guyane, 351. Vue de Cayenne, 353. Consultation d'un guérisseur nègre (Martinique), 357. Paysage de la Martinique, 361. Paysage de la Guadeloupe, 363. Pêche de la morue, 369. Pêche de la baleine, 371.

www.ingramcontent.com/pod-product-compliance
Lightning Source LLC
Chambersburg PA
CBHW070445170426
43201CB00010B/1219